Pedagogical Content Knowledge

高中生物学教师
学科教学知识发展模式研究

张春雷 著

华东师范大学出版社
·上海·

图书在版编目（CIP）数据

高中生物学教师学科教学知识发展模式研究/张春雷
著.一上海:华东师范大学出版社,2022
ISBN 978－7－5760－3387－8

Ⅰ.①高…　Ⅱ.①张…　Ⅲ.①生物课—教学研究—高中
Ⅳ.①G633.912

中国版本图书馆 CIP 数据核字(2022)第 206837 号

高中生物学教师学科教学知识发展模式研究

著　者　张春雷
策划编辑　彭呈军
责任编辑　白锋宇
特约审读　陈俊学
责任校对　王丽平　时东明
装帧设计　郝　钰

出版发行　华东师范大学出版社
社　　址　上海市中山北路 3663 号　邮编 200062
网　　址　www.ecnupress.com.cn
电　　话　021－60821666　行政传真 021－62572105
客服电话　021－62865537　门市(邮购)电话 021－62869887
地　　址　上海市中山北路 3663 号华东师范大学校内先锋路口
网　　店　http://hdsdcbs.tmall.com

印　刷　者　浙江临安曙光印务有限公司
开　　本　787 毫米×1092 毫米　1/16
印　　张　15.75
字　　数　267 千字
版　　次　2022 年 12 月第 1 版
印　　次　2022 年 12 月第 1 次
书　　号　ISBN 978－7－5760－3387－8
定　　价　56.00 元

出 版 人　王　焰

(如发现本版图书有印订质量问题,请寄回本社客服中心调换或电话 021－62865537 联系)

目　录

表目录

图目录

前　言

随着新一轮科技革命兴起,科学技术正深刻地改变着人类的生活方式,影响着世界发展的格局。为了提高国民科学素养,促成科学教育的优质化发展,世界各地都在积极地进行着科学教育改革和探索。比如美国实施的2061计划、英国推出的"优异与机遇:21世纪的科学和创新政策"、澳大利亚推行的"厚植澳洲实力:未来创新行动计划"等。除了欧美国家以外,一些亚洲国家如日本、韩国等,也都出台了自己的科学教育改革方案。我国的课程改革就是在这样的国际科学教育改革的大背景下逐步展开和深化的。

新一轮课程改革正逐渐在课程理念、课程结构、课程内容、课程实施和评价各个层次全面、深入展开。以生物学为例,《高中生物学课程标准(2017年版)》将课程理念概括为"核心素养为宗旨、内容聚焦大概念、教学过程重实践、学业评价促发展",分别从课程目标、内容、实施、评价四个方面对高中生物学新课程提出了新要求。在课程培养目标上,课程标准将课程目标凝练为生命观念、科学思维、科学探究、社会责任四个生物学核心素养,为生物学教育教学指明了方向。在课程内容上,新课程更强调生物学大概念或者说核心概念的学习、科学实践能力的培养以及对科学本质的认识。在教学方式上,则倡导教师运用探究性学习、合作学习和自主学习等教学策略和方式。课程改革的推进和深化客观上要求生物学教师发展与新目标、新内容、新教学方法和评价方式相应的教学知识、信念和能力,进而把新课程改革的理念和主张落实到生物学教学实践之中,而这需要生物学教师具有丰富的学科教学知识(Pedagogical Content Knowledge, PCK)。

学科教学知识最早由舒尔曼(Lee Shulman)于1986年提出。舒尔曼认为学科教学知识是指教师将学科内容转化和表征为具有教学意义的形式,适合于不同能力和背景的学生,是综合了学科知识、教学知识和背景性知识而形成的知识,是教师特有的知识①。学科教学知识也被认为是对教师教学影响最大的一种知识,是教师与学科专家在知识上的区别所在②。那么,生物学教师的学科教学知识是什么样的? 是如何发展的? 这些是推进课程改革以及开展有效教师教育必须要研究的问题。因此,开展学科教学知识发展模式的研究具有重要的理论价值和现实意义。

首先,研究和发展学科教学知识是生物学课程改革有效推进的重要保障。随着新课标的发布和新课程的实施,我国课程改革逐步进入深化阶段。无论是新版的高中生物学课程标准还是义务教育生物学课程标准,都在课程目标、内容、实施和评价上做出了重要变革。而课程的这种变革需要与教师发展紧密结合起来,这是课程改革实践工作能够顺利开展的关键③。在这种课程变革中,教师作为学习活动指导者的作用比以往更显重要。教师要认真学习相关的课程文件和课标,理解新的课程理念和课程要求,更新教学观念④。要想把新课程的理念落实到教学当中,教师必须发展相应的教学知识和转变教学信念,这样才有意愿并有能力按照新课程改革的要求改进自己的教学,将新课程理念转化为教学实践。

其次,研究学科教学知识发展也是教师教学的需要。新课程改革在课程内容、教学方式和评价方式上的改变,客观上要求教师发展与新内容、新教学方法和评价方式相关的实践性知识,特别是关于生物学核心概念的教学、探究性学习以及相关评价知识。而这种实践性知识是什么,如何获取,如何外化和传播等问题有赖于对生物学教师学科教学知识发展的深入研究。

最后,要有效开展教师教育也需要对学科教学知识发展模式进行研究。课程改革成败的关键看教师。要推动课程改革,提升教育教学质量,教师专业发展、教师教育和培训就成为关键。学科教学知识是教师特有的一种知识成分,是教师与学科专家在知

---

① Shulman L S. Those Who Understand:Knowledge Growth in Teaching [J]. Educational Researcher, 1986,15(2):4-15.

② National Research Council. National Science Education Standard [M]. Washington DC:National Academy Press, 1996:62.

③ 刘恩山,汪忠.普通高中生物课程标准(实验)解读[M].南京:江苏教育出版社,2003:3.

④ 中华人民共和国教育部.普通高中生物课程标准(实验)[S].北京:人民教育出版社,2003:30.

识上的区别所在①。很多学者认为学科教学知识是教师具有的对其教学影响最大的一种知识。因此,如何促进教师的学科教学知识发展,是教师教育和培训必须要考虑的问题。学科教学知识发展模式研究能够为有效开展教师教育和培训提供重要的理论指引和实践参考。

国内关于高中生物学教师学科教学知识发展模式的研究还相对缺乏,本书研究的目的在于捕捉不同层次的生物学教师的学科教学知识静态结构的特点及其动态发展的过程,进而构建生物学教师学科教学知识发展的理论模型,增进我们对生物学教师专业发展过程的认识。本书采用一种质性研究和量性研究相结合的研究方法,利用概念图辅助数据收集和分析,这有利于更好地保留学科教学知识的结构性信息,同时也有利于访谈数据的结构化分析。研究构建的模型可为教师教育和培训提供有益的参考,所提供的案例则为一线教师的教学和专业学习提供借鉴。

本书在已有研究的基础上,通过教师专业发展环境适应问卷调查、学科教学知识测评、教学课堂观察和访谈等实证研究方法对高中生物学教师学科教学知识的构成、发展环境及发展模式进行了研究。教师专业发展环境适应问卷调查结果表明,教师对专业发展环境的适应由四个维度构成:教学实践反思、同事交流合作、学校学区支持、网络技术应用。个案研究结果显示,专家型教师的学科教学知识成分主要包括学科内容知识、关于学生的知识、关于目标的知识、关于教学策略的知识以及关于评价的知识,其他知识域如关于教学资源的知识、关于课程的知识以及关于信息通信技术的知识所占比例较少或者被归入前面五个知识域当中。其中,关于学生的知识主要来自课堂教学经验的积累。学科知识在教学实践的过程中发生着特定的改变,更多的表征的知识被添加进来。关于目标的知识则主要来自社区环境中的专家、同事,同时也来自教师对实践的自我反思。教师对目标的理解对教学起着决定性的作用。此外,个人因素如教师的学习动机、教学信念、兴趣爱好以及外部环境也影响着学科教学知识的发展。

本书还基于问卷调查和个案研究结果构建了学科教学知识发展模型,模型包括教师知识发展的外部环境以及内部知识域的相互作用。外部环境包括:实践环境、社区

---

① National Research Council. National Science Education Standard [M]. Washington DC: National
  Academy Press, 1996:62.

环境、信息环境。内部知识域的相互作用则是在教学设计、实施和反思过程中进行的，并以特定的设计产品的形式进行保留和重新利用。学科教学知识是在教师与外部发展环境交互过程中形成和发展的，它使得教师能够更好地应对特定内容教学的情境。最后，本书基于以上研究结果和学科教学知识发展模型，对教师教育和培训的组织及实施提出启示与建议。

第一章　学科教学知识的内涵和理论基础

第一节　不同视野下的知识观

随着人类历史的发展和科学技术的进步,哲学家、科学家、心理学家、教育家对知识的特性及其与人的关系,从不同视角进行了探索和追问,进而形成哲学、科学、心理学和教育学中关于知识的各种观点和主张。对于知识,他们所关注的问题包含:

（1）知识是什么;

（2）知识从哪里来;

（3）知识对人类有什么用;

（4）知识是怎样产生的;

（5）人类能够在多大程度上认识世界;

（6）个体是如何认知和学习的;

（7）大脑学习知识和应用知识解决问题的生理机制是什么;

（8）知识如何更有效地传播和交流;

（9）人类的科学知识是如何发展的。

其中前五个问题是古典哲学所重点关注的问题,而后四个问题是随着心理学、神经生物学、信息科学以及科学哲学的发展而提出的,代表着人类对知识新的理解和探究方向。下面简要介绍一下近现代以来不同视野下的知识观。

一、近现代哲学视野下的知识观

现代知识观的性质主要是客观性、普遍性和价值中立性,后现代知识观的性质则是文化性、境域性和价值性。同时，从现代知识观到后现代知识观，知识的积累或知识增长的方式也发生了质的转变：现代知识的增长方式主要是通过"个体的"认识过程，个体要经历漫长的"准备阶段"，需要"稳固的基础"，并要严格要求自己成为一个"理性主体"；后现代知识的增长方式则更加符合知识发展过程或科学发展的实际状况——批判的、整体的、综合的、社会的和合作的①。

在后现代的知识观中，知识被视为一种信念、一种语言、一种工具；知识不一定是关于必然性、确定性的，而是关于偶然性、不确定性、意外响应的，是如何应对一个充满偶然、不稳定性、突变的世界的工具；知识是不可完备的，是片段的、暂时的、不断生成和毁灭着的聚合体；知识的产生无一定的方法②。

随着科学哲学的兴起，人们对科学以及科学知识的发展有了新的认识。科学哲学的前身是逻辑实证主义，科学的发展也与逻辑推理论证和实证密不可分。科学事业发展的范式是，个体首先根据已有经验或现象，提出一个理论，这个理论要能够解释所观察到的现象，具有预测能力，其内部不存在逻辑矛盾，并与外部已经证实的规律相融洽。理论所做出的预测应该是可以检验的。当这个理论被很多实验或事实所证实之后，就会被外化和储存到载体上，以供交流，当其被更多的科学工作者所证实之后，就成为一种具有指导力的理论知识。即便如此，理论知识也仍然不是绝对的真理，而有可能被新的证据所推翻或者被进一步完善。这些表述为语言、文字、数学公式和各类图表的理论知识实际上只是知识冰山的一角，而占绝大部分的则是波兰尼系统阐述过的缄默知识。

波兰尼(Polanyi，1891—1976)在其代表作《个人知识》中，首次系统阐述了缄默知识理论。波兰尼认为人类的知识除了可以用语言、文字、数学公式、各类图表等诸多符号形式表述的显性知识(explicit knowledge)外，还包括那些我们知道但难以言传的隐性知识或缄默知识(tacit knowledge)③。波兰尼认为，缄默知识就是存在于个体头脑中的、存在于某个特定环境下的、难于正规化的、难于沟通的知识，是知识创新的关键部分。缄默知识主要来源于个体对外部世界的判断和感知，源于经验。缄默知识是自足的，显性知识必须依赖缄默知识而进行隐性的理解和应用。因此，所有的知识不是缄

---

① 石中英.知识转型与教育改革[M].北京：教育科学出版社,2001:202.
② 李志江.走出后现代知识观[J].河北学刊,2002(5):23—27.
③ Polanyi M. Study of Man [M]. Chicago：The University of Press, 1958:12.

默知识就是根植于缄默知识。一种完全显性的知识是不可思议的①。

缄默知识包括两种觉知：附带觉知（subsidiary awareness）和焦点觉知（focal awareness）②。隐性认识的过程必然离不开认知者，是通过认知者的整合作用，实现从附带觉知到焦点觉知的动态认知过程。

隐性认识过程的基本结构就是：认知者把细节、线索等作为附带物整合进焦点觉知的对象中，在附带觉知和焦点觉知之间建立"From-To"的动态关系，如图1-1所示。

图1-1　隐性认识过程的基本结构图③

黄荣怀用钟义信教授的"信息—知识—智能统一理论"作为理论框架，把缄默知识分为四类④：（1）基于身体的缄默知识；（2）基于言语的缄默知识；（3）基于认知个体元认识的缄默知识；（4）基于社会文化的缄默知识。

专家与新手的差别在于他们知识的数量以及储存知识的方式。专家比新手具有更多的缄默知识。专家身上蕴含着大量的缄默知识，新手需要模仿、实践，与专家紧密接触并深度交流来获得缄默知识。

对于缄默知识的获得，有很多学者提出了非正式学习（Informal Learning）的概念，认为非正式学习是获得缄默知识的最好方法。非正式学习非常有效，它完全是个人化的。和正式学习的区别在于，它是主动进行、内在驱动的。非正式学习是对过去事件、情景的自然而然的反应，其典型形式包括顿悟、内隐性学习、非正式的交流与会谈等。非正式学习通常采用观察、讲故事、共同实践等方式。比如对校园文化、企业文化的学习都主要是以非正式学习的方式来获得其中的缄默知识的。

二、脑科学视野下的知识观

这一领域主要围绕着学习和认知的神经生理基础和机制展开。具体的问题包括：

---

① Polanyi M. Knowing and Being［M］. Chicago：The University of Chicago Press，1969：144.
② Polanyi M. Knowing and Being［M］. Chicago：The University of Chicago Press，1969：144.
③ 图片参考：方明. 缄默知识论［M］. 合肥：安徽教育出版社，2004：89.
④ 黄荣怀，郑兰琴. 隐性知识论［M］. 长沙：湖南师范大学出版社，2007：50—51.

知识是如何在大脑中储存的？是如何被调用来解决问题的？认知的发展表现在哪些层面？这些问题的研究对理解人类的学习过程和本质意义重大，也将为我们的教育提供很多有益的启示。

人的大脑由大约100多亿个神经细胞组成，每个神经细胞都与其他的神经细胞形成功能性的神经网络。神经细胞是神经网络的基本单位，在生物学上称为神经元。神经元之间依靠突触进行连接，而这种连接是具有可塑性的，是随着个人的学习发展和环境的刺激而变化的。神经元有接受输入信号的很多"树状突起"（树突）和输出信号的一根"轴束"（轴突），一个神经元有1 000到10 000个神经元连接点（突触）[1]。学习过程能使相关的神经元间的突触发生物理变化，从而使化学信号更有效地传递，这种大脑结构的变化成为大脑功能组织变化的生理基础，也即学习行为能改变脑组织的结构，神经元突触的结构可塑性是其功能可塑性的物质基础[2]。一种经典的理论假说是赫布（Hebbian）学习律，即"共同兴奋导致相互连接"。该假说认为，大脑的不同神经元在后天学习过程中由于共同兴奋而相互建立物质性的突触连接结构。突触连接的强度和性质则可以在不断训练的过程中由弱到强，并可以最终形成强连接的突触结构，但这种连接不是一蹴而就的，因此会有遗忘的现象。赫布学习律在神经生物学的角度上揭示了学习和记忆的本质，并成为人工智能领域中神经网络研究的一块基石。

现在人们已经通过视觉成像技术对大脑进行观察，并查明了神经元的基本发育过程。大脑的神经元突触在出生后第8个月达到发育顶点，长到1岁的时候便开始慢慢减少（衰减）。这是因为神经元在一生当中为了适应（学习）环境，多余的部分在环境中没有受到刺激而逐渐退化被淘汰了，这种现象叫作"修剪"[3]，如图1-2所示。

在脑发展的过程中，某些神经元的结构功能存在特定的敏感期，而错过这个敏感期，大脑相应的结构功能将很难重建。此外大脑的不同区域，其脑神经元神经纤维的"髓鞘化"是具有先后顺序的。"髓鞘化"是指神经纤维外面形成的绝缘体。由于绝缘

---

[1] 小泉英明. 脑科学与教育：尖端研究与未来展望[J]. 教育研究，2006，313（2）：22—27.

[2] 丁德成，张伟，师梅梅. 现代脑科学与教育[J]. 陕西师范大学学报（自然科学版），2004（S2）：189—193.

[3] 小泉英明. 脑科学与教育：尖端研究与未来展望[J]. 教育研究，2006，313（2）：22—27.

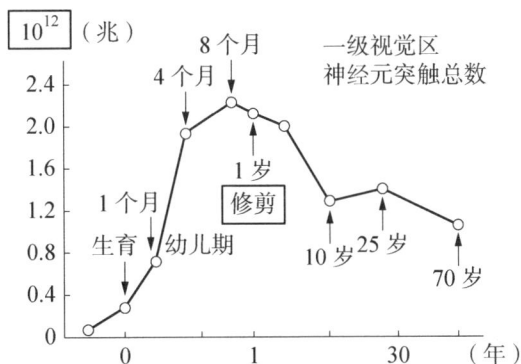

图 1-2　神经元连接部(突触)的生成与印刻

体的作用,可以使信息传输速度提高 100 倍。神经纤维"髓鞘化"的顺序如图 1-3
所示:

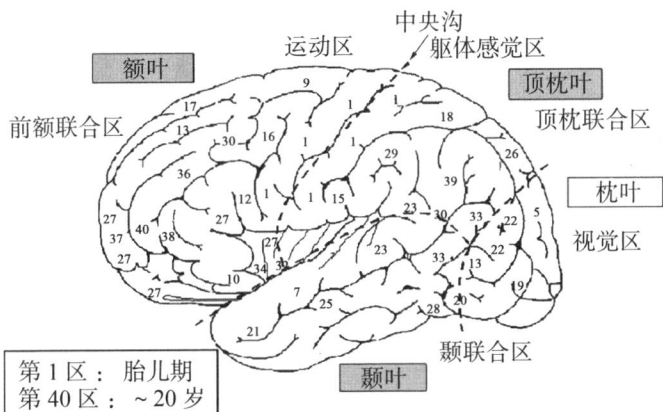

图 1-3　脑神经纤维髓鞘化的顺序①

　　这意味着在尚未"髓鞘化"的部位进行长时间的教育肯定效果不好,教学活动需
要针对学生的"髓鞘化"阶段进行设计。基于以上事实,小泉英明从生物学意义上对
学习进行了重新定义:学习是通过外部环境刺激建构中枢神经系统神经网络的过程,
教育是控制和完善外部刺激的过程②。

---

① 小泉英明.脑科学与教育:尖端研究与未来展望[J].教育研究,2006,313(2):22—27.
② 小泉英明.脑科学与教育:尖端研究与未来展望[J].教育研究,2006,313(2):22—27.

此外,研究者也开始关注大脑神经核团的活动与概念学习之间的关联。比如,佩蒂托和邓伯利用核磁共振的方法,研究了物理系大学生和普通的没有受过大学物理教育的成年人对"自由落体"视频的不同反应,并据此提出了一种新的观点,认为物理系的学生表现为建立了新的正确的科学概念,但是没有重构他们的知识,而是在接受了新的知识以后,在激活他们正确概念的同时抑制了他们原来的前概念,也就是前概念依然保留而并未消失①。从这个研究结果来看,概念重构并不是彻底的重新组建,而是表现为基于原有结构的修改,这让我们对概念学习增加了新的理解和认识。

以上脑科学研究增进了我们对知识本质和学习本质的理解,不仅对学生如何学习科学知识有启示,同时对理解教师如何在所处的环境中学习和发展自己的教学知识也很有启发。

三、认知心理学和教育学视野下的知识观

认知心理学主要关注个体是如何学习和认知的,或者说关注个体知识是如何发展的。目前被教育学界普遍接受的理论是建构主义理论,特别是皮亚杰的认知发展理论以及维果斯基的社会建构主义理论。

皮亚杰的认知发展理论认为认识是一个过程,是一个人完成的那些动作的一个剧目。按照皮亚杰的看法,认识某种事物意味着用身体动作或心理动作,或者共用两种动作,对这个事物起作用。而一切行为或一切思维的目的,就是使有机体以越来越满意的方式适应环境。在皮亚杰的体系中,适应技术被称为"图式"(schemas/schemata)。这种图式,作为适应的技术,可能是生物的,或心理的,或生物、心理两者共存的。发展可以被看成是图式依靠同化(assimilation)和顺应(accommodation)两种过程日益增长的精致化。把一个新经验解释为与身体动作或者心理动作目录中的已有图式统一的或者类似的过程称为同化。如果在原有的图式中没有找到,而必须把原

---

① Petitto L-A, Dunbar K. New Findings from Educational Neuroscience on Bilingual Brains, Scientific Brains, and the Educated Mind, In press: K. Fischer & T. Katzir (Eds.), Building Usable Knowledge in Mind, Brain, & Education. Cambridge University Press. 转引自:韦钰. 有关科学概念学习,神经科学研究告诉我们什么(1)[EB/OL]. (2008 - 07 - 16). http://blog. handsbrain. com/weiyu/entry/392772.

有图式进行改造产生新的图式的过程叫作顺应①。如果把图式理解为特定的概念框架的话,同化主要指的是用原有的概念框架去反复理解和认识新的事实,甚至做出行动,在这个过程中主体的认识可能并不正确,所以行动受阻,进而尝试新动作并把这种情况补充到原有的框架当中,导致旧概念框架的改变和完善甚至是新的概念框架的形成,也就是引发了顺应。可以看出,认知主体一般总是先试图通过同化来理解新鲜事物(用老眼光看新事物),当新的事物可以被同化时,原有的认知框架并不改变,但当不能同化到旧的概念框架之中时就会导致认知冲突,这时需要改变甚至推翻原有的概念框架,建立新的,从而促使认知得到发展。认知主体就是在同化和顺应两种方式相互交替中不断获得认知发展的。

维果斯基在前人的基础之上创立的"文化-历史发展理论",提出了个体学习的"最近发展区"概念,突出了社会文化历史背景在学习者认知过程中的重要作用,更强调"社会交往"和"主体合作"在认知发展过程中所起的重要作用,为建构主义在教育领域的应用作出了贡献。

在知识类别的分析方面,王如哲依不同的分类指标,将知识区分为如下种类:个人知识与公共知识;程序性知识、事实知识与概念知识;外部知识与内部知识;显性知识和缄默知识;熟知的知识和未察觉的知识②。

教育目标分类学 2001 年的修订版已经将知识单独列为一个维度。其中一个是"知识"(knowledge)维度,另一个是"认知过程"(cognitive process)维度。知识维度专指知识的分类,共分为四类:事实性的(factual)、概念性的(conceptual)、程序性的(procedural)和元认知的(metacognitive)。认知过程维度主要分为六类:回忆、理解、应用、分析、评价、创造,其中回忆、理解和应用是最常见的认知发展阶段③。

学校教育时间和空间是有限的,在这有限的时间和空间中不能传递人类社会所有类型的知识,因此必须根据一定的标准进行知识的选择。选择把什么样的知识纳入课程,这与

---

① 中央教育科学研究所比较教育研究室.简明国际教育百科全书:人的发展[M].北京:教育科学出版社,1989:234—235.

② 王如哲.知识管理的理论与应用:以教育领域及其革新为例[M].台北:五南图书出版公司,2000:216.

③ 张燕,黄荣怀.教育目标分类学 2001 版对我国教学改革的启示[J].中国电化教育,2005(7):16—19+20.

人们的知识观直接相关。因此,一个时代的知识观决定着课程观①。教育领域的众多学者对当前知识观的更新趋势进行了分析,并在此基础上提出了课程观的发展方向。

王宏宇指出,随着后现代主义的发展,其知识观认为知识具有的特性包括:知识是对开放的、复杂多变的现实的解释,而不是对封闭的、稳定的意义系统的客观反映;知识是过程,不是结果,知识不再具有绝对的客观性,而是依存于知识掌握者,知者与被知者紧密联系在一起,与此同时,知识不再单纯是社会历史的产物,而是个人经验的统合;知识是整体,是对自然、人类和社会的统合解释,不能被简单地划分为一个独立的学科领域;等等。因此,对应的课程观应该是:课程是一种发展的过程,而不只是特定的知识体系的载体;课程是师生共同参与探求知识的过程;课程发展的过程具有开放性和灵活性;课程组织不再困于学科界限,而向跨学科和综合化的方向发展;从强调积累知识走向发现和创造知识;承认和尊重人们的意见和价值观的多元性,不以权威的观点控制课程,试图在各种观点、观念相互冲撞、融合的过程中寻求一致或理解等②。

石中英在其《知识转型与教育改革》一书中,对显性知识、缄默知识与教育教学改革的关系进行了专门的论述。他认为缄默知识是不易大规模积累、储藏和传播的知识,具有情景性、文化性和层次性的特点。他认为在教育教学过程中,存在大量的缄默知识,既存在着教师的缄默知识,也存在着学生的缄默知识;既存在着有关具体的教学内容的缄默知识,又存在着有关教授和学习行为的缄默知识,还存在着有关师生交往和学生之间交往的缄默知识;既存在着与语言知识学习有关的缄默知识,又存在着与社会知识学习、自然知识学习等有关的缄默知识;既存在着与教学过程有关的缄默知识,又存在着与教学空间有关的缄默知识;等等③。教师的教学知识,不仅包括理论性的显性知识,同时也包括大量的储存于个体大脑的能够适应其所处环境的缄默知识,而反映在其日常教学工作和行为当中。因此,教师教育不仅要关注学科知识、教育学原理等显性知识基础,同时也要关注教师的缄默知识、教学行为及教师与环境的交互,关注教师教学知识的社会化建构过程。

---

① 黄荣怀,郑兰琴.隐性知识论[M].长沙:湖南师范大学出版社,2007:19.
② 张赐琪.21 世纪世界教育发展的五大趋势[EB/OL]. http://www. bdedu. com. cn/zuanjia/html/21jiaoyuqvahi. htm.
③ 石中英.知识转型与教育改革[M].北京:教育科学出版社,2001:169.

四、信息和管理科学视野下的知识观

数据、信息、知识、智慧构成了知识管理领域里有名的DIKW金字塔。这四个术语界定为:数据(Data)包括事实、声音和图像,表达的是一个没有特定背景和意义的描述;信息(Information)是指经过格式化、过滤和综合处理的数据,强调的是数据和数据之间的联系;知识(Knowledge)是指有意义的信息,表现在信息和信息之间的关系上,譬如"天空有乌云"和"小雨"两条信息之间,如果建立一种联系,则产生了知识;智慧(Wisdom)是指富有洞察力的知识,在了解多方面的知识后,能够预见一些事情的发生和采取行动①。

根据知识对经济发展的重要程度来区分,世界经济合作与发展组织(OECD)在1996年的报告《以知识为基础的经济》中把知识分为四种类型:知道什么的知识(know-what),也就是事实的知识;原理的知识(know-why),即为什么的知识;技能知识(know-how),即操作的知识;知道谁拥有知识的知识(know-who)。其中第一、第二类知识属于可编码的知识;第三类知识又称为意会知识,它实际上是一种实践智慧;第四类知识属于人事、管理的知识②。后两种知识被称为隐性知识或者缄默知识,因为它们难以被编码和测量。

个体的知识可以外化,并且储存在知识载体当中,这种载体比如书本、硬盘等,人们可以从这些载体中获得信息,从而为实现知识的传播提供了可能。但是信息不等同于知识,交给学生厚厚一叠书籍并不能代表学生获得了知识,而准确地说是给了学生信息的载体,这些信息载体为学生获得知识提供了机会。要想获得知识,学生必须要阅读这些信息,并把信息在大脑中关联起来,形成能够解决问题的知识结构,才能获得知识。教育的一个很重要的目的就是知识的传播和创新。在知识传播的基础上,个体与个体之间可以实现知识的交流,互通有无,这既起到知识的建构和修正的作用,同时也能促进旧的想法的发展或者新的想法的产生。

野中等对缄默知识和显性知识之间相互转化模型进行了描述。他们认为,新的知

---

① 黄荣怀,郑兰琴.隐性知识论[M].长沙:湖南师范大学出版社,2007:14.
② 潘洪建.教学知识论[M].兰州:甘肃教育出版社,2004:7.

识总是来源于个体,知识创新的核心活动就是将个体的知识传播给其他人。社会组织中知识的转化有四种基本模式,即知识共感化、知识外显化、知识关联化和知识内溶化,它们形成一个"知识螺旋"的进化过程。如果从认识论和本体论两个维度,把这种知识转化过程进行概括,可以用图1-4来表示。

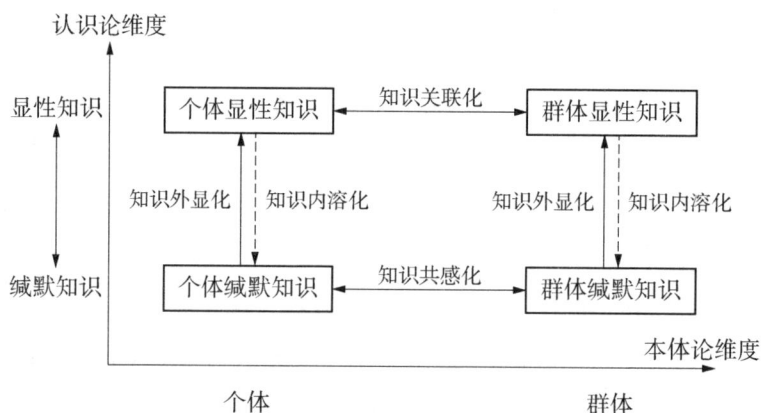

图1-4 四种知识的转化过程

知识外显化:是缄默知识转化成显性知识的过程,主要通过对话方式完成。清晰地表达那些过去是缄默的知识,使它们标准化、概念化、可重复,最终达到工业化。

知识关联化:是个体显性知识与他人显性知识以及群体显性知识互相传递连接的过程,主要通过培训、学习方式实现。这里显性知识的运用、演绎的过程是知识传递最传统的方式,在组织的成员之间进行传递。

知识内溶化:是显性知识转化成缄默知识的过程,主要通过个人在工作中的体验来完成,这种传递主要发生在显性知识分享和内化的过程中。

知识共感化:是个体缄默知识与他人缄默知识以及群体缄默知识相互交流传递的过程,主要通过组织内文化氛围和工作环境进行。如传统的师傅到徒弟以及徒弟们之间的交流学习关系,这些知识是不能被清晰表达的,且其过程也是潜移默化的。

在知识转化过程当中,组织通过缄默知识与显性知识的相互转化以及个体与群体的相互影响,达到知识的有效管理和知识创新的目的。随着信息和通信技术的飞速发展,信息获得和信息交流变得越来越便利,信息媒介也必然会对教师教学知识的发展产生影响。

第二节 对于学科教学知识的研究

一、学科教学知识的提出

过去人们一般认为教师知识至少包括学科知识和一般教学法知识,但是这两种知识在教师培养和培训的过程中,是独立传授的,是分割的。针对这种现状,舒尔曼提出学科教师特有的专业知识——学科教学知识(PCK),并批评当时的教师教育是一种缺少了学科知识的有缺失的范式(missing paradigm)。以斯坦福大学为基地,舒尔曼教授与其同事和学生于20世纪80年代中期开始一直坚持教师知识的研究,并于1987年鉴别出了专家型教师所必需的知识类型。在研究教师知识的领域中,他们的研究成为最有实力的一个派别,其理论成果最经常为人所引用。他们对在职教师的个案研究中发现的教师知识共分为七种类型:学科内容知识(subject content knowledge)、一般性教学知识(general pedagogical knowledge)、关于课程的知识(knowledge of curriculum)、学科教学知识(pedagogical content knowledge)、关于学生的知识(knowledge of students)、教育情境知识(knowledge of context)、教育目标知识(knowledge of aim)①。其中学科教学知识是作为教师特有的专业知识提出的,受到了学者们的广泛关注,至今仍然是研究的热点。

二、PCK 的定义及其组分

学科教学知识这个概念提出以后,学者们对 PCK 产生了很大的兴趣,并用不同的视角和方法对其进行了界定和研究。

---

① Shulman L S. Knowledge and Teaching:Foundations of the New Reform [J]. Harvard Educational Review, 1987,57(1):1 - 22.

舒尔曼认为 PCK 是能使教师将学科内容转化和表征为具有教学意义的形式,它使内容最切题的方面具体化为可教性。舒尔曼认为 PCK 包括那些最经常使用的教学主题,以及这些主题中概念的最有用的表征形式,最有效的比喻、实例、例证、解释和演示等。总之,它是教师将学科知识表征化和形式化,进而使其容易被别人理解的方法。它还包括教师对特定概念学习容易或困难原因的理解,以及不同年龄阶段和背景学生在进入学习时就已经具有的概念知识和先前概念。它是教师将内容知识和教法知识融合形成的,使得教师能够恰当地组织和表征特定的主题内容、难点或议题,进而适应兴趣多样、能力水平不一的学习者①。

格罗斯曼(Grossman)认为 PCK 包括:教师关于特定主题的教学策略,内容表征的知识,关于学生对特定主题的理解的知识如已有概念和错误概念等,此外还包括教师对该话题教学目标的理解和可以利用的相关课程材料的知识②。科克伦(Cochran)等人把 PCK 定义为是教师在特定学校教育情境下,为了适应不同学生的教学需求,而对教学法知识和学科内容知识进行的连接。PCK 包含四个成分:(1)学科知识;(2)关于学生的知识,如学生能力、学习策略、年龄和发展水平、学习态度、动机和先前概念等;(3)关于教育背景的知识,主要指教学所处的社会、政治、文化和自然环境;(4)教学法知识③。

1996 年,《美国国家科学教育标准》对科学教师的学科教学知识的定义为,科学教师对科学学科教学的特定理解,以及对科学学科内容、课程设置、学法、教法、学生情况等方面的知识的整合能力,并据此设计出适应学生个人和集体需要的学习情景。学科教学知识是定义科学教师的一个要素,也是科学教师区别于科学家的关键所在④。

马格努松(Magnusson)等人认为关于科学教学的 PCK 包括五种成分:(1)科学教学倾向的知识,它是指教师对科学教学的目的、目标理解和信念;(2)科学课程知识,

① Shulman L S. Those Who Understand: Knowledge Growth in Teaching[J]. Educational Researcher, 1986, 15(2).
② Grossman P L. The Making of a Teacher: Teacher Knowledge and Teacher Education [M]. New York: Teachers College Press, 1990.
③ Cochran K F, DeRuiter J A, King R. A Pedagogical Content Knowledge: An Intergrative Model for Teacher Preparation [J]. Journal of Teacher Education, 1993,44(4),263 - 272.
④ 美国国家研究理事会. 美国国家科学教育标准[R]. 戢守志,等,译. 北京:科学技术文献出版社,1999:80.

教师需要知道课程的目的和具体目标、课程的具体计划;(3)关于科学学习者的知识,如教师关于学生对特定科学主题的理解情况、学习的需要和学习的困难等知识;(4)关于评价的知识;(5)关于教学策略的知识①。

康特(Counts)对一名大学物理教授的学科教学知识进行了个案研究。通过访谈、学生问卷、录像等方式,康特对该教师在已设定的教学情境中的学科教学知识的特征进行观察,并对其学科教学知识的建构过程和发展进行分析,得到了该教师的学科教学知识,主要包括:关于教学目的的知识、关于学生和学生学习的知识、人际交往知识、课程与资源设计的知识和学习环境的知识等②。

维尔和马金斯特(Veal 和 Makinster)在 1999 年按照 PCK 适用范围的大小,把 PCK 分为三个不同的层次:(1)领域层次的学科教学知识(General PCK),它适用于一个大的领域,如历史、科学、数学和英语等;(2)学科层次的学科教学知识(Domain Specific PCK),它适用于一个大领域中的一个具体学科,比如科学领域中的地理、物理、生物、化学等学科;(3)具体话题层次的 PCK(Topic Specific PCK),它适用于一个具体学科中的具体话题,比如化学学科中关于溶解、氧化和化学计量等话题。无论是一般学科教学知识还是具体领域和话题的学科教学知识,它们都是一般教学法与学科内容相结合而形成的知识③。

根据李(Lee)等人的研究,PCK 一般包括以下组成成分:学科知识、关于学生的知识、关于教学策略的知识、关于评价的知识、关于课程的知识、关于教学资源的知识、关于目标的知识等。而有经验的教师的学科教学知识包括:学科知识、目标知识、学生知识、课程组织知识、评价知识、教学资源知识④。

刘清华在其博士论文中认为,教师的知识结构由八个部分组成:学科内容知识、课程知识、一般性教学知识、学生知识、教师自身知识、教育情境知识、教育目的及价值知

① Magnusson S, Krajcik J, Borko H. Nature, Sources, and Development of Pedagogical Content Knowledge for Science Teaching[M]//J. Gess-Newsome, N. G. Lederman (Eds.), Examining Pedagogical Content Knowledge. Dordrecht/Boston: Kluwer Academic Publishers, 1999:95-132.

② Counts M C. A Case Study of a College Physics Professor's Pedagogical Content Knowledge [D]. Georgia State University,1999.

③ Veal R W, Makinster J G. Pedagogical Content Knowledge Taxonomies [J]. Electronic Journal of Sicence Education, 1999,3(4).

④ Lee E, Luft J A. Experienced Secondary Science Teachers' Representation of Pedagogical Content Knowledge [J]. International Journal of Science Education, 2008,30(10):1343-1363.

识和学科教学知识①。

随着信息通信技术的飞速发展,其在教学中日益占据越来越重要的地位,也慢慢进入研究者的视野。2006年,米什拉和克勒(Mishra和Koehler)明确定义了技术教学内容知识(Technological Pedagogical Content Knowledge,缩写为TPCK,后更名为TPACK),构架了一个技术知识、学科知识和教学法知识三者交互的理论,进而界定了现代教育技术条件下教师应掌握的七类知识:(1)学科内容知识(Content Knowledge,CK);(2)一般教学法知识(Pedagogical Knowledge,PK);(3)教学法—内容知识(Pedagogical Content Knowledge,PCK);(4)教育技术知识(Technology Knowledge,TK);(5)技术—内容知识(Technological Content Knowledge,TCK);(6)技术—教学法知识(Technological Pedagogical Knowledge,TPK);(7)技术—教学法—内容知识(Technological Pedagogical Content Knowledge,TPACK)。这一理论框架已经把学科教学知识纳入到它的体系当中,并强调了那些教师在将信息通信技术整合到学科教学中所必备的知识,成为基于PCK的另外一个重要的研究领域。

马玲对部分学者定义PCK的内容做了统计②,见表1-1:

表1-1 部分学者对PCK的定义成分比较统计

研究者 PCK结构	马格努松 1999	史密斯 1999	康特 1998	巴内特等 2001	帕梅拉等 2003	张静仪 2003	刘海涛 2005
教学的定位	√	√	√		√		√
课程定位	√	√	√		√	√	√
学生科学理解	√	√	√		√		
课堂教学策略	√	√	√	√	√		√
评价方法	√	√		√	√		√
科学本质		√		√			
人际交往			√				
学校环境			√	√	√		
具体课程内容				√	√	√	√

① 刘清华.教师知识的模型建构研究[D].重庆:西南师范大学,2004:114.
② 马玲.高中生物学教师特定主题的学科教学知识内容结构初探[D].北京:北京师范大学,2007:26.

可见,从提出到现在,PCK 的内涵经历了一系列的变化,但其主要试图回答的问题并没变,那就是:教好一个特定的内容,教师需要什么样的知识。虽然研究者的意见并不完全一致,但是 PCK 大体上包括八个成分:关于教学目的的知识、关于课程的知识、关于学科内容的知识、关于学生理解的知识、关于教学策略的知识、关于教学评价的知识、关于教学资源的知识以及关于教育技术运用的知识。

三、PCK 与其他教师专业知识的关系模型

(一) 格罗斯曼的教师知识模型

自从舒尔曼提出了 PCK 这个概念后,很多学者都对其组成成分提出了看法,但是却各有差异。针对这一现状,格罗斯曼在其《成为教师:教师知识与教师教育》(*The Making of a Teacher*:*Teacher Knowledge and Teacher Education*)一书中展示了 PCK 与其他教师专业知识的关系模型。在这个模型中,格罗斯曼区分出四种核心的教师专业知识组成成分:一般教学法知识、学科知识、PCK 和情境知识①。其中 PCK 是教师专业知识的核心组成部分,它与学科知识、一般教学法知识、情境知识相互作用,一起构成教师专业知识。四者的关系如图 1-5 所示。

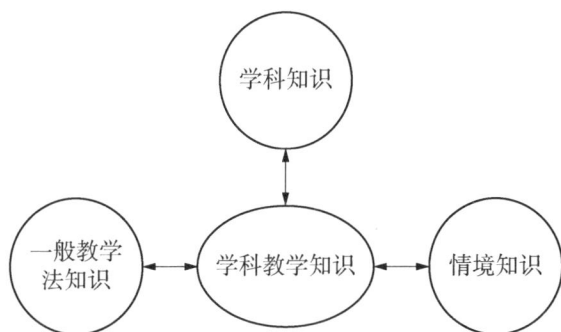

图 1-5　格罗斯曼的教师知识模型——PCK 与其他教师专业知识的关系②

---

① Grossman P L. The Making of a Teacher:Teacher Knowledge and Teacher Education [M]. New York:Teachers College Press, 1990.

② Van Dijk E M, Kattmann U. A Research Model for the Study of Science Teachers' PCK and Improving Teacher Education [J]. Teaching and Teacher Education:An International Journal of Research and Studies, 2007,23(6):885-897.

其中,每个知识域又包含相应的子成分(见图1-6)。其中PCK包含了教师对学科教学的总体看法、关于学生概念和困难的知识、关于课程的知识和关于教学策略的知识。学科知识则包括实体性知识(substantive content knowledge)和表征性知识(syntactic content knowledge),其中实体性知识是指某个具体科学领域当中的概念、规律、定律和模型;表征性知识指的是统一协定、术语、范式和能被当前科学家接受的表示新知识的方式[①]。两者对于发展教师的PCK都是必需的,与此同时,教师的PCK也可以通过创设问题、想法和反思,使得教师对自身的学科知识和信念有一个更深的洞察。这样,教师就能更好地为将来职业发展打下坚实的知识基础。

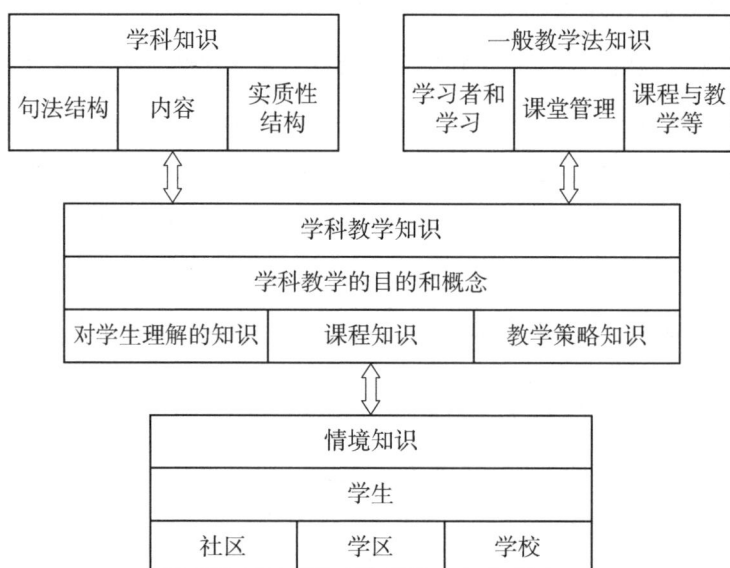

图1-6 格罗斯曼的教师知识模型——各个知识成分所包含的具体内容

根据格罗斯曼的模型,马格努松等人开发了一个稍微复杂一点的PCK模型用于科学教学[②]。PCK被看成是一种只是由几种知识转化而成的独特知识。他们认为,与

---

① Smith D C. Changing Our Teaching: The Role of Pedagogical Content Knowledge in Elementary Science [M]//J. Gess-Newsome, N. G. Lederman. (Eds.), Examining Pedagogical Content Knowledge. Kluwer Academic Publishers,1999.

② Magnusson S, Krajck J, Borko H. Nature, Sourses and Development of Pedagogical Content Knowledge for Science Teaching[M]//J. Gess-Newsome, N. G. Lederman(Eds.), Examining Pedagogical Content Knowledge. Dordrecht/Boston: Kluwer Academic Publishers,1999.

知识缺乏而且破碎化的教师相比,拥有完整知识的教师可以更好地设计和指导学习过程,帮助学生建构学科知识。苏春燕、但武刚基于 TPACK 框架,提出了教师知识可能的"转化"路径:(1)以 PCK 为基础,实现学科知识的融合性转化;(2)以 TPK 为核心,实现技术、教学的协同化发展;(3)以 TCK 为导向,通过技术应用实现个性化教学①。除了教师关于学生、课程和教学策略的知识外,教师信念会极大地影响教学的各个方面,因此教师对学科教学的总体信念也被引入到模型当中。此外,由于科学素养的评价被看作教师知识的一个重要组成部分,科学素养评价也成为这个模型的一部分。

在格罗斯曼的 PCK 模型中,教师关于某一学科领域的知识和信念会指导教师做出各种教学决策,比如关于如何组织学生活动,如何运用课程材料,布置什么样的评价任务以及如何评价学生学习等。因此,教师关于学科教学的总体信念是 PCK 的一个重要组成部分,它会直接影响教师的教学计划、教学实施、反思以及是否接受新课程项目或课程内容等。

教师关于学生前概念和学习困难的知识和信念,以及关于学生需要什么知识和技能,则是教师制订教学计划、实施教学的重要依据。教师需要依据科学课程的总体目标和具体目标,来决定教什么,并针对某个具体内容决定什么样的教学策略和表述是最好的。当然,课程知识以及相关的实验知识同样是教师进行有效教学必不可少的。

教师需要对学生的学习进行评价,因此教师需要知道应该评价哪些方面以及选用什么样的方法可适合评价这一类型的知识和技能。因此,关于评价的知识也自然成为 PCK 的一个组成成分。

(二)杰斯纽森提出的两种 PCK 知识模型

1999 年,杰斯纽森描述了两种极端的教师知识模型:综合模型(Integrative Model)和转化模型(Transformative Model)②。在综合模型当中,PCK 并不作为一个单独的知

① 苏春燕,但武刚. TPACK 视域下教师知识结构的转化:内涵、过程及路径[J]. 教学研究,2020,43(3):44—50.

② Gess-Newsome J. Pedagogical Content Knowledge: An Introduction and Orientation [M]//J. Gess-Newsome, N. G. Lederman (Eds.), Examining Pedagogical Content Knowledge. Kluwer Academic Publishers,1999.

识域存在,教学被看作是一种综合了学科知识、教学法知识和情境知识的行为。在课堂教学中,来自各个知识域的知识被教师综合用于为学生创造学习机会。传统的教师教育项目中设置的单独的科目如学科课程、教学法课程和教学实践,依照的就是这种教师知识模式。

在转化模型中,PCK是由作为一个有效教师所需要的所有知识生成的。PCK是由学科知识、教学法知识和情境知识转化成的一种新形式的知识,它比它的任何一个组成成分更为有效。这一模型支持教师教育项目设置精心整合的课程,以迅速培养教师所需的技能和知识。

刘清华用表格对教师知识的综合模型和转化模型进行了描述,如表1-2所示:

表1-2　教师知识的综合模型和转化模型[①]

	综合模型	转化模型
知识领域	学科知识、教学法知识、情境知识分别发展并综合于教学行为中。每一知识基础一定是很好地构成且容易理解的。	学科知识、教学法知识、情境知识不管是单独发展还是综合形成,都要转化成为学科教学知识,作为教学的知识基础。PCK一定是很好地构成且容易理解的。
教学专门技术	教师对于所教的每一个主题的知识基础进行主动综合时,并不是固定不变的。	教师拥有所教主题的PCK。
教师准备的含义	知识基础可以分别或者综合的方式教。必须培养综合技巧,教学经验和反思可以促进知识基础的发展、选择、综合和应用。	知识基础最好用综合的方式教。教学经验促进PCK的发展、选择和应用。
研究的含义	鉴别有效的教师准备计划。如何转化和最好地促进知识的综合?	鉴别PCK的范例及其应用的条件。这些范例和选择的标准怎样更好地教?

虽然两种模型在知识领域、教学专门技术、教师准备的含义以及研究的含义之间存在不同,但在教师群体中,根据已有的研究,两种模型又在新教师成长为经验教师的不同阶段有所体现,并呈现出一定的过渡。

[①] 刘清华.教师知识的模型建构研究[D].重庆:西南师范大学,2004:77.

（三）维尔提出的 PCK 模型

维尔等提出了学科教学知识的十大特质，即关于内容的知识，关于学生的知识，关于教学法、教学情景、教学环境、科学本质、评价、课程、社会文化和课堂管理等的知识。图 1-7 展示了学科教学知识的层级结构和特质。

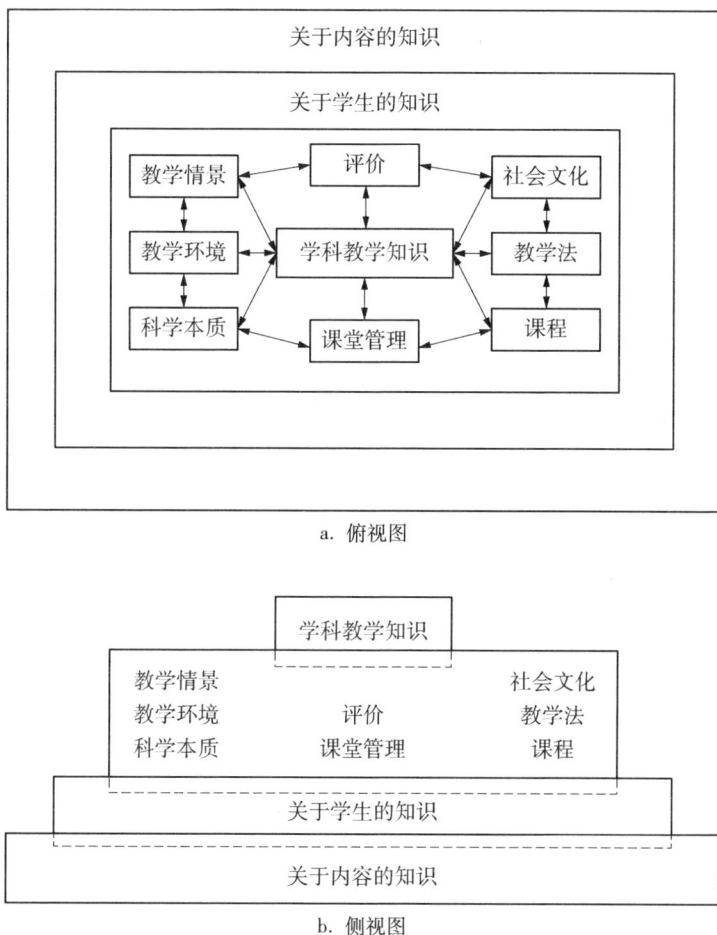

a. 俯视图

b. 侧视图

图 1-7　维尔等人 PCK 层级结构示意图①

---

① Veal R W, Makinster J G. Pedagogical Content Knowledge Taxonomies [J]. Electronic Journal of Sicence Education, 1999,3(4).

在俯视图中,我们可以看到学科教学知识位于中央,显示了它的重要性,其周围是它的其他相关特性。结合俯视图和侧视图,我们看到,关于内容的知识是该层级结构的基础,也是发展学科教学知识的基础,它包括一般的和特定领域或特定主题的知识。在关于内容的知识之上是教师关于学生的知识,两者存在相互重合的部分,因为教师对某一内容越了解,就越容易认识到学生相关的错误概念和认识。在关于学生的知识之上,是紧密围绕着 PCK 的八种特质知识,它们是关于教学法、教学情景、教学环境、科学本质、评价、课程、社会文化和课堂管理的知识,在排列上它们没有先后顺序,这是因为它们能够在教师职业发展生涯的任意事件中得到发展和理解①。

四、PCK 的形成和发展

那么教师的 PCK 是如何形成和发展的呢? 其知识来源有哪些呢? 研究者在不同领域做了相关的研究,其来源也不尽相同。

1987 年,舒尔曼在对 PCK 进行了进一步澄清的同时,也对教师知识的来源以及发展进行了论述。舒尔曼认为教师教学知识基础的来源至少有四个:(1)学科内容的专业学习;(2)教师所接触的课程和教学材料以及制度化的教育环境;(3)对于学校教育、社会组织、人的学习、教学和认知发展以及其他能够影响教师教学的社会文化现象的研究;(4)实践智慧本身②。

格罗斯曼等提出学科教学知识的来源至少有四种:作为学徒的观察、学科知识、教师教育和课堂实践③。团芙(Tuanf)认为学科教学知识的形成与发展有赖于良好的职前教育。研究表明,影响职前教师学科教学知识发展的因素主要有:职前教师本人对学科、教学的偏好,职前教师的反省与行动的能力以及职前教师本身具有的教学经

---

① Veal R W, Makinster J G. Pedagogical Content Knowledge Taxonomies [J]. Electronic Journal of Sicence Education, 1999,3(4).

② Shulman L S. Knowledge and Teaching: Foundations of the New Reform [J]. Harvard Educational Review, 1987,57(1):1-22.

③ Grossman P, Wilson S. Teachers of Substance: Subject Matter Knowledge for Teaching [M]. New York: Perganon Press, 1989.

验①。康特对一名大学物理教授的学科教学知识进行了个案研究,提出学科教学知识的建构和发展过程中不可缺少的六种策略为:学科知识、交流、对学生课堂行为和环境的认识、个人反思、教学经验和学术讨论②。

范德瑞尔(Van Driel)等人在回顾了以往关于教师 PCK 的研究后,认为学科知识是 PCK 发展的一个前提条件,PCK 在不断的实际教学实践中获得发展。这就意味着职前教师或者新教师可能只具有有限的不发达的 PCK③④。而专家型科学教师的 PCK 则是一种对科学教学的综合理解,它是通过在各种教学情况下的试误、持续性的深刻反思、与同事交流和反复教授科学内容而获得的⑤。由此,职业发展项目中有经验教师和新教师之间的合作,就成为促进新教师 PCK 增长的一种有效办法。

伊内克(Ineke)等人对有关太阳系和宇宙的模型这一新教学内容的 PCK 发展进行了 3 年的跟踪研究⑥。研究的参与者是 9 名有经验的科学教师。他们把学科教学知识分为四个部分:关于教学策略的知识,关于学生理解的知识,关于对学生如何评价的知识,关于课程中某个内容的教育目的和教学目标的知识;然后通过半结构化访谈的方式探测教师们 PCK 的发展,并根据这些数据得出了两种性质不同的 PCK 发展模式:类型 A和类型 B。发展模式 A 趋向于以模型内容相关知识发展为主,它的特点是只有教学这个知识域获得了发展,而其他知识域则发展缓慢或者没有发展。而发展模式 B 则趋向于模型内容知识、模型建构知识以及模型本质认识共同发展和相互影响,并且四个知识域呈现相对均衡的发展。两种模式中四部分知识之间的相互影响如图 1-8 所示:

① Tuanf II, Jeng B, Whang L, Kaou R. A Case Study of Pre-service Chemistry Teachers' Pedagogical Knowledge Development [R]. Paper Present at the National Association for Research in Science Teaching, San Francisco, 1995.

② Counts M C. A Case Study of a College Physics Professor's Pedagogical Content Knowledge [D]. Georgia State University, 1999.

③ Van Driel J H, Verloop N, De Vos W. Developing Science Teachers' Pedagogical Content Knowledge [J]. Journal of Research in Science Teaching, 1998,35:673-695.

④ Van Driel J H, De Jong O, Verloop N. The Development of Preservice Chemistry Teachers' Pedagogical Content Knowledge [J]. Science Education, 2002,86:572-590.

⑤ National Research Council. National Science Education Standard [M]. Washington DC: National Academy Press, 1996:67.

⑥ Henze I, van Driel J H, Verloop N. Development of Experienced Science Teachers' Pedagogical Content Knowledge of Models of the Solar System and the Universe [J]. International Journal of Science Education, 2008,30(10):1321-1342.

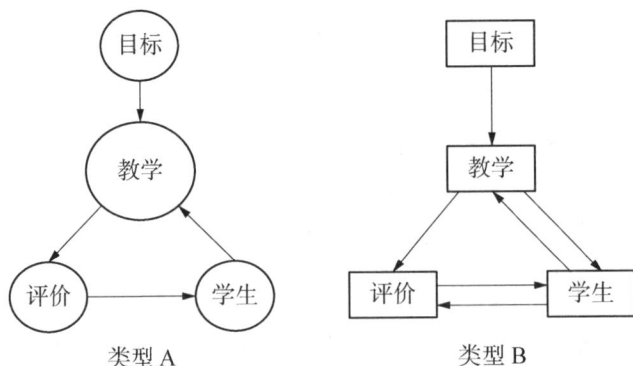

图 1-8　两种性质不同的 PCK 发展模式

从这些学者的研究中我们可以看出,影响 PCK 的形成和发展的因素很多。这些影响因素包括:教学实践经验、学科知识学习、个人反思、学术交流讨论、个人的教学信念、先前学习经历、对学生课堂行为和环境的认识和各种教师教育等。其中教学实践经验以及学科知识学习在教师自身 PCK 发展的过程中,都占有重要的地位。在教师群体中,由于各种环境因素和个人因素的影响,个体的 PCK 来源和发展存在着不同方式。

很多学者在关注学科教学知识的同时也关注教师的教学信念。而且教学信念和学科教学知识之间在对教师教学的影响上又总是存在着千丝万缕的联系。

维尔在 1999 年提出了技术—策略—生效(Technique-Tactics-Function, TTF)模型,用于理解职前教师的学科教学知识的发展。技术在具体情境中不需要应用任何信念。策略需要改变或者应用已有的信念并且可以同时发展新的信念。生效描述的是在一个具体的情景中为了教学的目的对相互竞争或者矛盾的信念进行综合,从而产生一个新的或者暂时性的观念的过程。信念影响着参与者在课堂中的教学实践,而在课堂中获得的知识又影响着参与者的信念,由于同在一个社会具体情境中,这就决定了知识和信念相互协同的关系①。维尔用 TTF 模型来描述和呈现中学职前教师在教育实习过程中对物理或者化学教学看法的转变过程,也包括对某个具体内容的教学看法的变

---

① Tobin K, Tippins D J, Gallard A J. Research on Instructional Strategies for Teaching Science[M]// D. L. gabel(Ed.), Handbook of Research on Science Teaching and Learning. New York:National Science Teachers Association, 1994.

化过程。基于对 4 名职前教师培训的研究结果,维尔认为:教师的信念与教师的教学决策的选择有着复杂的关联,同时也对学科教学知识的发展起着辅助作用①。

虽然研究者们对 PCK 的定义存在各种不同的看法,但是在 PCK 的特性上达成了一定的共识,认为 PCK 是一种通过课堂教学经验获得的实践性的知识和技能。它是在教学情境中形成的整合的知识,包括各种知识、概念、信念和价值判断。因此,师范生或者新教师通常具有有限的或者少量的 PCK,有经验的教师常具有整合的发达的 PCK②。

五、PCK 的测量工具和研究方法

(一) 行为观察法

希里·艾瓦佐(Shiri Ayvazo)在其博士论文中给出了 PCK 的一个功能性定义,试图通过一些可观察的变量来衡量物理教师的 PCK 水平。希里认为 PCK 是教师从知识库中选择内容用于特定情境和特定的教学目的的行为。这种选择可以呈现出三种平常的形式:第一种是选择恰当的内容包含到教学计划中;第二种是把内容设置到教学活动中,包括教师对于如何向学习者呈现内容所做的决策;第三种是指在教师与相同内容反复互动的过程中,对内容的实施和精致。

希里进而把 PCK 具体化为一系列的行为,这些行为包括:教学实践中教师提供的各种类型的任务(如提供内容、扩展、精致、应用),各种提示(如技术性的、形象化的、比喻性的),以及它们调整任务复杂性以适应学生个体(如提供一个不同的任务、增多或者降低技巧、改变比赛条件等)③。希里认为 PCK 的发展是一个连续的过程,从不成熟发展到成熟。他检测了教学效率高的教师在教授较强学科知识和较弱学科知识的时候,其对应的 PCK 的区别。最后,他得出结论,学科知识是获得学科教学知识的关键,因此学科知识是物理教师教育项目中应该重点关注的一个方面。

① Veal W R. The TTF Model To Explain PCK in Teacher Development [R]. Boston, MA: Paper presented at the Annual meeting of the National Association for Research in Science Teaching, 1999: 47.
② Lee E, et al. Assessing Beginning Secondary Science Teachers' PCK: Pilot Year Results [J]. School Science and Mathematics, 2007, 107(2): 52-60.
③ Ayvazo S. Exploring the Pedagogical Content Knowledge of Effective Teachers in Physical Education [D]. The Ohio State University.

可见希里主要关注了内容的选择、组织呈现以及精致三个环节,而且这三个环节是具有一定的顺序的,它暗含了教师的日常教学的工作顺序:教学设计、实施和反思,显现了一种应用状态下的学科教学知识。而这种应用状态下的学科教学知识在发挥作用时,学科知识扮演着重要的角色。

(二) 量表测查法

布莱恩·罗文(Brian Rowan)等人研制了一个测量 PCK 的量表①。由于前人研究的缺乏,这个研究的目的就在于摸索量表中的具体项目以及这些项目如何能更好地反映 PCK 大的结构。这一量表是针对阅读/语言文学和数学开发的,主要用于测查教师在这两大领域中"熟知"的课程内容相关的 PCK。

在每一个这样的课程域中,他们试图识别出 PCK 的三个维度:学科知识、关于学生思考的知识和关于教学策略的知识。其中学科知识指的是一个课程域中的核心的概念、规律和关系,以及它们在具体教学情景中的各种可选择的呈现方式。

在开发的量表中,每个具体的项目是呈现给回答者一个简短而真实的课堂情景,然后设置一系列选择题。每道选择题的选项中包含一个正确选项和几个错误选项。选项正确还是错误的判断标准,参照的是前人在这一"熟知"领域所作的关于教学和学习的研究。

(三) 案例访谈法

2007 年,李(Lee)等人对 24 名中学科学新教师的 PCK 进行了研究,其主要目的在于了解不同项目对新教师 PCK 发展的影响,以及在一年时间里 PCK 的变化情况②。他们在原有的 2005 年 PCK 访谈提纲(PCK Interview Protocol and corresponding Rubric)的基础上,又开发了一个新的测量工具。

在开发这个工具之前,首先由一位研究者对 5 位有十年教学经验的并且指导过新教师的专家型教师进行访谈,从而发现他们的 PCK;再由两位研究者独立地对其进行

---

① Rowan B, et al. Measuring Teachers' Pedagogical Content Knowledge in Surveys:An Exploratory Study [Z]. Study of Instrumental Improvement, 2001.

② Lee E, et al. Assessing Beginning Secondary Science Teachers' PCK:Pilot Year Results [J]. School Science and Mathematics, 2007,107(2):52-60.

编码分类;然后对照两者,从中找出明显的类别。这些类别有:

- 科学知识(包括科学的本质、科学过程以及科学各领域之间的关系);
- 关于科学教育目标的知识(在现实生活中应用科学知识以及更好地理解自然界事物是如何工作的);
- 关于学生的知识(不仅要知道喜欢学习什么,还要知道他们普遍的错误概念和学习困难);
- 关于科学课程内容组织的知识(使得科学概念、单元甚至科目相互联系起来);
- 关于评价策略的知识(如何采用多样的评价方法和程序评价学生对科学的理解);
- 关于教学策略的知识(教师需要有可应用的多样的策略,使他们能够修订自己的教学计划以适应不同的课堂情况。此外,教师还要创设具有真实应用价值的课堂);
- 关于教学资源的知识(教师需要清楚地知道哪些资源和材料可以在教学中使用)。

这些工作是第一步,第二步要做的是找出教育研究者描述过的关于 PCK 的知识类别。在关于 PCK 的不同描述中,八个类别被识别出来,它们是:学科知识、表达和教学策略、学生的学习情况和学生概念、一般教学法、课程和媒介、情景、目的、评价。然后用专家识别出来的类别与来自专家型教师的类别进行比较,可以看到两者基本吻合。但是考虑到绝大多数教育研究者公认的一般知识域,最后确定为两个类别。

类别一是关于学生的学习和概念的知识,包括:

- 先前知识;
- 学生学习方式的多样性;
- 学生关于特定科学概念的困难。

类别二是关于教学策略和表述的知识,包括:

- 关于科学具体教学策略(如科学探究);
- 表述。

因而这项研究中所用的测查 PCK 的工具也主要包括两部分,即关于学生学习的知识和关于教学策略的知识。在这项研究中,PCK 被定义为教师用来促进学生理解科学概念和鼓励学生进行科学探究的知识。其中鼓励学生科学探究的知识包括有效的教学策略和不同情况下适当表述的知识。这个定义中的科学探究指的是：能够促进学生发展其科学概念并且理解科学家如何研究自然世界的学生活动①。

在一年中，他们对 24 名新教师进行了访谈和课堂教学观察。当参与该研究的教师确定下来后，就马上对这些新教师进行前访谈的数据收集；后访谈则放在这一学年的末尾。每次访谈中，当教师描述他们的课堂教学时，研究者都会录像并且记笔记。这个访谈的结构保证教师可以有足够的时间对问题做出回应和探测。容许教师有充足的时间来讨论他们的观点，可以获得真实的回答，从而增加访谈的可信度。在课堂观察的过程中，研究者记笔记并且收集与教学有关的材料。这个项目的数据收集工作由三位相关研究者完成。然后由两位研究者结合课堂观察，独立地依照 PCK 评分标准对每位教师进行评定，再相互对照，如果出现争执，则选择第三位研究者裁定。最后对不同组的新教师的 PCK 得分情况，以及一年前后变化情况，进行数据统计分析，得出结论。

在对 PCK 的研究中，学者们研究的往往是不同层面的 PCK，其使用的工具也不相同。比如李等人应用自己开发的访谈提纲和评分表来测量一般学科教学知识。有的学者则主要关注在特定主题的学科教学知识上，如劳伦(Loughran)等人就针对特定主题的学科教学知识开发了 CoRes 和 PaP-eRs 工具，并介绍了其具体的使用方法②。

（四）个案研究法

2005 年，苏艺媛(Suh Yewon)对一位小学科学教师的 PCK 发展过程进行了研究③。这一研究考虑了城市地区的社会文化问题，因此特别把情境知识作为 PCK 的一个核心组成成分。在这项研究中，PCK 被看成是一种由学科知识、教学法知识和情境知识转化而成的知识，它可以使得具体科目的学习过程，在特定的情景下更适合学生。为了

① National Research Council. National Science Education Standard [M]. Washington DC：National Academy Press，1996：23.

② Loughran J, Mulhall P, Berry A. In Search of Pedagogical Content Knowledge in Science：Developing Ways of Articulating and Documenting Professional Practice [J]. Journal of Research in Science Teaching，2004，41(4)：370 – 391.

③ Suh Y. Pedagogical Content Knowledge Development in Teaching Science：A Case Study of an Elementary School Teacher in an Urban Classroom [D]. Dissertation for Doctor Degree in Columbia University Teachers College，2005.

测查教师 PCK 的发展,这项研究首先测查了这位教师 PCK 的三个原有知识域,然后通过观察课堂教学中表现出来的情境知识与其他两种知识间的联系,来衡量其 PCK 的发展。在研究的过程中,研究者通过个案研究法,试图全面而深入地理解这位教师的 PCK 发展过程。收集的数据主要包括:教师访谈、参与式观察、记录和课堂教学相关物品。结果发现,在整个课堂教学过程中,学科知识、教学法知识和情境知识本身及它们之间的联系是不断发展的。而且,情境知识在修正和发展 PCK 上具有举足轻重的地位。

在这项研究中作者选择个案研究的理由主要有两个。首先,个案研究法可以生动形象地描述在一个典型的城区教室里,教了什么以及如何教。由于这项研究的目的在于了解教师在其日常工作背景下 PCK 的发展,所以需要一个厚实的描述(thick description)来反映当时丰富的情景、意义和意图。其次,个案研究对于教师为什么在课堂上那么教,可以提供一个深层次的理解。由于该研究可对以 PCK 与学科知识、教学法知识、情境知识的模型进行验证,并且描述了一个典型的城市课堂教学情景下的教师 PCK 发展案例,因此仍然很有价值。

(五) 概念图法

概念图是一种有效的知识表征工具,它通过节点以及节点之间的连接线来表征复杂知识的内部结构。节点上的概念词之间可以通过连接线上的连接词来连接,形成一个表征两个概念词之间关系的完整表述。概念图可以有效地表征人们关于特定主题的知识。由于概念图的直观性以及启发性,它被越来越多地应用于探测复杂概念和问题解决。

李等人用概念图作为辅助访谈的工具,对 4 位有经验的中学科学教师(曾经担过新教师的导师)的 PCK 进行了描述和表征①。他们采用了个案研究法,用了 2 年的时间来收集相关的数据,收集数据的方式包括:半结构化的访谈、课堂观察、教案以及每个月的反思总结。经过对这些数据的分析,他们认为有经验的中学科学教师的 PCK 包括七个部分:科学知识、关于教学目标的知识、关于学生的知识、关于课程组织的知

---

① Lee E, Luft J A, Experienced Secondary Science Teachers' Representation of Pedagogical Content Knowledge [J]. International Journal of Science Education, 2008,30(10):1343-1363.

识、关于教学策略的知识、关于如何评价学生的知识以及关于教学资源的知识。并且根据教师自己的看法,制作了概念图来表征其对自身 PCK 的概念性理解。此外概念图还可以用于对复杂访谈记录的分析过程。比如享德森(Henderson)等人就用一个具体的例子,展示了用概念图对复杂访谈记录进行分析的具体过程[1]。因此,本书研究拟采用概念图这一工具来探测教师的学科教学知识以及分析访谈数据。

六、对已有研究的总结

(一) 不同语境下的 PCK

在对 PCK 的研究和讨论过程中,研究者要区别教师个人的 PCK 和教育研究者为改善教师教育而研究的 PCK[2]。前者是个人在学习、教学、交流、反思等过程中建构的个人知识,它具有与其个人特定教育环境相适应的特点,同时这种适应的特异性也限制了推广给其他教师的可能性。由于教师个人 PCK 难以推广的这一特点,研究者试图从专家型教师的 PCK 中提炼出一些具有普遍性的知识以及 PCK 发展的框架,从而应用到教师教育当中,因此这种研究者的 PCK 和 PCK 发展框架与教师个人 PCK 有很大的不同,它能更好地服务于教师教育这个目的。

就教师个人 PCK 的功能而言,从众多研究者对 PCK 的定义中,我们可以看到,科学教师个人 PCK 的功能,就在于把特定的科学内容,在特定的教学情境中,用恰当的方式呈现给特定的学生群体或个人,以高效率、高质量地达成学习成果。它的来源包括:对学科知识和教学法知识的学习、教学实践经验、学术讨论、教学反思、学生或学徒时的经验等。由于各人的差别,其经历内容和对 PCK 的影响程度会有很大的差别。

对于研究者所研究的 PCK,从以往的研究来看,最经典的是格罗斯曼的教师知识模型。格罗斯曼把学科知识、一般教学知识和情境知识作为 PCK 的知识基石,三种知识相互作用共同转变成 PCK。而 PCK 内部又包含了关于课程、学生和教学策略的知

---

[1] Henderson C, et al. Multi-Layered Concept Maps for the Analysis of Complex Interview Data [R]. Madison, WI: Roundtable Discussion Presented at the Physics Education Research Conference, 2003.

[2] Van Dijk E M, Kattmann U. A Research Model for the Study of Science Teachers' PCK and Improving Teacher Education [J]. Teaching and Teacher Education: An International Journal of Research and Studies, 2007,23(6):885-897.

识,李等人就用自己研发的测查工具测查了24位新教师关于学生和教学策略两大方面的知识。这一经典模型不仅为教师教育打下了理论基础,也为研究 PCK 铺设了一个基本的理论框架。此外,研究者可以根据自己研究的需要对其进行改造,比如马格努松等人就把教师教学信念以及科学素养评价也增加进来,从而使其得到进一步丰富。维尔等人更是把 PCK 进一步细化为八部分知识,它们是关于教学法、教学情景、教学环境、科学本质、评价、课程、社会文化和课堂管理的知识。但从其内容来看,与马格努松等人的 PCK 大体上仍然是一致的。

(二) PCK 的研究方法和工具

从研究者研究 PCK 的方法来看,目前主要采用四种研究方法:行为观察法、量表测查法、案例访谈法、个案研究法。从整体趋势看,研究者为了更全面深入地了解教师个体 PCK 的发展过程,更准确测查其 PCK 发展水平,在研究方法上日趋综合,一项研究往往以某一种方法为主,然后同时采用几种辅助研究方法,以获得充分的背景信息,从而保证数据的情景意义。从最近的研究看,案例访谈法被教师培训研究者越来越多地采用。由于有课堂观察法辅助,因此这种方法能够很好地捕捉课堂教学背景信息,同时可使课后教师访谈的针对性加强,并通过专门的评价指标达到对 PCK 水平的量化。当访谈样本量达到 20 至 30 时,其结果可以被认为具有一定的说服力。

(三) PCK 的本质特征

从对 PCK 内涵的研究中,教育研究者所提出的 PCK 大多包含学科教学目标、教学内容、教学对象、教学情景、教学策略、教学评价六个方面的知识。它们分别回答了教师的六个教学问题:为什么教、教什么、教给谁、在哪教、怎么教、教得怎么样。其中"为什么教"这个问题涉及教师教学信念,也就是关于教育目的的问题。"教什么"偏重于学科知识,尤其是能被纳入到教学之中的具体知识。"教给谁"强调教师要充分考虑学习者,比如学生的错误概念和普遍的学习困难等。"在哪教"强调的是教学情景,不仅包括课堂微观环境,也包括社会、学校教育文化等宏观环境。"怎么教"一方面指教师教学活动以及教学顺序的设计,另一方面也包括更为具体地解决学生学习困难的教学策略。"教得怎么样"是指教学评价,教师需要知道不同任务的评价策略,从而获得有用的反馈信息以指导教学。

这六个问题是每位教师在学科教学实践当中不能回避的,其教学法特点更为凸显,而 PCK 则尤其强调教学的学科特性。PCK 存在的前提是:不同学科内容由于其本身结构和性质的不同,教学遇到的困难和限制也不同,应该采用不同的教学策略来应对。哈士威(Hashweh)对 3 位物理教师和 3 位生物教师的学科知识以及学科知识对于他们教学的影响进行了研究,支持了这一前提①。哈士威询问了 6 位教师关于物理学和生物学的知识,并让他们评价教科书上的特定章节,并基于给定的章节设计教学单元。结果发现,生物教师对于他们擅长的领域,比如光合作用,能确切地了解学生具体的错误概念是什么、哪些生物学概念需要进行重新回顾、最大的学习困难是什么以及什么是最重要的应对方法。而对于物理学中难学的概念,他们则只具有大致的想法。而物理老师则相反,他们可以梳理出处理物理学难点的方法,但是对生物学难点的处理方法却知之甚少。

这就引出了值得思考的问题:不同教学法的学科特性到底是什么呢? 是什么因素造成的呢? 换句话说,假设每一种教学策略都具有一定的适用范围,那么哪些策略是普遍适用的? 哪些则只限于某个学科、某个主题或某个概念? 这里只是考虑到了学科知识对教学策略的限制,如果再考虑教学情景、学生水平的话,那么某一种教学策略的适用范围将会进一步明晰。而 PCK 的提出,本质上就是要充分考虑某一教学策略与学科内容的关联。那么对学科内容进行归类和比较并进行实验研究,则能更为清晰地划定某一教学策略的适用边界,从而增加我们对 PCK 的了解和认识。

科学不仅包括科学知识,还包括科学过程和方法以及科学本质。就知识而言,概念是知识的细胞,命题是知识的基本单元,一个命题是由多个概念组成的复合概念。每门学科知识体系中的原理、法则和理论等都是命题的不同形式,所谓的学科知识结构就是由许多彼此联系的命题组成的命题网络②。一个事实应当被看作是对某个原理的支持或反驳,即事实是如何包含在一般原理之中的,否则对事实的学习是没有意义的③,可见概念体系在科学教育中的重要地位。因此,很有必要注重教师与核心概

① Hashweh M Z. Effects of Subject Matter Knowledge in the Teaching of Biology and Physics [J]. Teaching and Teacher Education, 1987,3:109 - 120.
② 郑春和.高中生物学概念教学的理论与实践[J]. 中小学教材教学,2002(5):1—2.
③ 张颖之,刘恩山.核心概念在理科教学中的地位和作用——从记忆事实向理解概念的转变[J]. 教育学报.2010,6(1):57—61.

念教学相关的特定主题的学科教学知识的关联。

虽然研究者们对 PCK 的定义存在各种不同的看法,但是他们在 PCK 的特性上达成了一定的共识,认为 PCK 是一种通过课堂教学经验获得的实践性的知识和技能。它是在教学情境中形成整合的知识,包括各种知识、概念、信念和价值判断。对于 PCK 所包含的知识成分,一般认为包括:学科知识、关于学生的知识、关于教学策略的知识、关于评价的知识、关于课程的知识、关于教学资源的知识、关于目标的知识等。这些成果为进一步的研究打下了基础。对于 PCK 的发展过程,虽然也有很多教师知识模型的提出,尝试解释 PCK 的结构和发展过程,但是还有明显的局限。特别是对于教学经验以及教师外部专业学习环境在 PCK 发展过程中所起的作用还并不清晰,对于群体教师特定主题 PCK 的发展过程也缺乏系统的研究,这些问题值得进一步研究和探讨。

第三节　研究的理论基础

一、建构主义理论

建构主义理论认为,个体的知识是通过主动建构获得的。个体的前概念或者已有的经验会影响其个体知识的建构过程。通过个体建构获得的知识不是一成不变的绝对真理。事实上,建构主义抛弃了绝对真理,而代之以具有一定"可行性"的知识,可行性需要通过实践检验来给出答案。

皮亚杰认为知识是在主体与客体之间的相互作用过程中建构起来的。一方面新经验要获得意义需要以原来的经验为基础,从而融入到原来的经验结构中,即同化;另一方面,新经验的进入又会使原有经验发生一定的改变,使它得到丰富、调整或改造,即原有经验发生顺应。而以维果斯基思想为代表的社会建构主义则强调,个体的学习是在一定的历史、社会文化背景下进行的,社会可以为个体的学习发展起到重要的支持和促进作用①。其中"最近发展区"理论以及"脚手架"的方法已经在教育领域被广为接受和应用。

---

① 刘恩山. 中学生物学教学论[M]. 北京:高等教育出版社,2003:43.

二、缄默知识理论

人类的知识除了可以用语言、文字、数学公式、各类图表等诸多符号形式表述的显性知识(explicit knowledge)外,还包括那些我们知道但难以言传的缄默知识(tacit knowledge)。缄默知识是显性知识的基础,它与显性知识可以互相转化。

三、情境学习理论

情境学习理论认为,知与行是交互的……知识是情境化的,通过活动不断向前发展。参与实践促进了学习和理解。必须抛弃概念是独立实体这个想法,而应该把它看作工具,只有通过应用才能被完全理解,意义和身份都是在互动中建构的。在情境学习理论中,知识不再是静态的实体,而是个体在与情境的互动过程中产生的应对情境的工具。学习应该在真实的情境中进行,脱离情境的学习是难以有成效的。

学习情境理论涉及的一个核心概念就是"实践共同体"。实践共同体的概念最初是由莱夫和温格在《情景学习:合法的边缘性参与》一书中提出来的[1]。所谓的实践共同体是指基于共同兴趣或需求而非正式地联系起来的一群人,他们能彼此分享经验和创造性地解决共同体所面临的问题。而这个实践共同体是开放性的,它容许外来新成员的加盟并参与实践学习。新加入的成员在社会性互动和实践的过程中逐渐成长为核心成员,共同体也因此得以发展或者保持。情境学习理论为成人教育和网络学习提供了理论基础。

---

① J·莱夫,等.情景学习:合法的边缘性参与[M].王文静,译.上海:华东师范大学出版社,2004:4.

第二章　学科教学知识研究方法论

第一节　研究问题的提出

教师学科教学知识的发展不仅受到个人因素的影响,它也会受到教师所处的外部环境的影响。本书主要关注如下问题:

第一,在新课程改革背景下,生物学教师专业发展环境适应情况如何?

教师对专业发展环境的适应可以划分为几个维度? 教师自身以及外部的哪些因素会影响教师的适应情况? 哪些环境因素促进或阻碍了教师的专业发展?

第二,生物学教师特定主题的学科教学知识的发展情况如何?

生物学教师关于物种的形成、孟德尔定律、减数分裂以及基因表达四个主题的学科教学知识是什么? 不同类型的教师的学科教学知识是否有显著差异? 随着教龄和职称的变化,学科教学知识的变化趋势如何?

第三,经验型教师的学科教学知识的构成是怎样的? 在教学中发挥怎样的作用?

经验型教师的学科知识由哪些知识域组成? 知识域之间有着怎样的联系? 每个知识域在教师的知识系统中的地位和功能是怎样的? 它们是如何帮助教师完成教学设计、实施和反思等日常教学工作的?

第四,教师个体的 PCK 发展过程是怎样的?

不同的知识域其发展过程和趋势是怎样的? 各有什么样的特点? 受到了哪些因素的影响? 不同教师的学科教学知识有着怎样的区别和联系?

第二节　研究立场和相关概念的界定

一、知识

　　本书认为知识是结构化的信息。知识的本质就是结构。信息是通过个体与对象的相互作用而获得的,通过大脑的加工而获得特定的结构,从而成为以后调用和理解新信息的结构基础。在特定环境交互中形成知识结构又使得个体能够更好地适应相应的或类似的情景。个体在包括显性知识的同时,也包括了大量的缄默知识,并且显性知识和缄默知识是可以相互转化的。此外,知识的创造和传播在个体与群体的互动的社会情景中进行。

二、教师知识

　　教师知识是指与教学有关的所有专业知识。教师知识来源广泛,可以来自职前所接受的课程,也可以来自在职的培训以及教学经验,还可以来自一些非正式的学习途径,比如求学时的经验、同事的影响等。教师知识可以分为显性知识和缄默知识,它是一种实践性的知识。研究表明,学科教师与教学有关的知识包括:学科知识、关于学生的知识、关于教学策略的知识、关于评价的知识、关于课程的知识、关于教学资源的知识、关于教学目标的知识以及关于信息通信技术的知识等。

三、学科教学知识

　　学科教学知识是教师在对特定内容或者学科进行教学时所用到一种学科教师特有的专业知识。它是一种实践性的知识,由显性和隐性知识共同组成。它可以表现在教师整个教学过程之中,比如教学设计、教学实施、教学反思和改进等日常教学工作中。

　　PCK 可以包含多种知识成分,每种知识成分在结构中扮演着不同的角色,并在教学设计、实施和反思中发挥特定的作用,而且每个知识成分都与内容发生联系。结合已有的研究结果,本书认为学科教学知识包括:学科知识、关于学生的知识、关于教学策略的知识、关于评价的知识、关于课程的知识、关于教学资源的知识、关于教学目标的知识、关于信息通信技术的知识。

因此本研究拟考虑以下知识成分相互作用以及在 PCK 框架中所起的作用。特定主题 PCK 知识域框架如表 2－1 所示:

表 2－1　特定主题 PCK 知识域框架

PCK 知识域	PCK 的实例		
学科知识域框架	核心概念 1	核心概念 2	核心概念 3……
关于学生的知识域框架			
关于教学资源的知识域框架			
关于教学目标的知识域框架			
关于教学策略的知识域框架			
关于评价的知识域框架			
关于课程的知识域框架			
关于信息通信技术的知识域框架			

PCK 中各个知识域的具体含义如下:①

(1)学科知识。包括科学知识、科学过程、科学本质,以及科学内部各个领域之间的关系。

(2)关于教学目标的知识。教师常把自己的课堂与科学课的目的联系起来,这些目的是与标准相一致的,注重科学知识联系生活以及更好地理解自然中的事物是如何

---

① 其中前 7 个定义主要参照了李(Lee)等人对有经验的科学教师的研究结果(参见:Lee E, et al. Assessing Beginning Secondary Science Teachers' PCK: Pilot Year Results [J]. School Science and Mathematics, 2007,107(2):52－60.),关于教育技术的知识是研究者结合文献综述增加和定义的。

运作的。

（3）关于学生的知识。教师可以有充分的时间谈他们的学生。他们不仅知道学生喜欢用什么方式学习,还知道他们共同的错误概念和学习困难。

（4）关于科学课程组织的知识。把科学概念以及单元,甚至是不同科目建立起连接,是这个知识域的核心内容。

（5）关于评价策略的知识。教师澄清他们是如何采用不同的评价方法和步骤来确认学生是否理解科学。

（6）关于教学策略的知识。教师有不同的教学策略,这让他们可以调整自己的教学计划来应对不同的课堂情况。另外,教师应该创造具有真实世界可以应用的课堂。

（7）关于资源的知识。教师报告,与科学家相比,他们的科学知识广而不深。因此,他们非常重视那些可以用在教学中的关于资源和材料的知识。

（8）关于信息通信技术的知识。包括教师对一些新兴技术的关注,比如如何在教学中应用合适的信息技术或通信技术手段,来帮助更好地达成教学目标。

第三节　研究设计与方法的选择

一、方法的选择

（一）问卷调查法

教师学科教学知识的发展是与其外部发展环境分不开的,因此对教师学科教学知识发展的研究不仅要考虑知识本身,还要关注教师所处环境中的各种因素的影响。因此,本书结合已有研究文献编制了问卷,目的是对新课程改革背景下生物学教师的外部环境以及教师自身适应的情况进行了解和分析。

对于学科教学知识本身的探测,本书则参照 CoRes-PaP-eRs 来作为测查学科教师 PCK 的工具。CoRes 以及 PaP-eRs 是澳大利亚学者劳伦团队开发的测查特定主题

PCK 的工具[1]。CoRes 用八个围绕着特定概念教学的问题作为提纲,让教师把要教授的概念以及与这个概念的教学相关的各种考虑都表达出来,这样就获得了一个包含着某个具体学科概念以及与这个概念教学相关的知识的表格。PaP-eRs 是这个表格某种连接的教学具体化,没有固定的形式,可以是一段视频,也可以是教师的一段课堂描述或上课的学案,只要能说明某种连接的存在就可以。一个 PaP-eR 不能反映 PCK,但是多个 PaP-eRs 就可以反映特定主题的 PCK 的内部结构特征。

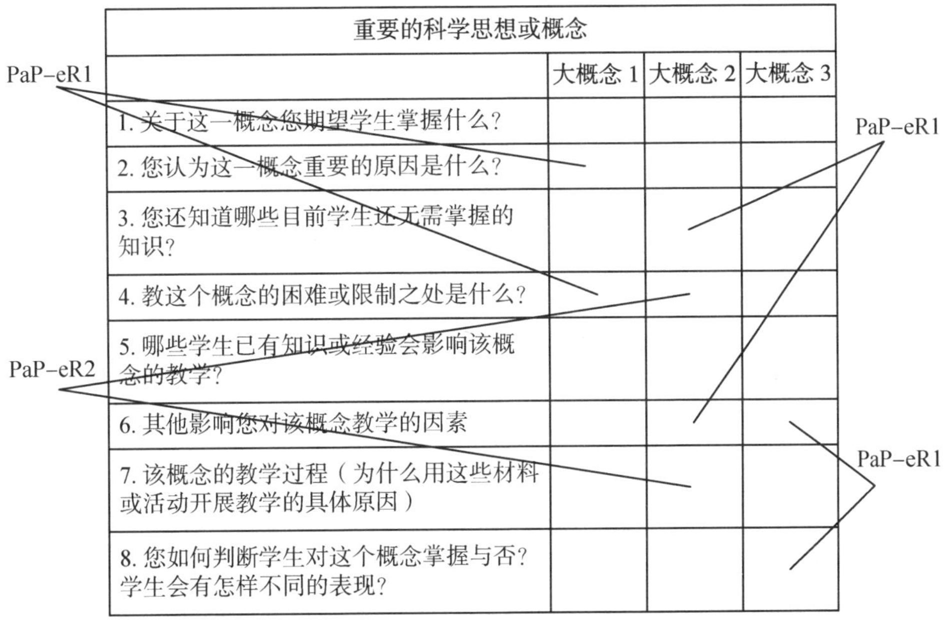

重要的科学思想或概念			
	大概念 1	大概念 2	大概念 3
1.关于这一概念您期望学生掌握什么?			
2.您认为这一概念重要的原因是什么?			
3.您还知道哪些目前学生还无需掌握的知识?			
4.教这个概念的困难或限制之处是什么?			
5.哪些学生已有知识或经验会影响该概念的教学?			
6.其他影响您对该概念教学的因素			
7.该概念的教学过程(为什么用这些材料或活动开展教学的具体原因)			
8.您如何判断学生对这个概念掌握与否?学生会有怎样不同的表现?			

图 2-1　劳伦等开发的特定主题 PCK 测查工具 CoRes

在探测教师特定主题的 PCK 时,CoRes 是被学者们广泛采用的一个工具,它能够较好反映出教师的 PCK。因此,本书基于这个研究工具,结合一线教师的访谈情况,设置了如下题目,作为探测教师关于特定主题 PCK 的调查问卷。这些题目包括:

(1) 关于这一主题您期望学生掌握的重要的概念(或者说观点)有哪些,请用几

---

[1] Loughran J, Mulhall P, Berry A. In Search of Pedagogical Content Knowledge in Science: Developing Ways of Articulating and Documenting Professional Practice [J]. Journal of Research in Science Teaching, 2004,41(4):370-391.

个完整意义的句子陈述。

（2）其中您作为重难点进行处理的概念是什么？

（3）您认为这一概念重要的原因是什么？

（4）关于这个概念，您还知道哪些目前超出学生学习范围的知识？

（5）教这个概念的困难或限制之处是什么？

（6）学生的哪些已有知识或经验会影响您对这个概念的教学？举例说明。

（7）还有哪些其他的因素影响到了您对这个概念的教学？如何影响的？

（8）您对这个概念的大体教学过程是怎样的？出于哪些考虑？

（9）您如何判断学生对这个概念掌握与否？学生会有怎样不同的表现？

其中在第一个题目上，考虑到教师对概念的表述倾向于使用术语标签，而不能反映概念完整的含义，所以特意强调教师使用"完整意义的句子"进行表述。

在对获得文本的分析方法上，本书采用概念图分析方法。目的是防止教师学科教学知识结构化的信息的丢失，从而更好地反映教师的学科教学知识结构。对于知识结构化评价的前提假设是认为知识不仅是事实、程序和概念，还可包括个体对事实、程序和概念相互关系的理解——如一个知识内容的结构[1]。而概念图中节点和节点之间的连接则可以很好地表征知识的结构性信息。

（二）案例研究法

研究的问题通常可以划分为两类，变量问题和过程问题。变量问题关心的是差异和相关，它们通常是关于"是否""有多少""在多大程度上"以及"……关系是否存在"之类的问题，相对来说过程问题关心的是事件如何发生，而不是它和其他变量存在特定的关系以及多大程度上它能被其他变量所解释[2]。

由于本书要关注如下一些过程问题：

（1）教师要完成某个特定内容的教学工作需要哪些相关的知识？

① Goldsmith T E, Johnson P J. A Structural Assessment of Classroom Learning [M]//R. W. Schvaneveldt (Ed.), Pathfinder Associative Networks: Studies in Knowledge Organization (pp. 241－254). Norwood, NJ: Ablex. 转引自 Trumpower D L, Sharara H, Goldsmith T E. Specificity of Structural Assessment of Knowledge [J]. The Journal of Technology, Learning, and Assessment, 2010,8(5).

② 麦可斯威尔. 质性研究设计 [M]. 陈浪, 译. 北京：中国轻工业出版社, 2008:94.

（2）它们对教学的哪些环节产生了什么样的影响？是如何产生的？为什么会有这样的影响？

（3）教师的学科教学知识发展历程是怎样的？受到了哪些因素的影响？

所以需要采用案例研究这种质性的研究方法，主要通过观察、实地记录、听课、录音、录像以及半结构化访谈等方式进行研究，最后进行综合分析得出结论。

二、样本的选择

问卷调查的对象是参与 2009 年远程研修的高中生物学教师，因为本书研究的一个重要目的是为新课程改革背景下的教师教育和培训等教学知识的传播实践活动提供依据和研究基础。

个案研究样本的选择方法主要是目的取样和方便取样相结合。其原因，一方面是考虑研究的可操作性，另外也考虑到为了获得教师真实的反馈，研究者和研究对象必须建立起相互信任的关系，而这种关系是需要一定的时间，选择已经建立起相互信任关系的教师，可以增加研究的可操作性和教师反馈信息的可信度。本书重点关注了专家型教师和职初教师的学科教学知识及其发展变化的过程。为了避免性别、年龄、教龄、内容熟悉度、个体所受教育和职业经历的影响，在选择样本的时候，也努力进行权衡并如实记录和描述这些因素，以备分析之用。

三、研究的思路

利用问卷调查法测查教师群体的专业发展环境适应情况以及特定主题学科教学知识的发展情况，旨在了解教师学科教学知识发展的外部环境框架和教师群体的学科教学知识的特点，为学科教学知识发展模式提供大样本的证据支持。随后利用案例研究法对教师个体的学科教学知识以及发展过程进行个案描述，从而反映个体在其具体环境下，学科教学知识的结构、功能和发展历程。

研究的思路框架如图 2-2 所示。

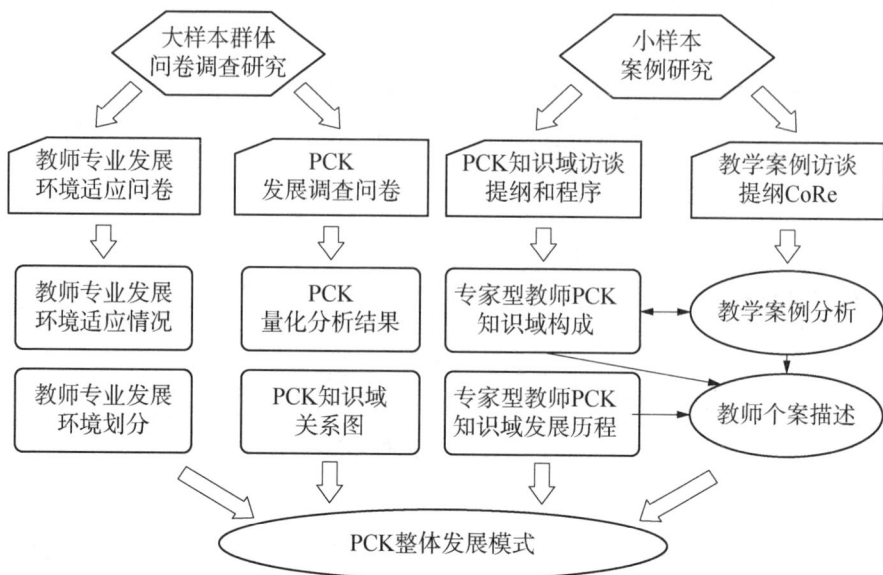

图 2-2 研究的思路框架图

第三章　教师专业发展环境适应调查研究

第一节　研究设计

一、问卷的设计、发放和回收

教师个人专业知识的发展是与其外部环境分不开的,PCK 的形成和发展也受到自身或者环境中的各种因素的影响。这些影响因素包括:教学实践经验、学科知识学习、个人反思、学术交流讨论、个人的教学信念、先前学习经历、对学生课堂行为和环境的认识以及各种教师教育等。因此在编制问卷的具体项目时,考虑了上述各个方面,并请相关专家审查和修改。

本问卷的目的是了解生物学教师的外部环境以及教师自身专业发展适应的情况。问卷内容包括学校和个人基本信息、教师个人专业发展环境适应、意见和建议三大部分。其中第二部分采取了利克特 5 点记分的形式,以备做探索性因子分析,寻找教师专业发展环境适应的主要因子。问卷的具体题目见附录一。

问卷的发放和回收是在研修期间进行的,共获得 176 个记录,删除重复提交的记录 7 个,剩余有效记录 169 个,用 SPSS Statistics17.0 对数据进行统计分析。

二、教师样本的基本描述

参与本次调查的教师共 169 人,所在学校和教龄分布情况如表 3-1 所示。其中普通中学教师和0—5年教龄教师的人数相对最多。

表3-1 教师专业发展环境适应调查问卷样本基本情况

		教 师 教 龄				
		0—5年	5—10年	10—20年	20年以上	总计
学校级别	普通中学	52	25	22	11	110
	区重点中学	3	0	1	1	5
	省重点中学	11	9	6	5	31
	市重点中学	10	5	5	3	23
	总计	76	39	34	20	169

第二节 调查结果

一、因子分析结果

由于问卷中设置了一些与教师个人特质相关的条目,但是与教师专业环境适应却不相关,首先将它们取出另行分析,它们是b15、b35、b37、b41。这些项目不参与环境适应的因子分析,但部分条目会在后面不同因素对环境适应影响的显著性分析中涉及。

因子分析的主要目的就是用少数几个相互独立的主要因子来解释或描述多个原始变量的指标信息,进而达到降维的目的。

为了保证条目具有一定的区分度和内在一致性,本研究采用了相关系数和决断值(Critical Ratio,简称CR值)对题目进行了评定。在相关分析中,一个项目如果与总分显著相关而且相关系数越高则保留,这样的项目具有较高的区分度。另外一个指标是利用高低分组进行估计,求出某个题目的CR值。最后保留CR值大于3.0,以及与总分相关系数大于0.4的项目。见表3-2:

表 3-2 项目评定汇总表

预测题号	保留题号	题目	内在一致性分析		与分量表总分的相关分析		删除该题后的α值 0.890	题目取舍
			决断值（CR）	显著性 Sig 值	相关系数	显著性 Sig 值		
b1	S	学校有非常好的硬件条件供教师进行专业学习	4.537	0.000	0.359	0.000	0.889	
b2	S	学校教师专业学习的氛围非常好	8.764	0.000	0.612	0.000	0.885	
b3		我经常会和同事讨论教学问题或教学设计	5.476	0.000	0.491	0.000	0.887	
b4	S	学校领导和教研组为我进行新的教学创意和尝试提供很多支持	5.701	0.000	0.445	0.000	0.887	
b5	S	我在教学上很少获得其他人的支持和帮助	5.869	0.000	0.434	0.000	0.887	
b6		如果我有了好的教学创意或教学资源,我会全部拿出来与同事分享	7.195	0.000	0.508	0.000	0.887	
b7		当我发现学校规章制度的某些不合理之处时,我经常会向同事或领导提出建议	4.792	0.000	0.347	0.000	0.889	
b8	S	遇到教学难点或学生管理问题,我有很多朋友可求助和商讨(比如同事等)	6.500	0.000	0.560	0.000	0.886	
b9	S	在专业成长上,同事之间的交流对我帮助很大	6.976	0.000	0.539	0.000	0.886	
b10	S	我经常利用网络获得一些自己所需的教学资源和学习资源	5.388	0.000	0.462	0.000	0.887	
b11	S	同事都非常愿意帮助我解决教学中遇到的实际问题	6.165	0.000	0.512	0.000	0.886	
b12	S	同事发现好的课件或文章会与教研组所有成员一起分享	7.508	0.000	0.499	0.000	0.887	

続表

预测题号	保留题号	题目	内在一致性分析		与分量表总分的相关分析		删除该题后的α值 0.890	题目取舍
			决断值（CR）	显著性Sig值	相关系数	显著性Sig值		
b13		同事会经常担心我的教学成绩超过他们,而不愿意给我提供任何帮助	4.726	0.000	0.316	0.000	0.889	
b14		学区或学校组织的教研活动对我的教学没有帮助	4.252	0.000	0.334	0.000	0.889	
b15		我会定期阅读某些生物教研的学术期刊	4.978	0.000	0.439	0.000	0.888	
b16		我几乎没有发布过任何关于教学或教研的文章	2.363	0.020	0.226	0.003	0.893	×
b17	S	我总会记录教学中遇到的意外事件或者成功的教学方法	8.028	0.000	0.597	0.000	0.885	
b18		我完全没有和别人在教学或教学科研上进行过合作	4.538	0.000	0.381	0.000	0.889	
b19	S	学校为教师提供了很多信息交流和资源分享的机会	6.453	0.000	0.523	0.000	0.886	
b20		我会把好课例中的经验进行总结,然后发表或发布到网上	4.185	0.000	0.422	0.000	0.888	
b21	S	我会周期性地对自己的教案、教学反思和教学素材等进行加工整理	6.061	0.000	0.493	0.000	0.887	
b22		备课时我绝大多数时间都花在研读教材、教参和练习册上	1.219	0.226	0.101	0.193	0.893	×
b23	S	我经常会获得一些新的教学想法,并且会迫不及待地想进行尝试	5.389	0.000	0.471	0.000	0.887	
b24		面对大量的新知识和新技术,我常常力不从心	3.438	0.001	0.263	0.001	0.890	×
b25	S	我会经常对教学进行总结和反思,调整自己的教学方式和步调	7.821	0.000	0.597	0.000	0.886	

预测题号	保留题号	题目	内在一致性分析		与分量表总分的相关分析		删除该题后的α值0.890	题目取舍
			决断值（CR）	显著性Sig值	相关系数	显著性Sig值		
b26	S	对于同样的内容，我总是尝试不同的教学方法，并进行比较	5.487	0.000	0.519	0.000	0.886	
b27	S	我会对自己的教学进行有意识的记录和总结	5.980	0.000	0.560	0.000	0.886	
b28	S	我知道如何通过教学反思来促进自己的专业发展	6.296	0.000	0.546	0.000	0.886	
b29		我已经在教学中积极尝试新课程的基本理念	4.999	0.000	0.490	0.000	0.887	
b30		对于同一内容的教学，我经常沿用自己以前的教学方式	4.213	0.000	0.352	0.000	0.889	
b31		我会在开学前统筹一个学期或学年的教学计划，并且很好地把握教学进度	5.228	0.000	0.466	0.000	0.887	
b32		我可以熟练地在课堂上组织学生进行合作学习	6.769	0.000	0.439	0.000	0.887	
b33	S	在课堂教学中我会经常使用合作学习这种教学策略	7.188	0.000	0.509	0.000	0.886	
b34		我主要通过系统的讲授来突破教学难点	2.703	0.008	0.180	0.019	0.891	×
b35		我喜欢生物学这门学科	4.524	0.000	0.466	0.000	0.887	
b36	S	我很喜欢学习如何使用电脑或网络技术来进行教学	3.991	0.000	0.329	0.000	0.889	
b37		我很喜欢研究如何教好生物学	3.726	0.000	0.438	0.000	0.887	
b38		在介绍新概念前，我总是给学生设计一些可以动手操作和感受的小活动	3.903	0.000	0.357	0.000	0.889	
b39	S	我对自己专业发展的外部环境非常满意	5.892	0.000	0.428	0.000	0.887	
b40	S	使用电脑和网络辅助教学可以有效地提高教学效果	4.143	0.000	0.430	0.000	0.887	

预测题号	保留题号	题目	内在一致性分析		与分量表总分的相关分析		删除该题后的α值 0.890	题目取舍
			决断值（CR）	显著性Sig值	相关系数	显著性Sig值		
b41		学生不理解新讲的内容是因为他们的基础不好	4.252	0.000	0.342	0.000	0.888	
b42		教学反思对教师的专业成长帮助不大	4.895	0.000	0.369	0.000	0.888	
b43	S	是否使用信息技术对于教学效果影响不大	3.908	0.000	0.394	0.000	0.888	
b44		小组活动应该成为常规教学的一部分	2.778	0.007	0.266	0.000	0.890	×
b45		目前的生物教学相关期刊对实际教学没有帮助	3.924	0.000	0.295	0.000	0.889	×
b46		教师只要把握住知识点和逻辑，就可以把课上好	3.515	0.001	0.203	0.008	0.890	×

结合表 3-2 综合考虑各项指标，删除 b16、b22、b24、b34、b44、b45、b46 这 7 个条目，对保留下来的条目的负载量以及删除该条目的信度系数进行判断，如果负载量过低或者删除后量表信度增加则考虑删除，最后保留的是上表中带有"S"标记的 22 个条目。

相关系数矩阵的 KMO 检验和 Bartlett 球形检验如表 3-3 所示，其中 KMO 为 0.850 大于 0.6，且 Bartlett 的球形度检验值为 0.000，说明各项目之间存在较高的相关性，适合采用因子分析模型。对量表进行探索性主成分分析，发现取特征值大于 2 的时候获得 3 个因子，可以命名为教学实践反思因子（含有 8 个条目）、社区支持因子（含有 10 个条目）、网络信息环境适应因子（含有 4 个条目），解释的总方差为 50.017%。当选择特征值大于 1 的时候，则获得 5 个主要成分，但是其中一个因子只有一个条目，解释方差为 60.741%。权衡之后，限定为 4 个因子进行主成分分析，这时在 3 因子模型中的社区支持因子被分成了两个因子，即同事交流合作因子（6 个条目）和学校学区支持因子（4 个条目），由于 4 因子模型更便于解释，而且解释方差更大，所以选择该模型。得到的 4 个主成分所包含的条目如表 3-3 所示，4 个主成分解释的总方差为 56.183%。

表 3-3 教师专业发展环境适应 4 因素负载表

问卷条目	成分			
KMO = 0.850 Bartlett 的球形度检验 sig = 0.000				
	1	2	3	4
我会对自己的教学进行有意识的记录和总结	0.815			
对于同样的内容,我总是尝试不同的教学方法,并进行比较	0.739			
我总会记录教学中遇到的意外事件或者成功的教学方法	0.704			
我知道如何通过教学反思来促进自己的专业发展	0.698			
我会经常对教学进行总结和反思,调整自己的教学方式和步调	0.694			
我经常会获得一些新的教学想法,并且会迫不及待地想进行尝试	0.613			
在课堂教学中我会经常使用合作学习这种教学策略	0.598			
我会周期性地对自己的教案、教学反思和教学素材等进行加工整理	0.565			
同事都非常愿意帮助我解决教学中遇到的实际问题		0.811		
在专业成长上,同事之间的交流对我帮助很大		0.790		
同事发现好的课件或文章会与教研组所有成员一起分享		0.755		
遇到教学难点或学生管理问题,我有很多朋友可求助和商讨(比如同事等)		0.673		
我在教学上很少获得其他人的支持和帮助		0.605		
学校教师专业学习的氛围非常好		0.544		
学校有非常好的硬件条件供教师进行专业学习			0.760	
我对自己专业发展的外部环境非常满意			0.737	
学校为教师提供了很多信息交流和资源分享的机会			0.735	
学校领导和教研组为我进行新的教学创意和尝试提供很多支持			0.678	
我很喜欢学习如何使用电脑或网络技术来进行教学				0.776
是否使用信息技术对于教学效果影响不大				0.756
使用电脑和网络辅助教学可以有效地提高教学效果				0.713
我经常利用网络获得一些自己所需的教学资源和学习资源				0.578
特征值	28.034	12.810	9.174	6.167
积累解释率	56.183%			

提取方法:主成分分析法。
旋转法:具有 Kaiser 标准化的正交旋转法。

在这个量表中，每个条目负载量都大于0.5，一般要求大于0.3即可，说明每个条目与总分的相关性很高。

表3-4显示的是总量表和各分量表的题数和信度(Cronbach's Alpha系数)。每个分量表的信度大于0.7，属于可接受的范围。

表3-4 教师专业发展环境适应问卷内部一致性信度

量表名称	题数	Cronbach's Alpha 系数
教学实践反思	8	0.847
同事交流合作	6	0.840
学校校区环境	4	0.783
网络技术应用	4	0.710
教师专业发展环境适应(总量表)	22	0.870

二、相关分析结果

心理测量学认为，各分量表与总量表的相关系数大于各分量表间的相关系数，可以说明量表结构效度较好。从表3-5中可以看出，四个维度彼此具有一定的相关性，同事支持与校区环境具有中度相关，其他彼此之间多为弱相关。实践反思、校区环境、同事支持三个分量表与总量表的相关系数都大于0.6，具有强相关，技术环境因子与总量表是中度相关，这说明该测量工具具有较好的结构效度。具体相关系数如表3-5所示：

表3-5 分量表与总量表之间的相关系数

	s1 实践反思	s3 校区环境	s2 同事支持	s4 技术应用	环境适应度
s1 实践反思　Pearson 相关性	1	0.296**	0.360**	0.314**	0.755**
s3 校区环境　Pearson 相关性	0.296**	1	0.498**	0.068	0.676**
s2 同事支持　Pearson 相关性	0.360**	0.498**	1	0.279**	0.804**
s4 技术应用　Pearson 相关性	0.314**	0.068	0.279**	1	0.503**
环境适应度　Pearson 相关性	0.755**	0.676**	0.804**	0.503**	1

＊＊：在0.01水平(双侧)上显著相关。

三、显著性分析结果

（一）教龄的影响

对于不同教龄的教师群体在专业发展环境适应各维度以及总量表上是否有显著性差异,单因素方法分析结果如表3-6所示:

表3-6　不同教龄群体在专业发展环境适应上的分析结果

| | | N | 均值 | 标准差 | ANOVA 单因素方差检验 | | 事后多重比较 LSD 检验 |
					F 值	Sig	
实践反思	0—10 年	115	29.2609	4.79782	3.397	0.036	10—20 年> 0—10 年
	10—20 年	34	31.7059	4.73241			
	20 年以上	20	29.8500	4.97652			
	总数	169	29.8225	4.87381			
同事支持	0—10 年	115	22.2261	4.62461	0.497	0.609	
	10—20 年	34	21.8824	4.57109			
	20 年以上	20	21.1000	5.71148			
	总数	169	22.0237	4.73708			
校区环境	0—10 年	115	10.9652	3.48413	1.220	0.298	
	10—20 年	34	11.7353	3.97194			
	20 年以上	20	10.2000	3.38106			
	总数	169	11.0296	3.57975			
技术应用	0—10 年	115	16.6174	2.57376	0.935	0.395	
	10—20 年	34	17.1471	2.35014			
	20 年以上	20	17.2500	2.57263			
	总数	169	16.7988	2.52977			
环境适应度	0—10 年	115	79.0696	11.29254	1.368	0.257	
	10—20 年	34	82.4706	10.18982			
	20 年以上	20	78.4000	11.88276			
	总数	169	79.6746	11.17691			

其中,教学实践反思因子在组间有显著差异,Sig 值为 0.036 小于 0.05。而其他三个因子的组间差异不显著。对教学实践反思因子进一步进行 LSD 事后多重比较分析,发现 10—20 年教龄组显著高于 0—10 年教龄组,Sig = 0.010 < 0.05,其他组间均无显著差异。

不同教龄群体在教学实践反思因子上的均值如图 3-1 所示:

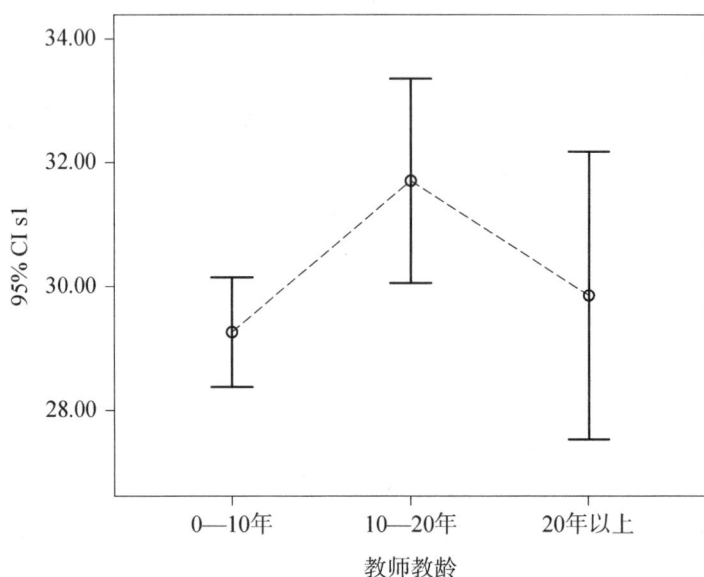

图 3-1 不同教龄群体教学实践反思因子得分的均值图

从图中可以看到,在教学实践反思这个因子上,从低教龄组到高教龄组先呈现一个增长的趋势,到 10—20 年达到较高的水平,然后又呈衰退的趋势。

(二) 学科喜欢程度的影响

另外还检测了教师个人学科喜欢程度的不同选择是否会在各个分量表和总量表上有差别,结果在 ANOVA 单因素方差分析检测中发现,不同学科喜欢程度组在实践反思、技术应用以及总量表上有显著差异,Sig 均为 0.000,结果为极显著。在同事支持上组间也有显著差异,Sig = 0.002,结果为很显著。

表 3-7 不同学科喜欢程度群体在专业发展环境适应上的分析结果

| | | N | 均值 | 标准差 | ANOVA 单因素方差检验 | | 事后多重比较 LSD 检验 |
					F 值	Sig	
s1 实践反思	一般	13	24.769 2	4.225 99	13.669	0.000	很喜欢>喜欢>一般
	喜欢	49	28.551 0	3.576 90			
	很喜欢	107	31.018 7	4.950 66			
	总数	169	29.822 5	4.873 81			
s2 同事支持	一般	13	17.769 2	4.023 97	6.439	0.002	很喜欢,喜欢>一般
	喜欢	49	21.898 0	3.901 09			
	很喜欢	107	22.598 1	4.927 51			
	总数	169	22.023 7	4.737 08			
s3 校区环境	一般	13	9.846 2	2.154 30	1.322	0.269	
	喜欢	49	11.571 4	3.240 37			
	很喜欢	107	10.925 2	3.835 54			
	总数	169	11.029 6	3.579 75			
s4 技术应用	一般	13	13.538 5	4.274 25	34.340	0.000	很喜欢>喜欢>一般
	喜欢	49	15.551 0	1.708 57			
	很喜欢	107	17.766 4	1.945 38			
	总数	169	16.798 8	2.529 77			
环境适应度	一般	13	65.923 1	10.387 99	16.144	0.000	很喜欢>喜欢>一般
	喜欢	49	77.571 4	8.805 77			
	很喜欢	107	82.308 4	10.882 23			
	总数	169	79.674 6	11.176 91			

(三)教研喜欢程度的影响

对教师个人教研喜欢程度不同的教师组进行了 ANOVA 单因素方差分析,结果发现,不同教研喜欢程度组在实践反思、同事支持、技术应用以及总量表上有显著差异。其中在技术应用和总量表上 Sig 均为 0.000,结果为极显著;在实践反思上,Sig = 0.001,小于 0.01,结果为非常显著;在同事支持上,Sig = 0.017,结果为显著。

表 3-8 不同教研喜欢程度群体在专业发展环境适应上的分析结果

| | | N | 均值 | 标准差 | ANOVA 单因素方差检验 | | 事后多重比较 |
					F 值	Sig	LSD 检验
s1 实践反思	一般	10	26.700 0	5.926 40	6.953	0.001	很喜欢>喜欢,一般
	喜欢	68	28.705 9	3.828 64			
	很喜欢	91	31.000 0	5.146 74			
	总数	169	29.822 5	4.873 81			
s2 同事支持	一般	10	18.400 0	5.358 28	4.184	0.017	很喜欢,喜欢>一般
	喜欢	68	21.661 8	4.009 73			
	很喜欢	91	22.692 3	5.003 76			
	总数	169	22.023 7	4.737 08			
s3 校区环境	一般	10	11.400 0	3.438 35	0.147	0.863	
	喜欢	68	11.147 1	3.111 20			
	很喜欢	91	10.901 1	3.935 75			
	总数	169	11.029 6	3.579 75			
s4 技术应用	一般	10	12.300 0	4.295 99	39.503	0.000	很喜欢>喜欢>一般
	喜欢	68	16.029 4	2.007 23			
	很喜欢	91	17.868 1	1.802 52			
	总数	169	16.798 8	2.529 77			
环境适应度	一般	10	68.800 0	15.281 07	9.710	0.000	很喜欢>喜欢>一般
	喜欢	68	77.544 1	8.473 72			
	很喜欢	91	82.461 5	11.487 49			
	总数	169	79.674 6	11.176 91			

　　在总量表上,学科偏好以及教研偏好的不同组别都有显著差异,教师对学科和教研喜欢程度越高则均值越大,而且在实践反思因子和技术应用因子上也是如此,均值比较的总体趋势是很喜欢>喜欢>一般。可见,教师对学科以及教研的喜欢程度可以在一定程度上反映其对专业发展环境的适应性,并可以作为反映教师专业发展环境适应程度的一个指标。

（四）每周课时数的影响

单因素方差分析结果显示不同周课时组别之间在环境适应的总量表和分量表上没有显著差异。

（五）学校类别的影响

对不同学校类别教师组进行单因素方差分析,结果显示在校区环境因子和总量表上,市重点中学的平均得分显著高于普通中学,其他因子则无显著差异。

表3-9 不同学校类别群体在专业发展环境适应上的分析结果

| | | N | 均值 | 标准差 | ANOVA 单因素方差检验 | | 事后多重比较 LSD 检验 |
					F 值	Sig	
s1 实践反思	省重点中学	31	30.258 1	4.090 38	1.032	0.380	
	市重点中学	23	30.913 0	4.737 79			
	区重点中学	5	27.200 0	3.563 71			
	普通中学	110	29.590 9	5.131 83			
	总数	169	29.822 5	4.873 81			
s2 同事支持	省重点中学	31	22.935 5	5.006 23	2.595	0.054	
	市重点中学	23	24.043 5	3.548 09			
	区重点中学	5	20.800 0	4.207 14			
	普通中学	110	21.400 0	4.789 51			
	总数	169	22.023 7	4.737 08			
s3 校区环境	省重点中学	31	11.580 6	3.273 88	4.181	0.007	市重点中学> 普通中学
	市重点中学	23	13.087 0	2.859 01			
	区重点中学	5	11.800 0	2.387 47			
	普通中学	110	10.409 1	3.680 58			
	总数	169	11.029 6	3.579 75			
s4 技术应用	省重点中学	31	16.645 2	3.322 13	0.822	0.483	
	市重点中学	23	16.695 7	1.794 81			
	区重点中学	5	15.200 0	0.836 66			
	普通中学	110	16.936 4	2.450 53			
	总数	169	16.798 8	2.529 77			

		N	均值	标准差	ANOVA 单因素方差检验		事后多重比较 LSD 检验
					F 值	Sig	
环境适应度	省重点中学	31	81.419 4	11.820 25	2.725	0.046	市重点中学> 普通中学
	市重点中学	23	84.739 1	8.708 50			
	区重点中学	5	75.000 0	6.964 19			
	普通中学	110	78.336 4	11.309 88			
	总数	169	79.674 6	11.176 91			

(六) 学生生源的影响

对不同学生生源组别的单因素方差分析结果显示,在实践反思、同事支持、校区环境以及总量表上不同学生生源组间有显著差异,均值比较的结果如表3-10所示。

表3-10 不同学生生源教师群体在专业发展环境适应上的分析结果

		N	均值	标准差	ANOVA 单因素方差检验		事后多重比较 LSD 检验
					F 值	Sig	
s1 实践反思	很好	10	31.500 0	4.478 34	2.969	0.021	很好>很差 中上>中等, 很差 较差>很差
	中上	24	31.333 3	4.806 40			
	中等	53	28.981 1	3.987 92			
	较差	61	30.508 2	4.860 12			
	很差	21	27.428 6	6.185 24			
	总数	169	29.822 5	4.873 81			
s2 同事支持	很好	10	23.900 0	4.557 05	4.187	0.003	很好,中上, 中等,较 差>很差
	中上	24	22.958 3	4.912 09			
	中等	53	22.886 8	4.012 77			
	较差	61	21.786 9	4.882 33			
	很差	21	18.571 4	4.534 00			
	总数	169	22.023 7	4.737 08			
s3 校区环境	很好	10	13.300 0	2.750 76	5.440	0.000	很好,中上> 较差,很差 中等>很差
	中上	24	12.916 7	3.512 92			
	中等	53	11.396 2	3.218 57			

		N	均值	标准差	ANOVA 单因素方差检验		事后多重比较 LSD 检验
					F 值	Sig	
	较差	61	10.213 1	3.683 81			
	很差	21	9.238 1	3.128 97			
	总数	169	11.029 6	3.579 75			
s4 技术应用	很好	10	17.300 0	2.626 79	0.129	0.972	
	中上	24	16.791 7	3.270 14			
	中等	53	16.849 1	1.984 52			
	较差	61	16.721 3	2.346 14			
	很差	21	16.666 7	3.381 32			
	总数	169	16.798 8	2.529 77			
环境适应度	很好	10	86.000 0	11.254 63	4.653	0.001	很好,中上,中等,较差 >很差
	中上	24	84.000 0	12.611 24			
	中等	53	80.113 2	8.393 36			
	较差	61	79.229 5	11.128 63			
	很差	21	71.904 8	12.156 91			
	总数	169	79.674 6	11.176 91			

（七）文理科的影响

对于任教是"文科""理科"或"文理科都有"三组教师在总量表和分量表上的得分进行 ANOVA 单因素方差检验,结果无显著差异。

（八）学生学习兴趣的影响

对不同学生学习兴趣组别的单因素方差分析结果显示,不同组别在同事支持因子与校区环境因子以及总量表上有显著差别,如表 3-11 所示。

表 3-11　不同学生学习兴趣教师群体在专业发展环境适应上的分析结果

		N	均值	标准差	ANOVA 单因素方差检验		事后多重比较 LSD 检验
					F 值	Sig	
s1 实践反思	非常喜欢	4	34.250 0	3.862 21	1.217	0.305	

		N	均值	标准差	ANOVA 单因素方差检验		事后多重比较 LSD 检验
					F 值	Sig	
	很喜欢	41	30.024 4	4.617 83			
	一般	119	29.630 3	5.009 93			
	不喜欢	5	29.200 0	3.346 64			
	总数	169	29.822 5	4.873 81			
s2 同事支持	非常喜欢	4	26.750 0	5.852 35	4.620	0.004	非常喜欢,很喜欢,一般>不喜欢 非常喜欢>一般
	很喜欢	41	22.975 6	4.407 31			
	一般	119	21.773 1	4.654 94			
	不喜欢	5	16.400 0	3.209 36			
	总数	169	22.023 7	4.737 08			
s3 校区环境	非常喜欢	4	13.000 0	2.160 25	4.359	0.006	非常喜欢,很喜欢,一般>不喜欢 很喜欢>一般
	很喜欢	41	12.268 3	3.898 87			
	一般	119	10.689 1	3.381 78			
	不喜欢	5	7.400 0	2.408 32			
	总数	169	11.029 6	3.579 75			
s4 技术应用	非常喜欢	4	17.750 0	2.629 96	0.464	0.708	
	很喜欢	41	17.000 0	2.097 62			
	一般	119	16.672 3	2.665 25			
	不喜欢	5	17.400 0	2.792 85			
	总数	169	16.798 8	2.529 77			
环境适应度	非常喜欢	4	91.750 0	12.120 92	3.894	0.010	非常喜欢>一般,不喜欢 很喜欢>不喜欢
	很喜欢	41	82.268 3	11.504 40			
	一般	119	78.764 7	10.774 03			
	不喜欢	5	70.400 0	6.465 29			
	总数	169	79.674 6	11.176 91			

（九）班级人数的影响

对不同班级人数组别的单因素方差分析结果显示,不同班级人数在同事支持、校区环境上以及总量表组间具有显著差异,其他维度没有显著差异。多重比较后发现,任教班级人数在 20—40 人之间的教师组显著比其他所有组低,其中与 40—50 人组相比极显著,与其他组相比很显著。40—50 人组显著比 20—40 人组、50 人以上组高。

表 3－12　不同班级人数教师群体在专业发展环境适应上的分析结果

		N	均值	标准差	ANOVA 单因素方差检验		事后多重比较 LSD 检验
					F 值	Sig	
s1 实践反思	20—40 人	15	29.200 0	4.647 58	1.553	0.189	
	40—50 人	17	32.529 4	4.124 89			
	50—60 人	52	29.365 4	5.559 05			
	60—70 人	46	29.826 1	5.095 99			
	70 人以上	39	29.487 2	3.719 59			
	总数	169	29.822 5	4.873 81			
s2 同事支持	20—40 人	15	19.266 7	5.216 27	2.674	0.034	40—50 人,50—60 人,60—70 人> 20—40 人
	40—50 人	17	24.058 8	3.732 80			
	50—60 人	52	22.442 3	4.290 50			
	60—70 人	46	22.434 8	4.617 13			40—50 人> 70 人以上
	70 人以上	39	21.153 8	5.224 13			
	总数	169	22.023 7	4.737 08			
s3 校区环境	20—40 人	15	8.666 7	3.735 29	4.681	0.001	20—40 人<40—50 人,60—70 人,70 人以上
	40—50 人	17	13.705 9	3.477 87			
	50—60 人	52	10.634 6	3.537 08			
	60—70 人	46	11.391 3	3.434 97			40—50 人>20—40 人,50—60 人,60—70 人,70 人以上
	70 人以上	39	11.391 3	3.138 72			
	总数	169	11.029 6	3.579 75			
s4 技术应用	20—40 人	15	17.066 7	2.313 52	0.393	0.813	
	40—50 人	17	17.411 8	2.032 82			
	50—60 人	52	16.615 4	2.737 92			
	60—70 人	46	16.826 1	1.958 51			
	70 人以上	39	16.641 0	3.116 06			
	总数	169	16.798 8	2.529 77			

| | | N | 均值 | 标准差 | ANOVA 单因素方差检验 | | 事后多重比较 |
					F 值	Sig	LSD 检验
环境适应度	20—40 人	15	74.2000	11.38420	3.581	0.008	40—50 人> 20—40 人, 50—60 人, 60—70 人, 70 人以上
	40—50 人	17	87.7059	9.57709			
	50—60 人	52	79.0577	11.12040			
	60—70 人	46	80.4783	10.71808			
	70 人以上	39	78.1538	10.93411			
	总数	169	79.6746	11.17691			

四、文本分析结果

题 1：要成为一名优秀的生物学教师，您认为教师要具备哪些方面的知识？

在对这个题目的回答进行了简单的总结和归纳，可以划分为以下四个类别，每个类别所包含的典型的词句如表 3-13 所示：

表 3-13　优秀生物学教师应该具备的知识类别统计

类 别	典 型 词 句
情感、态度、观念	【热爱】热爱教育事业、热爱自己的专业、热爱学生的情怀、热爱教学、热爱学生，热爱生物学教学、对职业和本专业的热爱、对教育事业的热爱 【钻研】钻研精神、严谨的学习态度、创新意识、学习终身的信念、好奇心、肯钻研、与时俱进的教学理念 【师德】良好的师德、责任心、职业道德、高尚的思想道德情操
技能行为习惯	【扎实的基本功和专业技能】一手好粉笔字、对教材的理解力和把握力、好的教学技能、娴熟的教学新技术、实验操作能力、多媒体技术、网络查询技术、敏锐的洞察能力、课堂驾驭能力、教学中多与学生生活实际相联系、与学生处理好关系 【创新尝试】能大胆地尝试各种教学方式，具备创新能力、科研能力 【反思总结】教学反思总结、借鉴并将这些过程中的收获及时地用文字记录下来、肯反思不断总结积累经验、反省、良好的交际能力、合作精神、多听多看多留心、观察周围的一些小的事物
知识	【专业知识】生物学素养，相关学科的一些知识，各学科知识，数学、物理、化学、语文知识等，专业知识必须丰富，对知识有全面透彻的了解，具备扎实、系统、精深的专业学科知识，科学思维和科学方法，生物学知识的深度和边缘知识的广度，个人生活知识，日常生活中与生物教学相关的知识，一些与医学相关的生物知识

类别	典 型 词 句
	【教学法】教育学知识、心理学知识、教学论知识、管理学知识,必备的教学方法、教育规律知识,组织教学的能力,能够很好地处理突发事件,控制课堂的气氛,教育技术学 【了解学生】了解自己的学生,先备学生再备课 【教学情境】情境知识 【人文知识】人文素养、丰富的人文知识
个性特征	幽默感、个人魅力、幽默的教学语言、良好的口才、好身体、优秀的心理素质、情商

从上表中可以看出,教师所列举的优秀教师的素质,可以划分为四类:情感态度观念、技能行为习惯、知识以及个性特征。其中知识列举最多的是专业知识,而且这里的专业知识不仅仅包含生物专业的知识,还包括与日常生活、生产以及医学相关的知识。其次关注的是教学法的知识,囊括了教育学、心理学、课堂管理、教育技术等多个方面。再其次是了解学生、教学情境以及人文知识等。

题2:在您所处的环境中,促进和阻碍教师专业发展的因素各有哪些?

教师的一些典型词句归类如表3-14所示,其中【】中的词句可以作为一个子类别。

表3-14　促进和阻碍生物学教师专业发展的因素类别统计表

类别	典 型 词 句
促进因素	【同事交流合作】良好的同事关系;教师之间的合作;同事营造的学习氛围促进教师的发展。听课评课、老教师的指导;我们学校有一批专业素质过硬的老教师,对我们新教师的帮助非常大;备课组教师的合作精神很好,能够共同探讨;促进的是教师之间相互帮助;榜样;同事之间相互学习、促进等;专家的引领 【教研活动】教学活动交流,教研活动,各级教研活动,集体备课,教改课题的研究 【学生对教师的促进】学生的各种需要和要求,学生的学习热情很高;师生交流;学生情况不断改变 【资源库】信息快速传播;网络、图书等提供的教学资源;各种生物学期刊、庞大的网络资源;生物学杂志、专业书籍;便捷的网络信息;有丰富的网络资源 【个人进取心】实现人生价值的欲望;教师的责任压力大,在压力中进步;只要在学校一直教学不断反思改进就有进步;自身需要进步;本人进取心较强,只要自己肯学,什么也无法阻挡我的发展 【教师培训】继续学习和培训;进修学习方便;校本课程的培训;教研组活动,校本培训

类别	典 型 词 句
	【教学环境条件】学校的教学环境;教学条件的改善;多种多样的教学手段;配备了计算机;教学环境比较宽松
	【领导支持】领导重视、校风教风好;校领导的支持,学校的重视;学校公平的管理制度;学校领导对于教师的专业发展非常重视和支持,积极鼓励教师参与各种活动,也给教师提供了许多的学习机会;学校制定了良好的方针促进教师的发展,并提供了较好的硬件设施
	【时间保障】有充足的时间自行研究教学问题和学习专业知识;有集体备课的时间,充分的学习时间
	【教学实践】有很多的机会参与教学
阻碍因素	【学生基础不好】没有上课兴趣的学生;学生基础差;学生生源特别差、学生程度过低,制约教师授课;学生生源较差,学生对学习无兴趣,厌学的学生多;学生学习积极性;生源素质整体平均来看不太好;大班教学阻碍各项活动的实施,班容量大
	【硬件设备差】硬件设备不能满足实验教学及多媒体教学;缺乏改进教学的必要措施;学校的硬件设施跟不上;没有实验室;几乎没有实验器材;实验室设备配备不齐,无专职实验员,多媒体教学设备配备不足;想上网查资料都没电脑;学校没有电子备课室,使用网络资源或制作使用多媒体课件教学有难度;学校实验设备不健全,实验室不够
	【外部环境压力大】对生物学科的考核和评价问题,分数至上,被作业、考试、辅导等所累,难以专心进行教学研究;教学环境仍然是以应试教育为主;家长对学校不支持不理解;升学压力;上级部门和学校一些过场式的工作任务让人疲于奔命;忙于应付教学常规的检查,月周考试
	【学习机会少】与外界学习沟通机会很少,缺乏信息交流、资源共享的机会;获取信息的途径单一,大型交流少;培训机会少;学习提升的机会较少;与外界接触机会少,进修、培训机会不多;大型外出学习机会较少,和其他地区优秀教师交流少;专家指导基本没有;示范课少;没有外出学习的机会,没有与校外、地区外的优秀教师及专家交流的机会
	【学习时间没保障】教学任务繁重,无暇反思和总结,没有机会和时间学习;课时多,课头多,每年都带高三毕业班导致精力不足;平时作业批改要求使学习时间减少;时间问题;教师的工作量太大;时间较紧、工作较累、加强学习的时间太少;任课太多,自己可以掌握的时间太少,自行学习时间几乎没有;任课多,缺少思考和反思的时间
	【学习资源少】专业书籍、资料较少;教育资源短缺;书籍少、信息少、交流少;外出学习交流的机会比较少、信息闭塞、很少有能利用的期刊和网络
	【个人不积极】教师自身发展的愿望和能力不强,主观因素包括观念、态度、因素;教师的教学积极性不高,主要还是教师怎么对待自己的事业;多半教师缺乏责任意识和上进精神
	【规章制度不合理】没有有利于激励教师钻研业务的有效机制;学校的管理制度;不合理的规章制度;制度落实不力;制度和评价体系;学校的体制;学校的规章制度;教师评价制度
	【领导不重视】领导的观念、素质;上级领导不重视、领导重视不够;领导态度;领导偏心,不一视同仁

类别	典 型 词 句
	【学科地位低】学科分值小,学校、家长不重视;中考不考,高考占的分值小;学生、家庭、社会对生物课的重视程度不够,在不少人的思想观念中生物课是副课,可有可无 【同事交流合作缺乏】学校生物团队合作交流少;同事之间交流不是很多,学术氛围不强、学习氛围不浓厚;不够团结,没有集体备课的意识,害怕别人超过自己;同事之间的学术交流不够;学校强烈的竞争机制,末位淘汰制度,使同事之间,尤其是同年级的教师之间合作很差;成绩带来的教师间的竞争;月考分析教师的成绩所造成的同事间的竞争,集体备课成为一句空话;很难和心胸狭隘的同事交流,他们把成绩看得太重;复杂的人际关系;教研氛围不够浓等

促进因素包括:同事交流合作、教研活动、学生对教师的促进、资源库、个人进取心、教师培训、教学环境条件、领导支持、学习时间有保障、教学实践机会多。

阻碍因素包括:学生基础不好、硬件设备差、外部环境压力大、学习机会少、学习时间没保障、学习资源少、个人不积极、规章制度不合理、领导不重视、学科地位低、同事间缺乏交流合作。

其中学生、教学实践可以归为教学实践反思环境,资源库、学习资源归为信息环境,其他如同事间交流合作、领导支持、规章制度以及硬件设施等则归为校区环境。除了外部环境的影响外,个人进取心等个性特质也是重要的影响因素。从教师们列举的词条种类来看,无论是作为促进因素还是阻碍因素,学校的校区环境受到了最多的关注。这提示我们在构建良好的专业发展环境时,不仅要注重教师的实践反思以及教学资源的提供,更要注重教师之间的合作伙伴关系的建立以及校本教研文化的营造。

题3:为了促进自身的专业成长,您最期望获得什么样的帮助和支持?

教师们最期望获得的帮助和支持归类如表3-15所示:

表3-15　教师最希望获得的帮助和支持类别统计表

类别	典 型 词 句
跨校交流	与优秀学校交流,大学听课,进修,参观,多与外界交流,学校进行教学交流,能够多与校外的同行接触交流,与先进学校积极交流合作,去重点中学进行教学观摩学习

类别	典 型 词 句
同事交流	老教师沟通指导;集体备课、听课、合作;示范课,经验交流,多听一些优秀教师的课;身边有经验的教师的指导;同事们能多帮助我,能指点我,多与我分享教学经验;教学研讨:共同探讨某一节课的教学内容,有人帮助找到教学的不足
专家引领	专家解答疑难,能与专家保持长久的联系,专家专题知识讲座,能够随时向专家请教问题
关注的学习内容	更好的教学方法,教学方式方法,教科研方面的知识,新课标相关的理论知识辅导,更深的专业知识,对于重点难点想知道别人是怎么讲授的,及时的学科发展资料,获得新的学科发展动态,怎样写论文,进行有效的科研,提供一些适应边远山区的教学方法和教学设计思路,最新的生物教育发展信息,有关实验方面的指导,最新的教学理念
教学资源	教学课件,图片,动画,视频,教学设计,专家的教学案例,优秀教师代表性优质课展示,优秀课例,多学习优秀示范课或视频,及时的教学资源,高质量的新课标的教学课件,好的教辅资料,多媒体资源
学校硬件支持	实验设备,电脑网络,投影仪,建好实验室,生物实验器材配齐,实验室标准化,希望学校配给电脑,教学中使用的各种硬件,投影仪,电脑等等
相关书籍	专业书籍,期刊资料
网络资源和平台	网络资源;长期交流;专家解答;网上能有一个专门的学习平台;专业的生物学习网站;在需要帮助时能得到及时的帮助;多搭建教师展示自我的平台;能有专门的平台讨论教学的困惑;有问必答的平台;随时都有平台帮助我解惑;有一个很好的交流平台和资源库;一个提高生物专业知识和教育技能,而又不影响正常教学的学习平台;同行交流学习的平台;设立长期开放的交流平台;有一个优秀教师课堂视频的空间;生物教学网络资源以及能经常得到专家的点拨、答疑解惑;想问专家们问题就可以问到,教学资源永远可以共享;免费提供备课素材;课件;案例;课例;生物疑难问题解答;科研论文的网站;交流平台;专家和优秀教师可以时时帮助解决教学中遇到的问题;能经常与优秀教师进行交流、学习,提供课程资源;共享教学经验
培训进修机会	增加培训机会;培训机会;定期教师培训或参观学习;外出听课交流高水平的培训;减轻教师负担,轮换休息和进修;接受再教育,渴望回到大学充电

从表 3-15 中可以看出教师所希望获得的帮助和支持是多方面的。一方面教师希望具有一个支持性的校区环境,能够进行同事间交流与合作,具有丰富的教学和学习资源,学校提供良好的硬件条件;另一方面教师也渴望走出学校,能够进行跨校交流获得更多的学习机会。这是因为,在同伴交流中,如果人群的特征高度一致,那么很难避免同主题、同水平的重复。因此,教师也会渴望走出学校与不同环境下的异质教师

群体进行交流。此外,教师也希望与专家接触,获得专业上的引领以及培训学习的机会。

表格中另外一个突出的特点是,教师高度重视相关网络资源和平台上的支持,希望拥有一个资源丰富、反馈迅速、交流互助、经验分享的长期稳定的网络平台服务。

关注的知识则主要包括:专业知识、实验指导、教学方式方法、教学科研方法以及新的教学理念等。

这为我们更好地设计教师培训项目的内容和方式提供了有益的信息。

第三节　教师专业发展环境模型的构建

从因子分析的结果来看,教师专业发展环境适应可以分为四个因子:教学实践反思、同事交流合作、校区环境以及网络技术应用。其中实践反思因子反映了教师对实践环境的适应,而同事交流合作和校区环境则共同构成了社区环境,网络技术的应用则反映了教师对信息环境的适应。基于探索性因素分析的结果以及开放题目中教师的回答,本书认为教师的专业发展环境由三个子环境构成:实践环境、社区环境以及信息环境,如图3－2所示:

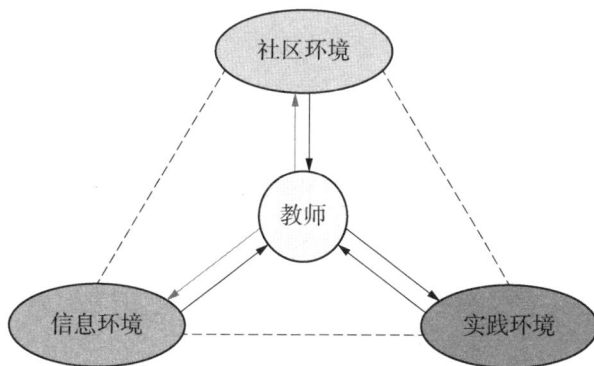

图3－2　教师专业发展环境模型

其中社区环境(Community Environment)主要指教师所处的社会局部环境,比如工作学习中的人际交往以及自身在组织中的地位和角色。实践环境（Practice Environment）则主要是教师开展教学实践所处的环境，比如学生、课堂教学设施、实验室等教学环境。信息环境（Information Environment）指的是教师获得信息和分享经验、知识的环境，比如书籍、杂志、网络、各种信息媒体以及图书馆、资料室等场所。我们将该模型简称为 PICE 教师专业发展环境模型。

三个子环境的划分是相对的，实际上它们之间也存在着相互的重叠，也就是在一个环境中也包含了其他环境的交互方式。比如，就没有完全意义上脱离信息交互的社区环境和实践环境，因为在人际交互或者在实践的过程中不断有信息的反馈，但是这时信息交互起到的是辅助的作用，而不是主要的交互目的或内容。

但每个环境也有自己的特色，表现为个体与环境特定的互动方式。比如实践环境，教师主要通过新的教学尝试而获得新的反馈，进而增长自己的教学实践技术和知识。而社区环境则主要是指教师所处的人际网络，教师的信念和知识会受到这个网络的影响，同时教师也会影响其周围的人。信息环境反映的主要是教师与内容交互的方式，教师可以通过网络将外部的知识内化，同时也可以将自身的知识表达而外化传播。教师知识就是在这样的与环境交互的过程中形成和发展的，而且不同的环境对其知识发展的影响也有一定的差异。实践环境获得的知识往往是隐性知识，而不具有系统性，但具有较强的可操作性和适应性。此外实践环境也是教师知识的应用场所，从社区环境以及信息环境获得的知识都需要经过整合，转化为具体的教学策略和行为进而应用到实践中，并接受个体实践的检验。

从均值比较的分析结果来看，教师的个人因素如教龄、学科和教研的喜好程度不同，其专业发展环境适应的程度也有所不同。不同教龄教师在实践反思分量表上得分具有显著差异，且 10—20 年教龄组显著高于 0—10 年教龄组。这一结果支持教师教学经验对于教学实践反思具有促进作用。

另外学校类别、学生生源、学生学习兴趣以及班级人数等外部因素也会影响教师的环境适应，而这种影响主要体现在同事支持、校区环境以及总量表上，也就是主要体现在教师对社区环境的适应上。

第四章 学科教学知识发展状况问卷调查研究

第一节 研究设计

一、问卷的设计、发放和回收

本问卷的目的在于测查教师某个主题的学科教学知识,共选择了四个主题分别是:物种的形成、孟德尔定律、减数分裂以及基因表达。选择这四个主题的原因一方面是因为它们是高中生物学"遗传与进化"模块的核心内容,包含了很多生物学科的核心概念和理论模型;另外大量研究表明学生对该部分内容的理解存在错误或者很肤浅,而没有将这些内容联系起来形成一个完整的画面①,这对一线教师的教学提出了挑战,对教师相关学科教学知识的探查也越显得迫切和重要。此外这些主题也是研究者关注较多的主题,已有的关于学生前科学概念的研究以及教学策略和方法的研究也为调查结果的进一步分析打下了基础②③④⑤。

教师可以从四个内容中自由选择一个主题,就如何实现该主题的教学回答相关的

---

① 张颖之.对中学生物学核心概念的研究——以遗传学内容为例[D].北京:北京师范大学,2009:39—40.

② Deadman J A, Kelly P J. What Do Secondary School Boys Understand about Evolution and Heredity before They are Taught the Topis [J]. Journal of Biological Education, 1978,12:7-15.

③ Venville G, Treagust D. Teaching about the Gene in the Genetic Information Age [J]. Australian Science Teacher's Journal, 2002,48(2):20-24.

④ Venville, G., Gribble, S. J. & Donovan J. An Exploration of Young Children's Understandings of Genetics Concepts from Ontological and Epistemological Perspectives [J]. Science Education, 2005,89:614-633.

⑤ Donovan M S, Bransford J D. How Students Learn: Science in Classroom [M]. Washington, D. C.: The National Academies Press, 2005:515-561.

问题。问题的设计参照了劳伦的关于特定主题 PCK 的 CoRes 访谈提纲。问卷主要围绕着某个主题中的重点概念是什么,为什么重要,该内容教学困难或限制是什么,如何展开对该内容的教学,通过一系列与某个具体内容教学有关的开放性问题来展示教师的教学法思考(Pedagogical Reasoning),从而显露教师特定主题的学科教学知识成分和成分之间的联系。问卷的具体题目见附录二。

　　本问卷的发放和回收是在研修期间通过网络进行的,共获得 213 个记录,删除空白记录 5 个,剩余有效记录 208 个,在进行内容分析统计时去除未答完的记录(具有 3 处空白的记录)后,剩余 127 个记录进行如下分析统计。

二、样本群体的描述

　　样本的基本情况描述见表 4-1:

表 4-1　PCK 调查问卷样本基本情况统计表

统计变量	类别	计数	子表 N%
性别	男	52	40.9%
	女	75	59.1%
职称	缺失	2	1.6%
	初级	43	33.9%
	中级	62	48.8%
	高级	20	15.7%
学历	本科	122	96.1%
	硕士	3	2.4%
	专科	2	1.6%
所学专业	缺失	1	0.8%
	非理科专业	1	0.8%
	理科专业非生物学	9	7.1%
	生物学专业	116	91.3%
毕业院校	教育部直属师范院校	59	46.5%
	省(市)属师范院校	26	20.5%

统计变量	类别	计数	子表 N%
	一般综合型大学	31	24.4%
	地方师范院校	11	8.7%
教龄范围	缺失	2	1.6%
	0—5 年	54	42.5%
	5—10 年	25	19.7%
	10—15 年	8	6.3%
	15—20 年	20	15.7%
	20—25 年	7	5.5%
	25 年以上	11	8.7%
曾经获得的奖励	省级	35	27.6%
	市级	33	26.0%
	区级	6	4.7%
	校级	24	18.9%
	暂无	29	22.8%
在职学习或进修时间	几乎没有	41	32.3%
	1—3 个月	40	31.5%
	4—6 个月	14	11.0%
	7—12 个月	6	4.7%
	12—24 个月	5	3.9%
	24 个月以上	21	16.5%
选择的主题	基因的表达	25	19.7%
	减数分裂	67	52.8%
	孟德尔定律	30	23.6%
	物种的形成过程	5	3.9%

第二节　特定主题 PCK 内容分析

问卷是基于 CoRes 基础上设置的,在分析时,删除了有连续三个空缺的记录,目的是为了确保所有参与者是在相对宽裕的时间内完成问卷的,使得反馈的信息能较为真实地反映教师的学科教学知识。

一、特定主题 PCK 编码方法

对每位教师九个相关题目的回答内容进行探索性的文本分析,各种回答进行归类,最终确定包含的主要知识域有:#1 学科知识、#2 重点(目标)、#3 科学过程和本质、#4 深层知识、#5 教学困难、#6 学生、#7 教学资源情境、#8 教学(过程)、#9 评价。接下来寻找文本中明显的知识域联系,并用符号记录,构建知识域联系概念图。对每个个案文本显露出来的知识域以及关系进行统计,其中知识域用节点表示,关系则用连接表示,录入每位教师的知识域的所有联系情况(比如,基于学科知识确定重点则记录为:1—2),以备后续分析。构图方法和样例详见附录四和附录五。

CoRes 不仅是特定主题 PCK 的表征,同时也可以反映教师在特定情境中教学某个主题时的思考和决策过程,它也是教师使用 PCK 的一种证据[1]。So 对研究教师备课过程相关的 25 篇研究文献进行了梳理,结果显示教师在教学备课过程中明显会考虑的知识域包括目的和目标、学科知识、学生、评价、教学方法、教学活动、教学理论信念[2]。除了教学理论信念之外,其他知识域与文本分析获得知识域基本一致,可以认为该方法可以较有效反映教师在某个具体内容教学中所考虑的知识域及其联系。

二、特定主题 PCK 数据分析结果

(一)PCK 知识域关系统计和主概念图

对知识域间连接关系统计汇总如表 4-2 所示:

---

① Mulhall P, Berry A, Loughran J. Frameworks for Representing Science Teachers' Pedagogical Content Knowledge [J]. Asia-Pacific Forum on Science Learning and Teaching, 2003,4(2):1-25.

② So W W. A Study of Teacher Cognition in Planning Elementary Science Lessons [J]. Research in Science Education, 1997,27(1):71-86.

表4-2 群体PCK知识域间连接关系统计

排序	连接类型	频数
1	学科知识—确定—重点	106
2	教学困难—因为—学生	81
3	教学困难—因为—学科知识	72
4	教学策略—包含—评价	68
5	教学策略—考虑—学生	46
6	评价—反馈—学生	41
7	教学困难—因为—教学资源情境	40
8	学科知识—具有—深层知识	39
9	教学策略—考虑—学科知识(职称*)	38
10	教学策略—考虑—教学资源情境	19
11	教学策略—应对—教学困难	18
12	学生—确定—重点(教龄*)	10
13	评价—确定—重点	9
14	学科知识—包含—科学过程本质	6
15	教学资源情境—限制—教学策略	5
16	学生—有助解决—教学困难	5
17	评价—限制—教学策略	4
18	教学困难—限制—教学策略	3
19	教学资源情境—有助解决—教学困难	3
20	教学策略—注重—科学过程本质	2
21	教学策略—注重—重点	2
22	学科知识—有助解决—教学困难	2
23	教学困难—因为—评价	2

*:在0.05水平上有显著差异。

根据以上节点和连接关系生成群体概念图,从而反映该群体所具有的公共性的
PCK结构,如图4-1所示:

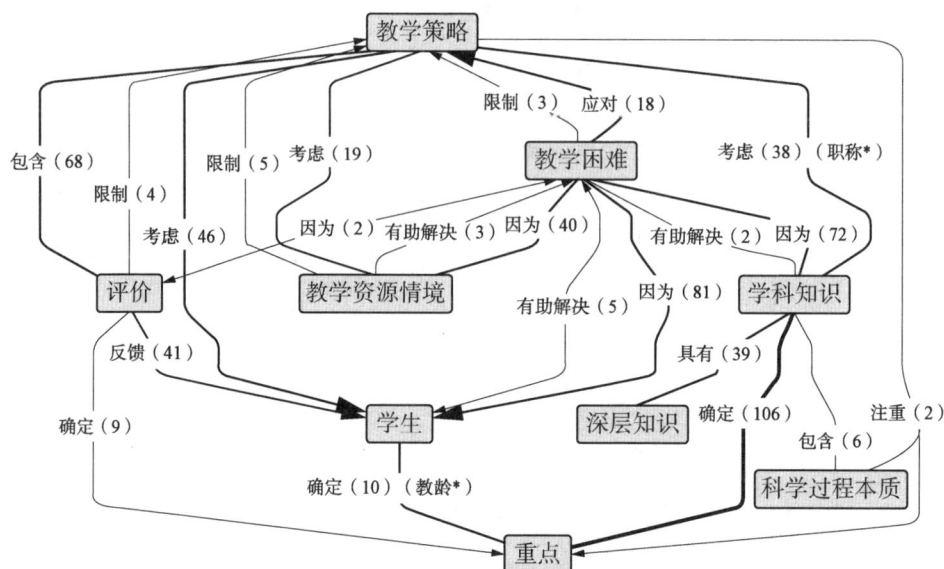

图4-1 教师群体PCK概念图总图①
(* :在0.05水平上有显著差异)

(二) PCK知识域关系图统计量的显著性分析

利用T检验和单因素方差分析比较不同教龄、性别、职称以及主题组别的教师群
体在节点总数、连接总数、单个节点的连接数以及特定两个知识域之间的连接四种统
计量上是否有显著差异,表中略去了检验中没有显著差异的统计量。

1. 性别

对不同性别组进行独立样本T检验无显著差异,表略。

2. 教龄

对于不同教龄教师进行显著性检验,结果在环境资源节点数、总结点数和连接总
数上具有显著差异,此外在"学生—确定—目标"这个连接上不同组别也有显著差异。

---

① 本概念图是使用人机认知研究所IHMC(the Institute for Human and Machine Cognition)开发的
CmapTools 5.03制作的。

表4-3 不同教龄教师群体在PCK结构图上的差异分析结果

		N	均值	标准差	ANOVA 单因素方差检验		事后多重比较 LSD 检验
					F 值	Sig	
环境资源节点连接数	0—5 年	54	0.407 4	0.566 97	2.936	0.016	0—5 年< 5—10 年、15—20 年、30 年以上
	5—10 年	25	0.720 0	0.678 23			
	10—15 年	8	0.500 0	0.534 52			
	15—20 年	20	0.950 0	0.759 15			
	20—30 年	13	0.615 4	0.506 37			
	30 年以上	5	1.000 0	0.707 11			
	总数	125	0.608 0	0.646 28			
节点总数	0—5 年	54	5.574 1	1.869 33	3.399	0.007	0—5 年< 5—10 年、15—20 年、20—30 年
	5—10 年	25	6.440 0	0.916 52			
	10—15 年	8	6.250 0	0.886 41			
	15—20 年	20	6.950 0	0.887 04			
	20—30 年	13	6.461 5	0.967 42			
	30 年以上	5	6.600 0	1.516 58			
	总数	125	6.144 0	1.506 46			
连接总数	0—5 年	54	4.59	2.141	2.775	0.021	15—20 年> 0—5 年、5—10 年、20—30 年
	5—10 年	25	5.04	1.428			
	10—15 年	8	5.00	1.604			
	15—20 年	20	6.40	1.984			
	20—30 年	13	5.00	1.291			
	30 年以上	5	5.60	2.074			
	总数	125	5.08	1.949			
连接:学生—确定—目标	0—5 年	52	0.076 9	0.269 07	2.750	0.022	10—15 年>其他教龄组(在非参数 Kruskal-Wallis 检验中差异也是显著的,渐进显著性=0.025)
	5—10 年	25	0.120 0	0.331 66			
	10—15 年	8	0.375 0	0.517 55			
	15—20 年	19	0.000 0	0.000 00			
	20—30 年	13	0.000 0	0.000 00			
	30 年以上	5	0.000 0	0.000 00			
	总数	122	0.082 0	0.275 45			

其中,不同教龄群体 PCK 知识域关系图中节点总数和连接总数平均值如图 4-2 所示:

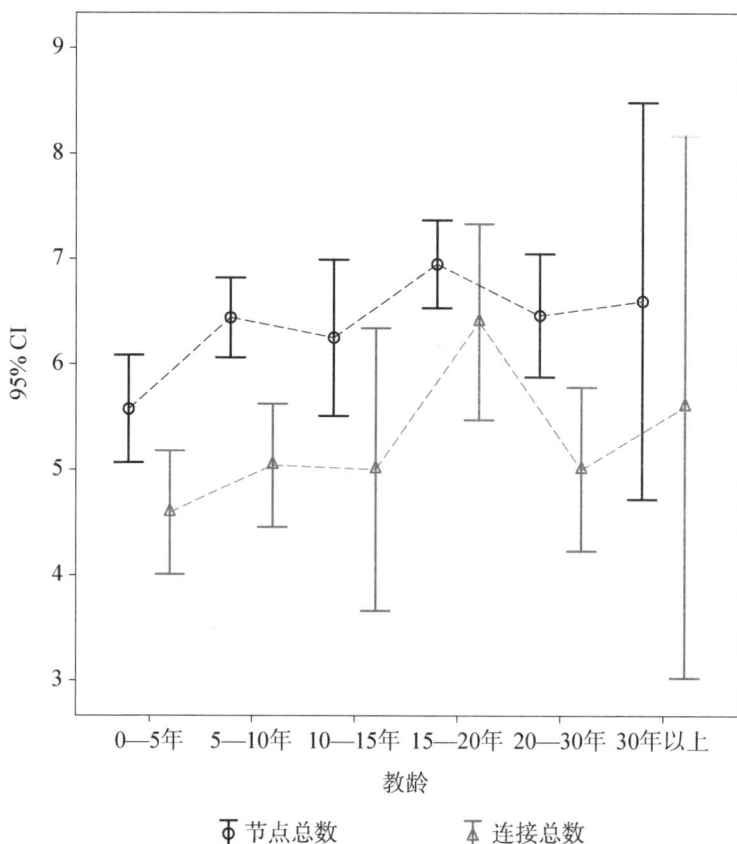

图 4-2　不同教龄群体 PCK 知识域关系图中节点总数和连接总数平均值

从图 4-2 中可以看出,在 0—20 年这个教龄范围内,节点总数和连接总数随着教龄的增长而增长,之后则呈现出一定的下降趋势。其中 0—5 年教龄组的节点总数显著低于其他教龄组,这提示教师特定主题的 PCK 知识域数目从 0—5 年到 5—10 年获得显著的提升,然后变化不显著。节点数目的显著提升并没有伴随着节点之间连接总数的显著变化,也就是教师在教学中会考虑多个方面的知识,但是这些知识之间的联系还相对松散。对于连接总数的检验结果显示,15—20 年教龄组显著比其他教龄组高,这提示该教龄段教师的 PCK 不仅具有较多的知识域,而且知识域之间的联系也最为丰富。此外在特定两个节点之间连接的显著性检验显示,10—15 年教龄组在"学生—确定—目标"这个连接上高于其他教龄组,这提示该教龄段教师在设定教学目标时相对其他教龄组更加关注学生。

3. 职称

对于不同职称教师进行显著性检验,结果在教学资源环境节点数、教学策略节点数以及节点总数、连接总数以及"教学策略—考虑—学科知识"连接上具有显著差异。

表4-4 不同职称教师群体在PCK结构图上的差异分析结果

		N	均值	标准差	ANOVA 单因素方差检验		事后多重比较 LSD 检验
					F 值	Sig	
教学资源环境节点连接数	初级	43	0.372 1	0.535 56	4.884	0.009	高级>初级 中级>初级
	中级	62	0.677 4	0.647 17			
	高级	20	0.850 0	0.745 16			
	总数	125	0.600 0	0.647 58			
教学策略节点连接数	初级	43	1.534 9	1.031 62	7.889	0.001	高级>中级 高级>初级
	中级	62	1.483 9	1.067 28			
	高级	20	2.500 0	0.888 52			
	总数	125	1.664 0	1.084 67			
节点总数	初级	43	5.814 0	1.816 01	3.809	0.025	高级>中级 高级>初级
	中级	62	6.080 6	1.346 50			
	高级	20	6.900 0	0.788 07			
	总数	125	6.120 0	1.495 15			
连接总数	初级	43	4.81	2.085	4.799	0.010	高级>中级 高级>初级
	中级	62	4.82	1.860			
	高级	20	6.25	1.517			
	总数	125	5.05	1.950			
连接:教学策略—考虑—学科知识	初级	41	0.341 5	0.480 09	6.300	0.002	高级>初级,中级 (在非参数 Kruskal-Wallis 检验中差异也是显著的,渐进显著性=0.003)
	中级	61	0.196 7	0.400 82			
	高级	20	0.600 0	0.502 62			
	总数	122	0.311 5	0.465 01			

以上检验结果显示,在教学资源环境节点连接数上初级职称的教师显著低于中级和高级职称的教师。在教学策略节点连接数、节点总数和连接总数上高级职称教师显

著高于中级和初级职称的教师。而在"教学策略—考虑—学科知识"连接上,高级职称教师同样显著高于中级和初级职称教师,这提示高级职称的教师在教学中会更多考虑和体现学科知识脉络和逻辑。

4. 主题

选择了不同主题的教师群体组进行 ANOVA 单因素方差检验,结果显示在深层知识节点、过程和本质节点和节点总数上均差异显著。

表 4-5 选择不同主题教师群体在 PCK 结构图上的差异分析结果

		N	均值	标准差	ANOVA 单因素方差检验		事后多重比较 LSD 检验
					F 值	Sig	
深层知识节点连接数	物种的形成过程	5	1.0000	0.70711	4.012	0.009	物种的形成过程>其他三个主题
	孟德尔定律	30	0.2333	0.43018			
	减数分裂	67	0.2985	0.46106			
	基因的表达	25	0.2800	0.45826			
	总数	127	0.3071	0.47994			
节点总数	物种的形成过程	5	7.0000	0.00000	3.528	0.017	基因的表达<其他三个主题
	孟德尔定律	30	6.6000	1.27577			
	减数分裂	67	6.1343	1.17931			
	基因的表达	25	5.4400	2.23756			
	总数	127	6.1417	1.49456			
过程和本质节点连接数	物种的形成过程	5	0.0000	0.00000	5.707	0.001	孟德尔定律>其他三个主题
	孟德尔定律	30	0.2667	0.58329			
	减数分裂	67	0.0149	0.12217			
	基因的表达	25	0.0000	0.00000			
	总数	127	0.0709	0.31323			

从表 4-5 的检验结果可以看出,选择"物种的形成过程"主题的教师在"深层知识节点连接数"上显著高于其他三个主题。在节点总数上,选择"基因的表达"主题的教师显著低于其他三个主题。而在"过程和本质节点连接数"上,选择"孟德尔定律"主题的教师显著高于选择其他主题的教师。

5. 教案数

对不同教案数组别进行 ANOVA 单因素方差检验,结果无显著差异,表略。

6. 进修

对不同进修情况组别进行 ANOVA 单因素方差检验,结果无显著差异,表略。

7. 学历

对不同学历组别进行 ANOVA 单因素方差检验,结果无显著差异,表略。

8. 奖励

对教师获得不同奖励级别组进行 ANOVA 单因素方差检验,结果显示在学生节点和连接总数上组间具有显著差异。其中在学生节点连接数上,$Sig = 0.007$,事后多重比较(LSD 检验)结果显示,获得省级奖励教师组在学生节点连接数上显著高于区级、校级和暂无三组,获得市级奖励教师组显著高于区级。在连接总数上,$Sig = 0.022$,小于 0.05,组间差异显著,事后多重比较发现:省级>暂无、校级;市级>校级。这提示获得奖励级别较高的教师(如省级、市级),在教学中会更多地关注学生,并且其知识域之间的连接也更为丰富。

表 4-6 不同奖励级别教师群体在 PCK 结构图上的差异分析结果

		N	均值	标准差	标准误	ANOVA 单因素方差检验		事后多重比较 LSD 检验
						F 值	Sig	
学生节点连接数	暂无	29	1.3793	0.90292	0.16767	3.728	0.007	省级>区级、校级、暂无 市级>区级
	校级	24	1.2083	0.83297	0.17003			
	区级	6	0.8333	0.75277	0.30732			
	市级	33	1.6364	0.78335	0.13636			
	省级	35	1.8857	0.90005	0.15214			
	总数	127	1.5276	0.88933	0.07891			
连接总数	暂无	29	4.62	1.898	0.352	2.988	0.022	省级>暂无、校级 市级>校级
	校级	24	4.29	1.876	0.383			
	区级	6	4.33	1.033	0.422			
	市级	33	5.52	2.167	0.377			
	省级	35	5.66	1.662	0.281			
	总数	127	5.06	1.939	0.172			

9. 毕业学校

对于不同毕业学校教师组进行 ANOVA 单因素方差检验,结果显示在学科知识节点、过程和本质节点以及节点总数上组间具有显著差异,其中在学科知识节点以及过程和本质节点上,Sig 分别为 0.021 和 0.008,事后多重比较的结果都是地方师范院校>其他三个类型。在节点总数上,Sig = 0.049,事后多重比较的结果显示地方师范院校、教育部直属师范院校>一般综合型大学。其中地方师范院校 11 名教师中 5 人获得市级奖励,4 人获得省级奖励,且平均教龄最高,可见该样本具有一定的特殊性,检验的结果也可以由这些特殊性加以解释。在节点总数上,一般综合型大学毕业教师显著低于师范院校毕业教师,这提示师范院校毕业教师在对特定主题的教学过程中会考虑更多的要素。

表 4 - 7　不同毕业学校类型教师群体在 PCK 结构图上的差异分析结果

		N	均值	标准差	ANOVA 单因素方差检验		事后多重比较 LSD 检验
					F 值	Sig	
学科知识节点连接数	地方师范院校	11	2.909 1	1.221 03	3.376	0.021	地方师范院校>其他三个类型
	市属师范院校	26	1.884 6	0.951 92			
	一般综合型大学	31	1.838 7	1.098 39			
	教育部直属师范院校	59	2.203 4	1.030 23			
	总数	127	2.110 2	1.078 13			
节点总数	地方师范院校	11	6.909 1	1.513 57	2.692	0.049	地方师范院校、教育部直属师范院校>一般综合型大学
	市属师范院校	26	6.038 5	1.182 57			
	一般综合型大学	31	5.612 9	1.819 84			
	教育部直属师范院校	59	6.322 0	1.357 49			
	总数	127	6.141 7	1.494 56			
过程和本质节点连接数	地方师范院校	11	0.363 6	0.674 20	4.085	0.008	地方师范院校>其他三个类型
	市属师范院校	26	0.000 0	0.000 00			
	一般综合型大学	31	0.032 3	0.179 61			
	教育部直属师范院校	59	0.067 8	0.314 28			
	总数	127	0.070 9	0.313 23			

10. 教学效果自我评价得分

对不同教学效果自我评价得分组别进行 ANOVA 单因素方差检验,结果无显著差异,表略。

通过以上显著性分析,发现教龄、职称、奖励三个因素都在连接总数上具有显著差异,此外教龄和职称在节点总数上也具有显著差异,而奖励则在学生节点上有显著差异。这些结果一方面支持了随着教龄的增长(特别是在 20 年之前),教师对于同一个内容的教学考虑的要素在不断增多,知识域和知识域之间的联系也在增加,由较少的节点和连接逐渐发展成更为丰富的节点和复杂的连接结构。另一方面也说明连接总数和节点总数可以作为衡量教师学科教学知识发展程度的指标,并且对于教龄、职称和教师获奖级别具有很好的敏感性,可以在一定程度上指示教师专业发展的程度。

三．分析结果小结

学科教学知识在教师群体中具有不同类型,表现为节点和连接的不一致,而且不同教龄、职称、所获奖励级别的教师在节点总数、连接总数、具体节点连接数和特定两个节点的连接上具有显著的差异。这为构建学科教学知识发展模式打下了基础。

第三节　教师的建议

在对"您认为自己哪些方面的知识急需改善"以及"您认为学习这些知识的最佳途径是"的回答的基本统计和词频分析,结果如表 4-8 所示:

表 4-8　教师认为自己急需改善的知识频率统计表

选项	频数(n=208)	百分比
关于教学策略的知识	148	71.15%
关于教学资源的知识	108	51.92%
关于教育技术的知识	101	48.56%

选项	频数(n=208)	百分比
关于评价的知识	77	37.02%
关于学生的知识	62	29.81%
牛物学方面的知识	61	29.33%
关于课程的知识	42	20.19%
关于教学目的的知识	29	13.94%

从表4-8中可以看出,教师认为自己最急需改善的知识依次是关于教学策略的知识、关于教学资源的知识、关于教育技术的知识、关于评价的知识、关于学生的知识、生物学方面的知识、关于课程的知识、关于教学目的的知识。

对于教师认为最佳的学习途径和原因的文本进行词频分析结果如表4-9所示:

表4-9 教师认为最佳的学习途径和原因的词频统计表

词汇	频数(n=208)	百分比
网络	25	12.02%
学习	24	11.54%
培训	18	8.65%
交流	16	7.69%
网上	10	4.81%
时间	10	4.81%
资料	9	4.33%
方便	8	3.85%
快捷	7	3.37%
资源	6	2.88%
经验	6	2.88%
书籍	6	2.88%
进修	6	2.88%
优秀	5	2.40%

选项	频数（n=208）	百分比
相关	5	2.40%
集中	4	1.92%
专家	4	1.92%
查阅	4	1.92%
了解	4	1.92%

其标签云如图4-3所示：

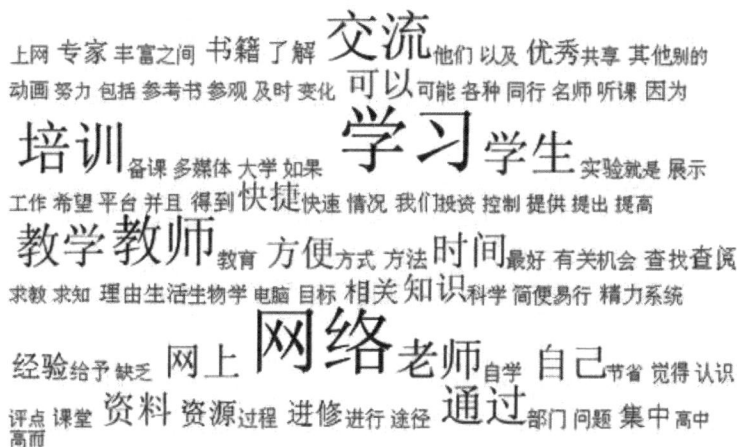

图4-3 学习最佳途径和原因的标签云①

从表格以及标签云中我们可以看出，教师认为最佳学习途径依次是网络、学习、培训、交流、资料等，而原因主要是出于时间、方便、快捷的考虑。可见网络学习已经成为教师非常重要的一种学习途径，同时教师也非常重视获得培训、进修以及同行交流的机会，以及学习资源的获取。

---

① 本图是使用武汉大学信息管理学院沈阳老师研发的 ROST ContentMining 内容挖掘软件生成的。词语重复次数越多，则字体越大，进而反映教师群体的关注点。

第四节　对于问卷调查结果的总体分析

教师专业发展环境适应问卷调查结果,一方面描述教师学科教学知识发展所处的外部环境,另一方面也对教师环境的适应的不同维度进行了总体上的概括,这使得理解教师学科教学知识是如何在与外部环境交互过程中发展的成为可能,并为学科教学知识发展模型的构建打下了基础。初步认为教师的专业发展环境可以划分为实践环境、社区环境以及信息环境三个部分,并且每个子环境对教师学科教学知识发展所起的作用也有所不同,教师与其交互的方式以及获得的知识成分也有差别。

学科教学知识发展问卷调查则从对教师群体的主题学科教学知识进行了刻画和比较。马格努松等人(1999)认为PCK被看成是一种只是由几种知识转化而成的独特知识。他们认为,与知识缺乏而且破碎化的教师相比,拥有完整知识的教师可以更好地设计和指导学习过程、帮助学生建构学科知识。统计分析的结果显示,随着教师教龄的增长、职称的提升以及获奖级别的提高,教师在对某个具体内容的教学上,其所考虑的知识域(节点)和知识域之间的联系(节点之间的连接)趋于增加,并且在具体的节点和连接上也有差异。这支持了随着教学经验的积累,教师的学科教学知识结构发生了变化,由孤立的零散的结构发展成整体的联系的结构的观点。

另外,不同主题教师所具有的学科教学知识在深层知识、过程本质以及节点总数上具有显著差异,这提示这些节点与内容本身是紧密联系的,也就是教师对不同主题进行教学时,其考虑的"深层知识"和"科学过程和科学本质"的程度是不同的,这两个节点与内容本身高度相关。在过程和本质节点上,选择"孟德尔定律"这个主题的教师考虑科学过程和科学研究方法要显著高于其他主题的教师。对人教版和浙科版两个版本的教科书分析发现,孟德尔定律单元是以清晰的科学研究的逻辑(假说演绎法)组织的,而其他内容则体现不明显。这提示教学材料的内容和组织方式会影响教师的教学是否把目标定位在科学过程和科学研究方法上。

虽然上述两项调查对学科教学知识的外部环境以及学科教学知识本身提供了很

多有益的启示。但是其揭示的仍然是群体静态的结构和联系,而不能揭示教师的学科教学知识在教学工作中的作用是如何发挥的,以及其在特定外部环境中是如何发展的这一动态过程。因此本研究采用了案例研究的方法,通过对个别教师的跟踪和访谈来对这一问题进行回应。

第五章　学科教学知识发展的案例研究

　　由于本案例研究的目的在于揭示学科教学知识在具体教学工作中的作用及其在特定环境背景下的发展过程,因此本案例研究并未采用干预式的研究设计,而是采用了自然主义的研究设计(naturalistic design),即对研究对象不进行实验式的干预,而是通过观察、实地记录、听课、录音、录像以及半结构化访谈等方式进行。其中半结构化访谈提纲见附录三,在访谈过程中以及分析过程中均采用了概念图作为辅助。使用概念图辅助访谈和分析访谈文本可以尽可能准确地捕捉和反映访谈参与者的观点,有效地表征概念之间的相互联系,外化数据之间的联系,使结论和数据之间的关系更加清晰①。

第一节　案例研究实施的背景

　　中国在 2004 年开始了普通高中新课程实验,并在 2010 年推广到所有省市。根据《普通高中生物课程标准(实验)》②:高中生物课程由必修和选修两部分构成,共六个模块。必修部分包括:分子与细胞;遗传与进化;稳态与环境。选修部分包括:生物技术实践;生物科学与社会;现代生物科技专题。在进入新课程阶段,×市组织了新课程教研培训活动;各区也会隔周进行一次常规的教研活动,活动的内容包括专家讲座或者经验型教师的专题备课等。

　　×市已经推开高中新课程,并且今年将迎来推开新课程以后的第一次新课程高考。

---

① Henderson C, et al. Multi-Layered Concept Maps for the Analysis of Complex Interview Data [Z]. Madison, WI: Roundtable Discussion presented at the Physics Education Research Conference, 2003.

② 中华人民共和国教育部. 普通高中生物课程标准(实验)[S]. 北京:人民教育出版社,2003.

市里各年级生物学教师已经在使用新课程生物教材进行教学和教研活动。

在研究进行前,研究者向参与教师说明了本研究的目的和方式。为了尽可能减少本研究对教师的影响,应教师的要求,在本研究的叙述中,参与教师的名字均隐去。

本研究的案例研究对象涉及 A 中学的 3 位老师,包括林老师、华老师以及陈老师。其中华老师与陈老师是同一个年级组的,并且是陈老师的指导教师。3 位老师都在一个学科组办公室工作。另外还包括其他学校的 3 位经验型教师,案例研究共涉及 5 名经验型教师,1 名职初教师,总人数是 6 人。其中 5 名经验型教师都是教龄在 18 年以上的中学高级教师,教学工作受到学生、同事、学校领导的高度认可,并且都参与过教师新课程培训的相关工作,他们不仅是经验型教师,同时也是专家型教师。

表 5-1　参与案例研究教师样本的基本信息

	经验型教师	职初教师	学校总计
学校 A	2	1	3
其他学校	3	0	3
类型总计	5	1	6

研究开展的主要方式是实地记录(field note)、听课和访谈。实地记录主要记录教师教研和专业学习的情况以及教师日常工作和活动。听课则会进行录音或录像,并会收集教师课堂用到的课件、教案、学习材料等,如教师时间允许的话,访谈会在课后进行,一般提前一个星期与教师约好。访谈时间一般在 1 个小时到 2 个小时不等,允许教师有充足的时间来讨论他们的观点,这样有助于获得真实的回答和增加访谈的可信度[1]。

本研究的个案研究将用以下问题作为研究的引导:

■ 教师的学科教学知识的静态结构是怎样的?

■ 学科教学知识是如何应用于教学设计、实施和反思的日常工作中的? 又是如何发生变化的? 教师与其所处环境的互动方式如何?

---

[1] Seidman I. Interviewing as Qualitative Research[M]. New York: Teachers College Press. 转引自 Lee E, et al., Assessing Beginning Secondary Science Teachers' PCK: Pilot Year Results [J]. School Science and Mathematics, 2007,107(2):52-60.

■ 教师的学科教学知识发展历程如何？受到哪些因素的影响？

第二节　林老师个案研究

一、学校背景信息

学校一般情况:学校 A 是市重点中学,同时也是市高中示范校。学校学生成绩较好,学习风气浓厚。每个班级 50 人左右,有多媒体设备。上课时绝大多数学生都认真听讲,很少有迟到和扰乱课堂的行为,大多数学生能积极参与课堂活动。

教师工作环境:该校所有生物学教师在同一间办公室工作,每位教师办公桌上配有书架和电脑,办公桌间有矮隔板隔开,防止过多干扰。每周每人大概有 12 节课,一周两个教案。

二、教师基本信息

林老师是具有18 年教学经验的生物学高级教师。他目前在执教高中,过去也执教过几年的初中,对于高中教学,他至少执教了 3 轮(一轮就是带一届学生,从入学到毕业),一般每轮会执教 5 个左右平行班。

研究的数据来源主要是听课和课后访谈两部分。访谈的时间由参与教师和研究者提前约定,尽量选择教师的空余时间。访谈的地点多数是在办公室中,有的时候是在操场上,周围的环境不至于太嘈杂而影响访谈的进行。

三、PCK 访谈数据分析

首先把访谈录音转录成文字,然后对每个完整的语义进行编码。接下来提取三元式命题,其结构是:节点—连接词—节点。然后把命题脚本导入到 Cmaptools 概念图绘图软件中自动生成概念图。随后根据访谈时所作的概念图并结合研究者的问题,对概念图进行关联,研究者只添加所属关系词或者删除重复的节点,进而得到最终的语义图。

根据"扎根理论"(grounded theory)①,对某些共同的语义进行归类并添加概括型节点,然后建立概括型节点的关系图,进而架构起扎根理论。接下来用课例来验证和完善这个扎根理论模型,把关注点放在该模型不能解释的关键点上,进而尝试调整原有的理论模型,直到在问题关注范围内再难找出相悖的实例为止。建立的模型会通过三角矫正法进行矫正,即模型会经过研究对象、研究者以及一位中立研究者审查。当研究对象与研究者观点不一致时,由中立者参与裁定和协商,最后确定。此外研究的资料既包括开放式访谈的录音和概念图,同时也包括案例访谈和课堂录音或录像,这构成了证据来源上的三角形。证据三角形解决了建构效度(construct validity)的问题,因为多种证据来源对同一现象进行了多重证明②。

(一)对教学知识域的描述

在描述林老师的生物学教学知识结构特点之前,首先对节点与节点之间的关系,节点与节点的区别,以及节点在这个网络中所起的作用进行分析。最后网络会受到课堂教学录像和其他资料的再次审查和检验。

首先总揽全图,林老师的教学知识主要包括:学科知识、个人特点、关于学生的知识、好的例子、师生交流、表述上的夸大、教学论、好问题、教师上公开课等知识域。其中学科知识、关于学生的知识以及教学论是研究者在询问教师教好一个内容需要有哪些知识域时提及的。而其他节点则是在访谈的过程中,结合当时听的课在不断对已有节点进行解释的过程中呈现出来的。其中"表述上的夸大"是在扩展学科知识这个知识域时显露出来的,它是林老师一个很有特色的教学方法。而"好的例子"和"好问题"则是在询问如何进行教学设计、教学实施和教学反思的时候显露出来的,它们与教学工作紧密相关。图 5-1 显示了林老师 PCK 知识域语义总图轮廓及其局部:

---

① 扎根理论是 1967 年格拉斯和斯特芬斯提出的一种研究方法,或者说是一种质的研究的风格,其主要宗旨是从经验资料的基础上建立理论(参考:陈向明.质的研究方法与社会科学研究[M].北京:教育科学出版社,2000:327.)。

② 罗伯特·K·殷.案例研究:设计与方法(第 3 版)[M].周海涛,等,译.重庆:重庆大学出版社,2004:11.

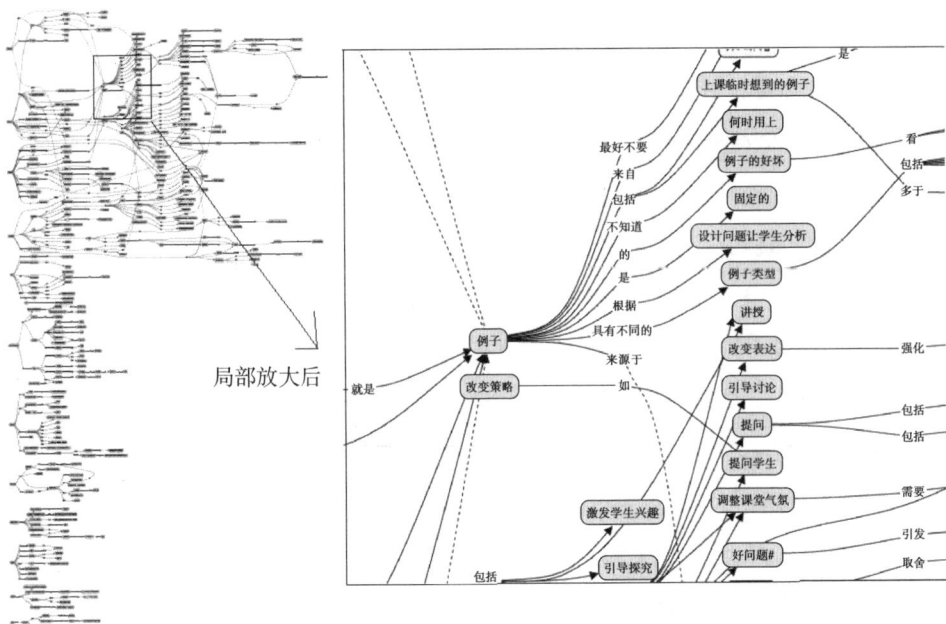

图 5-1 林老师 PCK 知识域语义总图轮廓及其局部(例子)

(二) 储存形态的教学知识

在"教好一个具体的内容都需要哪些知识域"这个大问题下,林老师展开了学科知识、关于学生的知识以及教学论三个知识域。访谈的过程中,研究者只是使用"您对这个知识域还有哪些补充""您这个词具体指的是什么"这类开放性的问题,当教师没有任何补充后,研究者出示 8 个词(学科知识、关于学生的知识、关于教学策略的知识、关于评价的知识、关于课程的知识、关于教学资源的知识、关于目标的知识、关于信息通信技术的知识)作为提示,并让教师根据这些知识域在自己教学知识中的地位和重要性,自由选择补充某些自己一时忽略的知识域,或者选择不补充。

1. 学科知识是最核心的

在林老师的知识网络图中,学科知识是其最为丰富的一个知识域,而且与其他知识域有着最为广泛的联系,拥有最多的重复语义和实例。为了更好地认识这个知识域,研究者为"学科知识"这个节点添加了概括节点,分别是:功能;地位;熟悉程度。

学科知识的功能包括:组织例子;帮助听懂学生的问题;回答学生的问题;利用学生的问题;讲透知识;帮助设计二手资料训练学生能力。学科知识不仅是教学设计组织例子、设计问题的基础,同时也是课堂上教师与学生互动交流的基础,它可以帮助教师"听懂学生的问题",并做出反应。尼尔森(Nilssen)等人的研究表明,经验型教师具有容易调用的策略技能和学科教学知识来应对学生提出的意外的问题或答案,而职前教师则难以理解学生所说的或者难以做出反应①。要有效地做到这点,教师不仅要具有深厚的学科知识基础,也需要了解学生是如何思考和归因的②。学科知识的地位是"最核心的,应该了解"。对于学科所应该包括的知识域,在林老师看来,学科知识不限于生物学专业知识,它还包括物理、化学等知识,这样就构成了综合理科。此外,在教学中可能还会涉及历史、地理以及语文的知识,比如讲光合速率的影响因素二氧化碳的时候,用到"阡陌"这个词,"比如说讲到二战的时候,讲到氰化钾的时候,我就会提到戈林",这样的好处就是可以维持学生的兴趣和注意力,"我觉得这节课吧,学生老听生物是挺烦的,所以可以加一些别的东西"。

林老师的学科知识突出表现为"特别熟悉"和"广"。对学科知识的特别熟悉,一方面有助于教学设计,比如让"教学思路开阔,贴近实际","设计得有新意、深入和贴近生活";另一方面则能"化解学科表面矛盾",打出恰当的比方,做到"深入浅出",以及帮助挖掘出"日常生活中平常现象蕴含的奇怪之处"。而学科知识的"广"则起到开阔的教学思路,并使其例子的选择范围广、联系多,从而更灵活地应对课堂教学。对于学科知识的地位,林老师把学科知识放在教师知识中的核心地位,认为它是最重要的,这与语义图中学科知识所发出的连接和所占的比例相符。

2. 关于学生的知识

关于学生的知识是第二大的知识域,包括学生类型、学生已有知识(学生高中理科课程内容)、学生提出的问题、学生特点等。由于该知识域并不复杂,所以研究者并没有添加概括节点,从而保证原始的语义结构。该知识域网络不仅含有关于学生已有知识和个体差异的信息,还包括教师如何应对各种情况以及如何做教学调整,以及学生在课堂教学中的可能反应等。此外,这个知识域也给出了学生对不同例子的反应情况,所以这个知识域是与教学设计、课堂教学以及例子三个网络相关联的。

---

① Nilssen V, Gudmundsdottir S, Wangsmo-Cappelen V. Unexpected Answers:Case Study of a Student Teacher Derailing in a Math Lesson[R]. Paper Presented at the Annual Meeting of the American Educational Research Association, San Francisco,1995

② Moyer P S, Milewicz E. Learning to Question:Categories of Questioning Used by Preservice Teachers during Diagnostic Mathematics Interviews[J]. Journal of Mathematics Teacher Education, 2002,5:293 - 315.

3. 关于教学论的知识

教学论的知识域与前两个知识域相比,要小很多。在林老师看来,教学论指的更多的是教学策略和方法的东西,即"就是教学方法,哪些教学是有效的,怎么能让这个教学有效"。林老师认为自己对教学论关注得不够,原因是其更多的是"理论上的"东西,"实践应用性"和"操作性"相对缺乏。同时也认为教学论的相关书籍中对于自己"体验深的东西"和课堂教学"共性比较多的东西"早有论述了。它有助于备课和指导实践教学。而从语义图上看,这个知识域除了在教学设计语义网络中的"教学策略"中有所体现之外,其他并无太多联系,或者是以一种隐性的方式使用着,而自己却没有觉察它应该归属于教学论的范畴。与学科知识以及关于学生的知识相比,该知识域并不在林老师的教学知识结构中扮演更重要的角色。

在这张图中,另外一个非常显著的知识域就是例子。但是它又不是一个独立的知识域,它内含于学科知识当中,而且与关于学生的知识关联甚多,还与问题设置紧密联系。这是林老师非常独特的知识域。在访谈的过程中,为了说清楚学科知识对教学的重要性,林老师举了很多课堂教学中使用过或者没使用的例子,这些例子的表述十分有趣而顺畅,这说明这些例子就是直接储存于林老师的脑海之中而可以随时调用的,而不是临时编制或创设的。这也提示了学科教学知识可能存在一种方式,就是组织好的例子以及基于这些例子的问题和活动设计。

(三) 应用形态的教学知识

为了捕获更多的相关知识,研究者试图从另外一个角度展开访谈。先前是让教师回顾自己认为哪些知识是教好一个内容所需要的,接下来研究者从教学设计、教学实施以及教学反思三个方面着手进行访谈。主要关注的三个问题:(1)教师备课的过程是什么样的? 具体步骤有哪些? (2)教师是如何实施这个教学设计的? 会有哪些问题需要注意? (3)教师如何进行教学反思? 反思哪些方面?

通过以上三个主题的访谈和追问,分别获得教学设计、教学反思和课堂教学三个知识网络。其目的是捕捉学科知识、关于学生的知识以及教学论知识是如何在教学工作中被使用的,从教学工作应用的角度来再次印证捕捉到的教学知识域。

在这个访谈中,展示出来一些新的局域网络,如:个人特点、好的例子、师生交流、表述上的夸大、好问题、教师上公开课等。

1. 例子和设问

例子和设问是构成一堂课的两个最基本的要素，通过两者配合达成目标，按林老师的话"在整个备课中，最重要的是用什么例子来说明，设问和举例，要是把这两个的关系搞好了，可以达成目标"。两者的关系，一方面设问必须基于例子而无法改变例子，"所有的设问都是基于例子，只不过我可以用这个例子来做各种不同的设问，但是设问是没法改变例子的啊"。而设问对例子的作用表现在为了完善某个好的设问而去寻找新的例子作为支持，林老师谈到两者之间的关系时说："除非是这样，比如说我觉得这个例子挺好的，有一些问题设计，挺满意的，但是发现这个设问光有这个例子是不够的，可能需要再寻找一些例子，让这个设问更完善、更好。"在这里不妨这样比喻，例子与设问的关系好像是岛屿和航线的关系。例子是自然存在的岛屿，而设问则是连接岛屿的航线。为了使航线成立，必须有相应的岛屿作为中继站，同时为了开通新的航线，也会促使探索者去寻找新的岛屿。

为了完善设问而寻求例子的情况多发生在教师上公开课的时候，见"教师上公开课"局域网络。这时教师为了使得自己的教学逻辑更严谨往往会花大力气寻找材料和从材料中挖掘。但是"如果真的觉得设问不完善，需要再找一个例子的时候，是挺困难的，因为例子很少"。好的例子好像是教师航海图上的宝岛，尤为珍贵。

例子的具体形态是指一个现象、一段知识的发现史、一个经典实验、一个二手材料分析素材等，打比方则可以理解为一种间接举例的方法，甚至也可以归入例子中，也可以基于比喻进行设问。

在整个语义网络中，例子和设问不仅是教学设计、课堂教学以及教学反思三个应用形态知识局域网络的交叉点，而且也联系着"学科知识"和"与学生相关的知识"网络，此外还有"好的例子"以及"好问题"两个局域网络作为说明。可见，例子和设问是联系所有网络的关键节点，也是各种教学知识的连接纽带。在这里，各种知识开始连接在一起，成为应用形态的教学知识，并且直接连接教师的一些教学方法和策略。比如列举学生感兴趣的例子、用现场临时想到的例子回应学生的问题或者疑惑（林老师说"学生问题激发的例子往往效果是最好的"）、利用好问题来引发学生思考。总之，举例和设问成为林老师组织课堂以及调整学生状态的两个最基本动作，而在什么情况下、如何举例和设问又与当时课堂情境息息相关，涉及多种策略。

在"光合速率的影响因素"这堂课上，研究发现有些问题并不是基于例子，而是基于学生已有的知识。林老师提出的问题是："光合速率嘛(速率两个字读得很重),速率肯定是一个物理量,速率这个物理量与什么有关系呢?"这个设问就没有基于一个例子,而只是利用学生已有的物理知识来引出时间这个要素。接下来的设问是："我怎么测光合速率,我怎么看它进行光合,光合作用总反应式就是(略微停顿),二氧化碳与水,生成糖,氧气,用糖这字合不合适?"显然这个问题也是基于学生已有的关于光合作用的反应物和生成物的知识,也不是基于一个具体的例子。当然在这个设问的过程中,林老师假设了一种问题情境,即"如果我要测一块麦田里小麦的光合速率的话"。课堂上这些设问所基于的例子并没有展现出来,这让我们反思是否所有的问题都必须要基于例子,我们需要理清林老师所说的"例子"和"设问"到底是什么含义。

例子不仅可以作为一个问题设置的情境,同时也可以扩展学生相应的认识和体验,而这些体验又与其概念建构密切相关。例子是一个现象,一个事实,一个故事,它为问题提供了一个可以依托的情境。在生物教学中,设问则是从生物学的角度去寻求现象、事实、故事背后内在的联系和道理。这种情境有的时候是信息丰富的真实生活情境,有的时候则是抽提出来的假设情境。真实的情境不仅可以设置问题,而且还可以拓展学生的认识和体验。而假设的情境,则多是为了提出问题。在这堂课上,林老师首先讲了袁隆平杂交水稻育种的贡献,水稻亩产比过去提高了很多。又回顾了自己上小学做应用题时,题干中提到的小麦亩产,当时"小麦的亩产一百斤、二百斤,而现在的小麦的亩产五六百斤,七八百斤"。另外举了不同作物光合速率不同的例子,比如"杨树和苔藓的光合速率就不一样,杨树要高一些。这些事实和故事已经为研究光合速率提供了一个情境,也就是不同作物的光合速率不同,那么如何比较谁高谁低,需要测量植物光合的快慢。这就是这节课这两个问题所基于的'例子'"。

从中我们可以看到,例子表现为一些现象或事实,但是它们并不是简单的堆砌,而是围绕着某个概念精心组织的,贴近现实生活的。比如林老师以上所举的所有例子,都与光合作用速率有关,而且落在内因和外因两个方面上,这有助于学生构建一个整体的概念:植物的光合作用速率一方面取决于自身,另一方面取决于外部环境条件。而这个观点统领着整个课堂。例子的作用不仅限于提供了问题情境,同时也有连接科学概念和学生已有知识和经验的作用,它们成了学生学习科学概念的"阶梯"。而教师精心设计和组织的问题串则可以引导学生思维和探究,进而利用"阶梯"建构科学概念。加里茨(Garritz)的一项研究表明,设置问题是一些经验型教师促进学生进行探究的一种主要方式①。一节课除了例子和设问之外,有时也会包括一些激发学生兴趣的小活动,比如"在讲到神经的时候,讲到反射的时候,有可能给学生举一些例子,人体的一些小实验一般会让学生很感兴趣,比如盲点的实验啊,或者是判断人左右眼的对称性的实验,等等"。

2. 表述上的夸大——对例子再加工

例子的另外一个作用就是吸引学生的兴趣和注意力,激发学生的好奇心,"让学生感受到一种冲突"。在这方面,林老师有一个很独特的做法,即对例子进行"表述上的夸大",从而给学生更强烈的刺激。因为"相同内容不同表述影响学生感受"。所谓"表述上的夸大"来自教师对"日常生活平常现象蕴含的奇怪之处的体会"。下面是林老师自己对它的描述:

我觉得这种形式的改变就是一种表述上的夸大,并不是事实上的夸大,事实就是这样的,学生没有注意到的这种奇怪,我把这种奇怪放大了,学生确实觉得奇怪。

这种"表述上的夸大"是作为对例子的一种处理而存在的,并且有着广泛的实例。如图 5-2 所示:

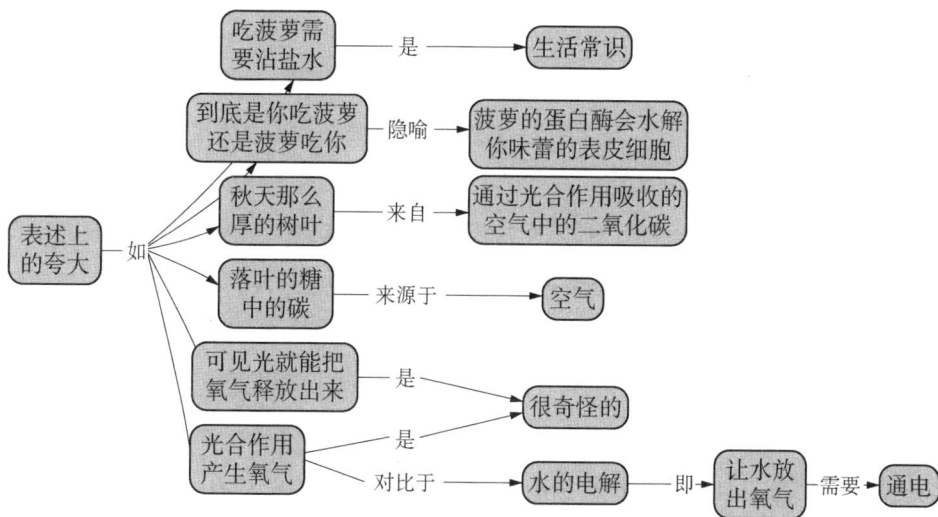

图 5-2 林老师"表述上的夸大"语义图

① Garritz A, et al. , Pedagogical Content Knowledge of Inquiry: An Instrument to Document it and its Application to High School Science Teachers [R]. Philadelphia, PA: NARST Annual International Conference, 2010.

而它的基础则是对学科知识的深入理解,进而对现象也会有自己的理解,最后产生"这种感受(奇怪)"。而这些独特的感受又是课堂"师生交流"非常重要的一个方面。林老师会把自己的体验传递给学生,"引起学生共鸣",有助于"集中学生注意力"。而且林老师认为"很多现象都是可以挖掘出这种形式的"。

当问到什么样的例子才算"好的例子"时,林老师给出如图5-3所示的特征:

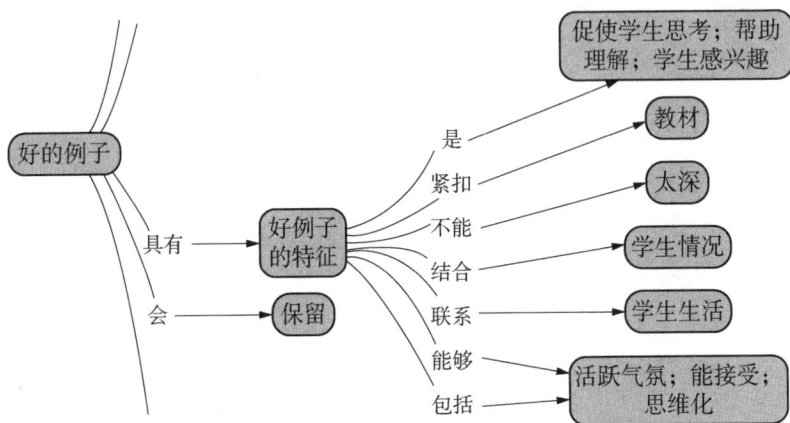

图5-3 林老师"好的例子"语义图

这里在词语上有重复的意思表述,图5-3删减了完全相同的词,而意思相近的词语则被保留。这些特点可以概括为:学生感兴趣、帮助理解、促使思考(比如引起冲突)、不能太深(结合学生情况、能接受)、联系学生生活、活跃气氛等。从这么多的限制条件可以看出,林老师对于例子的选择是非常讲究的,这也从侧面反映了例子在其教学工作中的重要性。由于多年的教学经验,他也积累了很多例子,以至于在课堂教学中使用的例子更多的是"当时想到的例子"或者是"学生问题激发的例子"。在他看来,"如只用预先想到的例子会僵硬",而且"上课临时想到的例子效果更好",原因是"根据情境想到的例子是最需要的"。我们可以看到例子的使用效果具有情境性,与当时学生的问题和状态等息息相关。为了应对这种状况,林老师的做法常常是"准备了多个,但只用上了一两个,其他的都是临时想到的"。也因此,林老师脑海里潜藏了很多现成的例子,而且在看书的过程中也会偶然发现好的例子,然后在课堂上就被激发出来用上了,并针对课堂效果进行取舍或改造。这些存在于教师脑海里的例子有的时候是来源于目的的寻求,有的时候则是来源于平时的积累和偶然的发现,然后经过选择、呈现、试用、改造、取舍等。这一过程展示教师是如何将特定概念的教学与例子和设问连接起来的,同时这也是构建后面PCK例子进化模型的原型。

情境学习理论认为,知识是在个体与情境的交互过程中产生的。而从神经科学的角度来看,学习的本质是在特定的情境交互中形成相适应的神经网络。林老师正是基于原有的学科知识网络,通过在课堂教学情境中的不断尝试来建立能够应对课堂教学的PCK网络。这个网络使得某个概念与"好的例子"和"好问题"相联系,同时也储备着应对学生课堂提问的备用例子。而例子和问题的组织和利用则源于教师对学生学习困难和需求的了解和感知。学科知识网络以及经验则帮助着教师更为敏锐地了解学生的状态以及"听懂学生的问题"。

3. 师生交流——知识和情感体验的双重交流

在课堂教学中,师生交流也是不可或缺的一部分,它是师生情感体验的交流。对于教师是一些个人真实情感的流露,也有助于拉近师生的距离。此外这种交流还有很多教学上的作用,比如调整课堂状态、维持注意力、加深记忆等。"师生交流"的语义网络如图5-4所示:

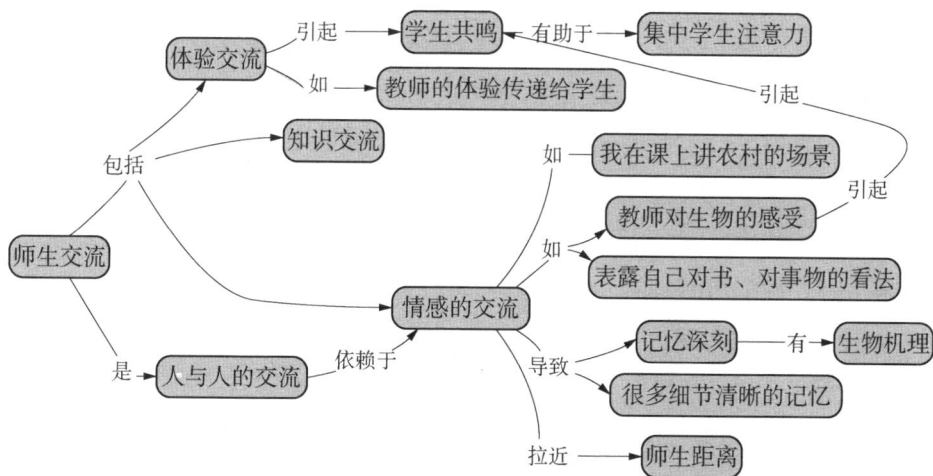

图5-4 林老师"师生交流"语义图

师生交流不仅包含了知识交流,还包含了体验交流和情感交流。比如林老师会把自己对大自然以及生物界的体验传递给学生,在形式上可以表现为"表述上的夸大",而这种体验的获得又与林老师对生物学的喜欢和对学科知识的深入理解分不开。课堂教学中师生之间的"情感交流"也是基于教师的亲身经历和当时课堂情境,这种交流可以起到拉近师生距离并且加深记忆的作用。从科学概念建构的角度,这种亲身经历的情感交流也可以扩展学生的体验,而这些体验又会与科学概念联系在一起,使得科学概念获得个体化的意义和经验支持,更容易接受和保留。

四、构建解释模型

(一) 建模目的

构建模型的主要目的是:

- 回答教学经验和反思在林老师学科教学知识发展过程中的作用。
- 解释学科教学知识发展的过程。
- 解释教学创新是如何产生的。

(二) 建模方法和过程

接下来将主要基于这个语义网络,建构一个简单的解释模型。根据图形中节点连接的多少以及实例的多少,选取关键节点作为模型的基本元素,同时也将视情况对某些节点进一步进行概括。备用的节点如下:

- 学科知识(类别、地位、功能、熟悉程度、来源和积累)。
- 关于学生的知识(学生差异、学生已有知识和经验、学生问题、学生兴趣)。
- 教师个性特质(教学信念、职业兴趣、学科信念)。
- 例子(类别、功能、加工、来源、取舍、好的例子的特征)。
- 设问(类别、来源、功能、问题设置、好问题的特征)。
- 教学设计(目标、例子、设问、组织)。
- 课堂教学(举例、设问、问题处理、教学方法)。
- 教学反思(例子、设问)。

从语义网络中选取最有代表性的节点,构成林老师的教学知识总图,如图 5-5 所示。

从整个语义网络图中,我们可以看到例子在各个子网络中出现频率是最高的。例子和设问是各个知识域连接的桥梁。如果说在教师专业发展的整个过程中,新教师的

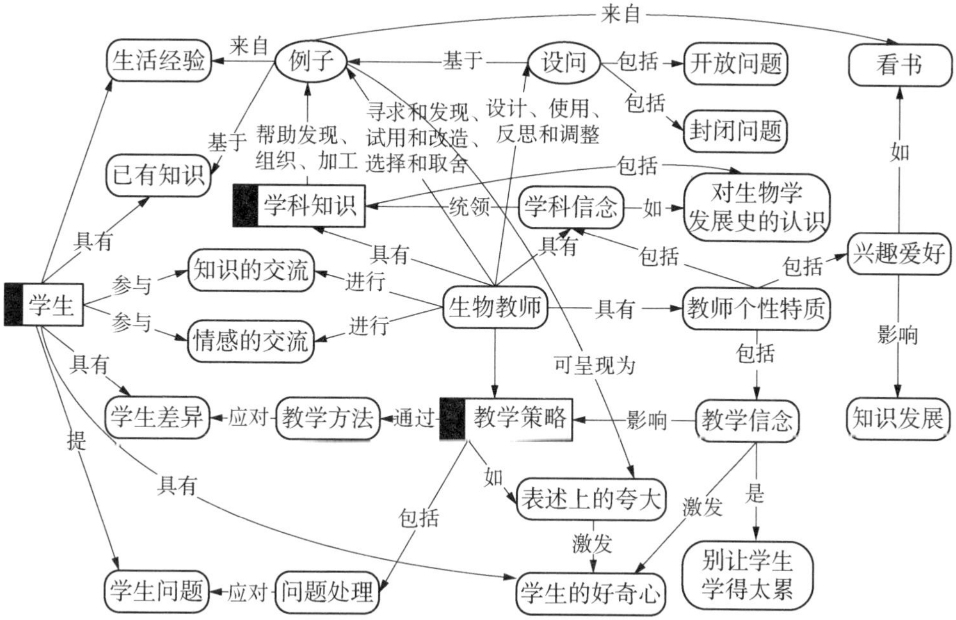

图5-5　林老师 PCK 访谈文本总的语义图

知识还表现为"混合物"的话,那么在这里,知识已经变成了"化合物",而这个"化合物"即是课堂教学所必需的也是最为重要的——例子和基于例子的设问。林老师的例子是多年积累和选择的,有很多例子是被淘汰的,比如利用纳米银这个例子来帮助理解细胞相对表面积与体积的关系。但也有很多好的例子得到了保留并且以一种"表述上的夸大"的形式存在和使用着。

对于例子来讲,教学设计的过程变成了例子的选择、加工和组织,并根据例子设计问题串,教学实施变成了举例和基于例子的设问或组织讨论,教学反思则成为检验例子和设问效果做出取舍的过程。

平行班的短时间的教学重复可以帮助获得学生更多的对例子以及问题的反应,进而帮助教师调整和"更细致地加工",短期重复是"更清晰的"和"直接的影响"。而长期重复,比如去年或者前年是如何教的则主要提供一个宏观的帮助,是"大的思路和点子,重要的例子,细节早忘了,只是一个大面",而且是"模糊的"。比如,林老师这样描述这两种不同的重复:

我觉得就备课来讲,首先我考虑去年怎么教的,去年我哪些地方反应得好一些,哪些地方不好,我肯定是有心得的,然后我把学生反应好的留下来,不好的修改。在做短期重复的时候,同样的,去年例子好,但是今年就不好,我新用的例子,也是第一次尝试使用,所以对教师当节课影响最大的是短期的重复,长期的重复是知识不断积累的,是宏观上的帮助。

对于学科教学知识,希里曾经给出了一个功能性定义,认为 PCK 是教师在从知识库中选择内容用于特定情境和特定的教学目的的行为。这种选择可以呈现出三种平常的形式。第一种是选择恰当的内容包含到教学计划中去。第二种是把内容设置到教学活动中去,它包含教师对于如何向学习者呈现内容所做的决策。第三种形式是指在教师与相同内容反复互动过程中,对内容的实施和精致。可见,长期重复主要帮助的是内容的选择和大体呈现,而短期重复则有助于内容的具体呈现和精致化。而这种长期重复少则 1 年,多则 3 年,短期重复一般不超过一周。如果用示意图来表述这两种不同的重复,如图 5-6 所示:

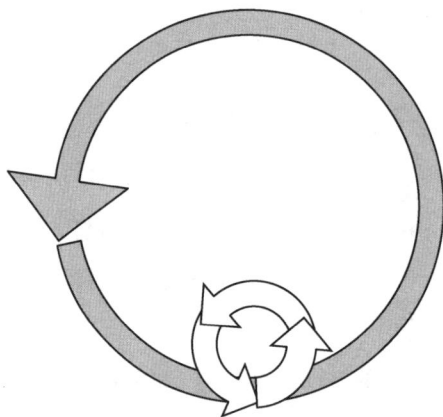

图 5-6　教学的短期重复和长期重复

在这两种不同的重复中,都会涉及例子的寻求和发现、试用和改造、选择和取舍等阶段。它可以较好地概括林老师的有关例子的知识和教学行为,也能从一个侧面反映学科教学知识的本质。因为例子必然是某一节课内容相关的,因此它必须与学科内容相关,另外它也是课堂教学的重要组成要素,与教学方法和教学行为紧密联系,此外它也必然要是学生能够体会得到和理解的。所以它不仅带有学科性,还带有教学法的特性,是学科与教学法的融合点。选择留下来的例子就是既服务于建构学科知识体系,又符合学生认知水平和学习规律的,而外部环境则是复杂的,比如它可以包括考试压力、课程改革、学生特点和当时状态、物理教学环境等。环境在不断变化,好的例子的标准也会改变。淘汰的例子并没有离开,而是暂存在教师的脑海里,当某个情境刺激就可能再次提取出来,成为一个不错的例子。所以选择实际上是一个例子集合以及基于这些例子的问题集合。而教师的学科教学知识就是在挖掘、加工以及反思例子和设问的过程中,不断将学科知识与关于学生的知识以及具体的教学策略和方法建立起联系,进而获得发展的,我们将这种发展模式命名为 PCK 例子进化发展模型(PCK Example Evolution Development Model,PCK-EEDM),下面对这个模型进行具体的描述。

(三)PCK 例子进化发展模型的描述

在课堂教学时间一定的情况下,因为每个例子都会占用一定的时间,所以例子在课堂教学中的使用存在竞争性。当一个例子教学效果较好时,它有更大的可能性会被讲这个内容时再次使用,而反复使用也会加深例子在教师头脑里的印象。例子来源于课堂教学观摩、看书以及对生活现象的挖掘和洞察。例子和设问的选择和加工不仅发生在教学设计的过程中,同时也发生在教师课堂教学效果的感受以及教学反思过程中,比如"伴性遗传"这个课例。

在这节课中,林老师展示了他对教学中遇到的问题的反思和解决过程。教学中遇到的问题是,在让学生设计实验证明果蝇的红眼白眼的遗传只能用伴性遗传解释而不能用孟德尔定律解释时,学生多数没有思路。于是林老师回顾了问题设置的前后逻辑关系,发现原来的教学中没有明确指引学生提出假设,所以使得问题的难度超出了大部分学生的能力范围。最后寻找到问题的根源在于给出这个问题之前没有适当地做好铺垫,比如提示学生意识到雄果蝇的两条性染色体形态是不同的,在 X 染色体上有的基因,在 Y 染色体上不一定存在其对应的基因座位,这样可以适当地降低问题的难度。

林老师所举的例子多是某些现象、事实或二手研究材料,除了需要满足内容相关、学生感兴趣等多个限制条件外,这些例子最后还要经过课堂教学实践的检验,只有学生反应好才会被保留。因此好例子具有稀缺性,新教师尤其如此,陈老师在听了林老师的课之后,在与研究者交流时也认为自己非常欠缺的就是经验型教师的那些好例子。好例子没有绝对的标准,而是依赖于特定的目标和教学情境,具有情境性。例子不仅对设问具有限制性,而且是一节课的重要节点,在很大程度上会影响一节课的教学组织。

在例子的寻求、发现、选择、呈现、加工、组织和取舍的过程中,教师会运用到各个知识域的知识,当两个知识域经常同时被考虑时就会建立更多的联系,逐渐形成更为整体的思维框架并应用在日常教学工作之中,比如教学设计和精致的过程。

在这个知识网络中,彼此之间的连接方式决定了每个知识域的角色地位。在林老师的知识网络中,学科知识是居于核心地位的。它的深和广的特点,使得其能够完成发现例子、挖掘例子、加工例子并且组织例子,最后依赖于课堂教学经验对其进行优胜劣汰,从而适应自己的教学工作。居于第二位的关于学生的知识,它使得举例和设问更加有的放矢,使得教学符合学情。学科知识就是在这种例子的反复寻求、使用和选择的过程中,完成了适应学生和达成目标的双重需要的。例子的寻求和发现需要学科知识广,而从现象中挖掘例子则需要学科知识深厚,需要教师透彻的理解。例子的设计加工和组织则离不开学科思想和方法的引领,可以是有条理的启发式讲授,也可以是跟随学生问题思路的思维探究。例子和设问在课堂教学中的灵活运用则需要深厚的学科知识来"听懂学生的问题、回答学生的问题和利用学生的问题"。

因此,以例子选择和再组织为主要特征的 PCK 例子进化发展模式主要有以下要点:

1. 胜任教学工作是推动例子进化的原始动力,这使得教师有需要去发现、挖掘、加工、使用和选择性保留例子。

2. 教学反思是加速学科教学知识发展的一种途径,它的作用主要体现在对例子进行判断和加工的环节,它会提供更多知识域连接和检验的机会,使得与特定内容教学相关的知识域得以连接和整合,教学思维框架得以形成。

3. 教学实践的作用则主要是为新连接、新设计提供检验的机会,但是如果教师没有新的教学尝试的话,它就不能提供更多的新信息,因此重复性的实践只能固化已有的联系而难以发展新的联系。

4. 学科概念体系为例子的进化提供了附着点,无论是现象、事实还是故事素材都需要依靠学科知识作为框架进行统领。此外,学科知识也是发现、挖掘和加工生活现象中的好例子的基础。

5. 例子成为多种教学相关知识的交汇点、融合点,是教师教学思维的产品,同时也是各个知识域的"化合物",好的例子具有符合目的性、符合教学情境、符合学科内容、符合学生、符合教学规律等特点。其中教学情境又可以包括课程中的位置、学习资源、物理环境、技术环境以及当时的课堂情境等。

可将以上要点概括为如图5-7所示:

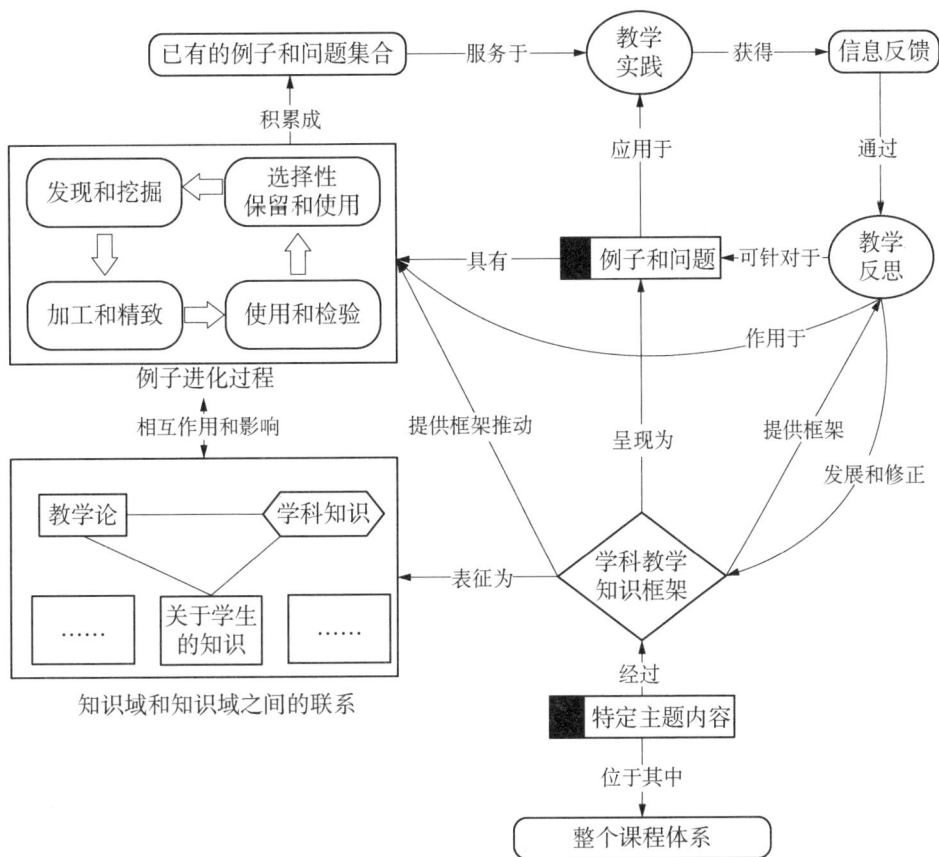

图5-7 基于林老师个案构建的PCK例子进化发展模型(PCK-EEDM)

该模型诠释了例子进化过程与教师PCK发展的动态联系以及教学实践与教学反思的重要作用。学科教学知识框架为例子和问题的挖掘、加工、筛选等提供了标准和原则,它是例子进化发展的支持性框架。而教师在例子发现、挖掘、加工、精致、使用和选择性保留的过程中,不仅会使用PCK框架,同时也可以通过实践反思获得的新信息来增加知识域之间新的联系或者修正和完善某个已有的联系。值得注意的是,在这个模型中学科知识扮演着重要的角色,它不仅是 PCK 框架重要的知识域,同时也是统领例子、问题等表征知识的骨架,特定主题内容中的核心概念是例子和问题所要围绕的中心。可见该模型能够较好地概括和解释林老师的"教学实践""教学反思""教学中例子和问题的组织和使用"在以学科知识为中心和统领的 PCK 知识域发展中的作用和各要素之间的紧密联系。

本模型只是根据林老师的情况构建的,不能一下子推到所有老师的情况,但是可以结合其他个案以及群体量化问卷对于教师学科教学知识发展给予一定的诠释。

五、模型检验和修正

利用课例访谈文本和课堂录音文本来检验和修正这个解释模型。

(一) 课例访谈文本的分析

课例访谈主要是笔者和访谈教师就某一节课的整个教学过程进行访谈。课例内容的选择由教师决定,这样教师可以选择更有把握的内容,从而呈现更多的教学思考。正式访谈前,研究者会和访谈教师简单回顾一下整个教学的过程。然后就这节课的备课、上课以及课后反思三个方面展开。在备课访谈时使用的半结构化的访谈提纲见附录三。

课例访谈数据分析的方法,也是先将课例访谈录音转录成文本,然后再按照完整的语义对文本进行切割和编码。之后再转成命题形式的文本,格式是:节点—连接词—节点。生成概念图并根据访谈时绘制的概念图进行简单调整。

接下来用先前制成的知识域图与调整后的概念图比较,看是否有新的知识域浮现出来,同时也看课例概念图在多大程度上可以用先前的知识域概念图进行解释。在比对的过程中,会结合当时的录音,联系前后语境以免造成误解。

通过比较两张图,知识域中的三个知识域得到了不同程度的验证,学科知识在课例分析中仍然占核心地位,它不仅包括教师对这节课内容的理解,同时也包括教师对这个知识发展史的理解,而这种理解会显著地影响林老师的教学决策。比如在教学素材的选择上,林老师说"如果我讲伴性遗传,我一定会选果蝇而不是色盲",然后他从不同的角度给出了一系列的原因,其中最主要的就是"伴性遗传的提出就是根据摩尔根的实验,我只会尽力克服它本身的障碍,而不会选择色盲"。可以看出知识发展史在教学决策中的重要地位,林老师会优先考虑知识的发展史,并根据这个发展史做出决策。此外他也从教学实践的角度否定了色盲这个素材,按林老师的话"如果用色盲的话,那么就要用家系,但是你不能像摩尔根那样拿一只果蝇想怎么设计交配组合都行,但是人是不可能的,它不真实"。

例子的选择则体现在多种性别决定方式上,林老师选择了很多有趣的例子来讲这个内容。此外还从性别,第一性比、第二性比、第三性比等内容出发,来达成价值观上的教育——"重男轻女的问题"。而伴性遗传是作为这节课的重点的,林老师选用的材料是摩尔根的果蝇实验,并且根据三个实验设置了三个问题。借助学生已有关于孟德尔定律的知识,逐渐深化问题。林老师在学案中给学生提供了摩尔根时代所知道的知识背景,这也是他考虑到科学史的重要方面。

在教学过程中,课堂的其他环节都很顺畅,只是第三个问题学生很少能自己独立设计出来。林老师就开始回顾可能的原因和解决的方案。他尝试着站在学生的角度逐步分析,最后想到是伴性遗传过早提出了,问题三前边应该有铺垫。但是设置铺垫的时候,他想到提示基因在性染色体上的不对称性,但是有两个材料,一个是人的,一个是果蝇的。但是果蝇的 X 染色体比 Y 染色体要小,学生不容易想到 X 染色体上有而 Y 染色体上没有。而人的性染色体 X 染色体大于 Y 染色体,容易让学生想到。所以要么用人的,要么用果蝇的,但是标出同源区段和非同源区段。在这个过程中,教师不仅要考虑学生的思维方式,同时也要考虑学科的内容,并最后选择和调整问题的难度以及调整的办法。关于学生的知识以及学科的知识就是在这种问题难度调整的过程中被综合考虑的。而当这种考虑经过教学检验之后就可以以一种相对稳定的问题串保留下来,作为以后的可选的应对方案。

在课例访谈中又浮现出一些新的知识域,比如关于"创造力的培养""重复课""科学史的使用"等方面的考虑,而有些则是对前面知识域的补充。其中科学史的使用可以是对于原有科学知识的扩展和应用化。创造力的培养则是关于目标的知识的一个重要方面,此外还有设定一节课具体目标的过程,它们是关于目标的知识的两个侧面。重复课对于教学的影响则进一步印证了例子的不断更换以及问题设置的反复加工过程。而且长期重复和短期重复对教学的影响也不同。

从两个概念图的比较来看,知识域概念图是与课例访谈的结果相符的,可以相互印证。而新浮现的一些知识则可以补充到原来的知识网络中。同时课例也展示了每个知识域在一节课中所扮演的角色和发挥的作用。

(二)课堂录音文本的分析

利用所有听课录音中的课例,对例子的特征以及例子在教学中的作用进行概括和总结。重点放在教学中例子的使用和设问上,从中我们会对学科教学知识有新的理解。

1. 例子与先前概念

科学概念需要已有知识和经验的支持,本质上是神经网络的再组织。在"吃菠萝为什么要沾盐水"的例子(见图 5 - 13 林老师所举的"吃菠萝"和"白内障"的两个例子)中,学生是具有生活感受的,也知道酶的作用,但就是没有建立这样的联系,这个联系的建立使得新引入的科学概念获得支撑。

好的例子是教师精心选择和提炼了的经验。概念需要例子的支持,如果没有足够的支持,它就不容易被个体接受和理解。而这种支持性的例子是学生在生活中获得的各种各样的体验和记忆,以及学生已有的知识和认识。这些知识和经验已经在大脑中以某种神经元联系的形式存在着,建立新的联系意味着在原有的网络中进行改造(而不是完全意义上的重构[①]),把本来并没有联系的各种经验用一个概念或者理论联系起来,使得现象和经验得到解释,而所谓的解释无非就是并行语义链条或者神经通路。神经生物学上,某个新神经元产生后,只有与其他神经元建立联系,建立更多的联系,才能容易保存下来,并发挥作用,否则将被"修剪"。这个给我们的启示是,教学必须要激活学生原有的经验和知识,也就是激活原有的相关通路,然后再帮助其建立新的连接,进而学习新的概念,这个概念要有名有实,有名就是要有对应的术语名词,有实则是要与已有的网络联系起来,并成为其中的一部分。而有实是本质的,更为重要。有

---

① Laura-Ann Petitto L-A, Dunbar K. New Findings from Educational Neuroscience on Bilingual Brains, Scientific Brains, and the Educated Mind, In press: K. Fischer & T. Katzir (Eds.), Building Usable Knowledge in Mind, Brain, & Education. Cambridge University Press. 转引自:韦钰. 有关科学概念学习,神经科学研究告诉我们什么(1)[EB/OL]. (2008 - 7 - 16). http://blog. handsbrain. com/weiyu/entry/392772.

名则可以言说和交流等。新的概念会使得原有的现象得到更好的解释、连接和理解。

2. 例子与错误概念

错误概念通常是在个体感知不全或者逻辑不严谨的情况下产生的。通常学生也有他的例证支持,只不过这种支持是表面的,而不是实质的。

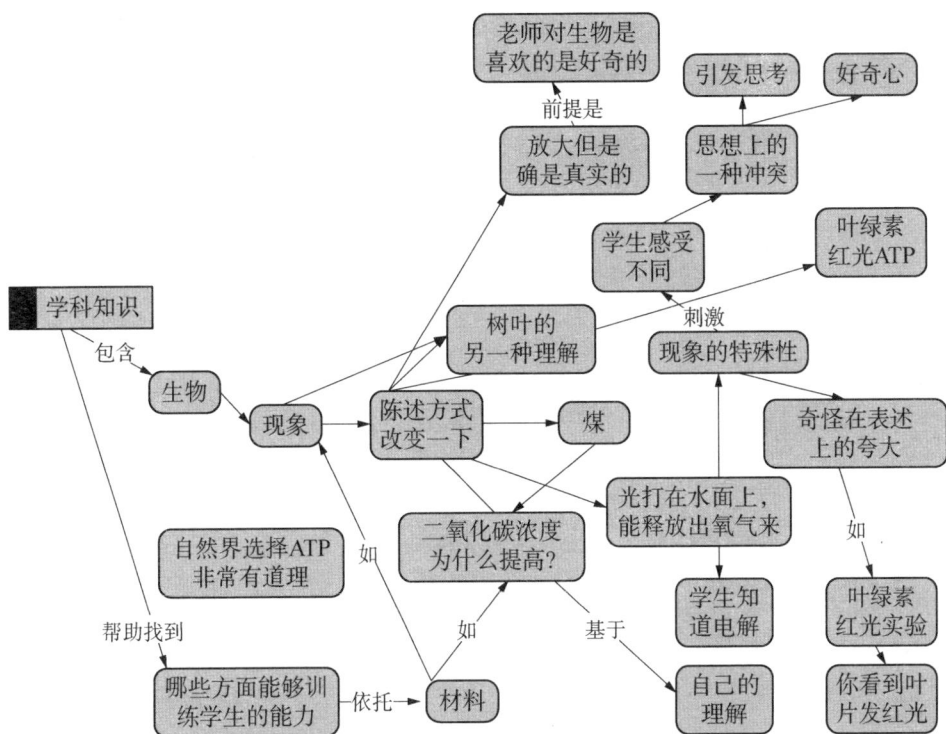

图5-8　林老师学科知识概念图的一部分(据其所举的例子)

错误概念如果存在,由于它的存在会阻碍正确连接的形成,进而影响科学概念的获得。教师需要暴露学生这些概念,找到支撑它的原有经验,并帮助其发现其中的错误之处,通常依靠补充新的观察视角、事实或实验等,研究者们称之为差异事件(discrepant event)。如图5-9所示。

图5-9中小圈表示学生观察到的事实1,于是得出了关系B,但是关系B并不适应所有实例,它是不全面的,是学生在较小的观察范围内以及较表面的认识下产生的。教师如果发现它的支持性事实后,就可以想办法扩展学生的观察范围并加强推理的严密度,这样就可以帮助学生认识到原有认识的错误或不足之处,从而纠正和建立正确

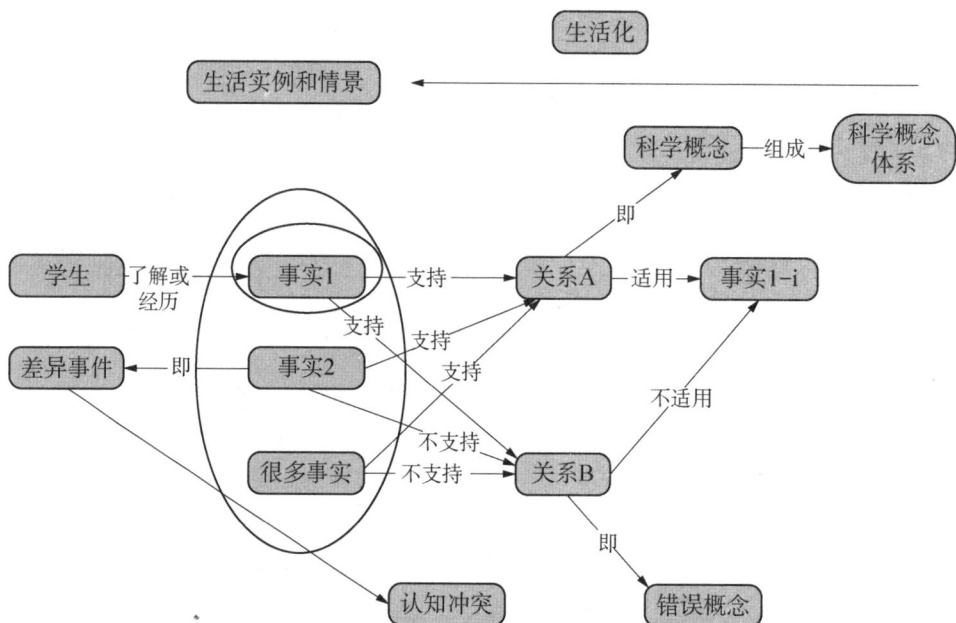

图 5-9 从事实和概念的关系中分析林老师的举例特点

的概念。教师扩展学生体验范围是非常重要的一步,体验和感知是建立概念的基础(在易老师的课例中也有明确的体现)。林老师采用的方法一般可以通过提供更多的事实材料,或者讲述自己的经历,再或者让学生亲自参与动手活动或实验活动。但在课堂教学中,这些体验应该是紧密围绕核心概念展开的,并最后与概念联系起来,教师要使学生注意到这种新的联系。如果没有这样的联系的环节,往往也不能达到很好的效果。

当这些体验被激活之后,接下来就是建立连接的过程。要选择性地把活动中的现象与概念联系起来,提问就是刺激学生建立联系的过程,例子是扩展体验和提供情境的。提问的作用在于指示学生关注点,比如把新的关注点引入视野或把关注范围缩小到某个联系上,从而降低连接的难度,使得学生更容易找到稳定的实质联系并解决问题。学生解决问题和思考的过程,就是尝试连接通路和判断通路的过程。

为什么选择的例子要基于学生的生活?原因是连接的建立更倾向于联系的,而不是孤立的。这也是有经验的老师经常使用基于真实生活情境的问题情境的原因,因为真实生活情境中学生有更多的知识和体验。此外,有经验的教师还喜欢下课前做一下

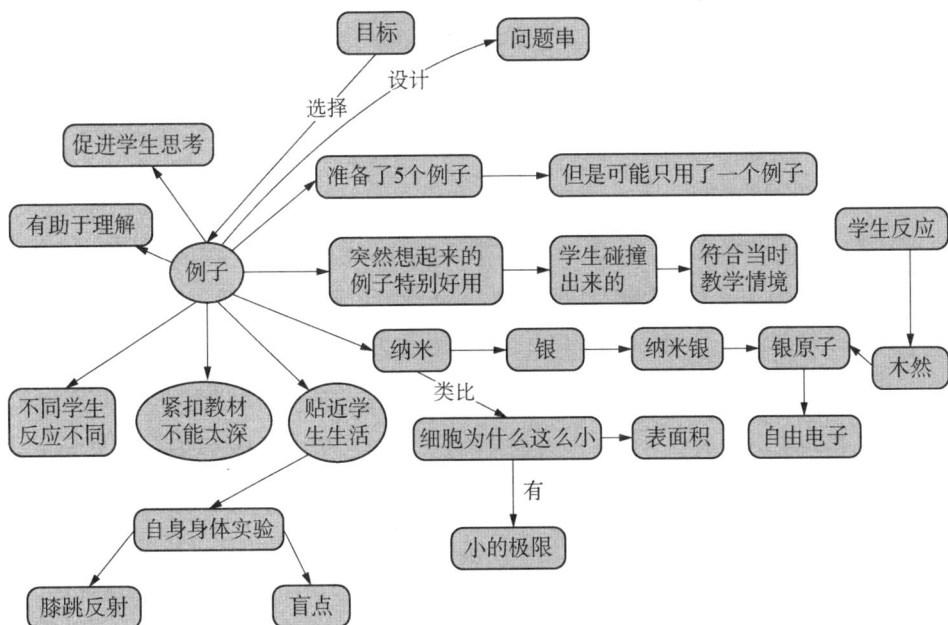

图 5-10　林老师围绕例子建构的语义图

课堂小结,目的是给学生一个连接的网络,而不是分散的知识点,如后文将要描述的易老师就是如此。

3. 好例子稀缺的原因

好例子之所以稀缺,源于对例子苛刻的要求:学科性(与某些概念或理论紧密联系和相关的)、学生化(与学生体验紧密联系)、联系性(与教学前后的内容紧密联系)、课堂教学情境性(适应课堂教学条件和情景)、认知性(引发冲突或者是好奇)、问题性(从例子中可以产生好问题)、目的性(由于目的的不同,同样一个例子,教师强调的角度是不同的)、个人特质性(与教师的某些兴趣和已有知识相关,比如有的教师喜欢汽车,而其具有工程的学科背景,他可能更多地会从制造和技术领域选取例子)。只有满足这样的诸多的条件,例子才能最佳地适应特定教师的教学,才会被教师认为是好例子。

4. 例子的获得及其作用

对于林老师来讲,例子的来源是"很散的"。这种分散体现在两个方面,一方面是与某个科学概念相关的例子是分散的,它可以来自不同的领域也可以发生在不同的时间地点。另一方面,教师对例子的发现和收集在时间上也是分散的,而且方式不一。通常只有在要教某个内容前才会有意识地收集和加工相关的例子,而其他时间则是偶然发现的,敏感的老师会发现并保留这样的例子。优秀的老师则尤其善于发现生活中的这些例子,并且恰当地加以运用,相比较而言他们更为敏感。

随着教学经验的不断增加,教师会在某些内容上积累一些相关的例子。这些例子有的用来支持某些概念,有的则用来反驳学生的错误观点,还有的则引发学生思考和提问。例子的另外一个作用就是应对学生的问题。而这样的由学生激发的例子则具有了高度的情景适应性,所以也是林老师觉得效果最好的例子。

例子与差异事件很相似,但是又不等同。例子可以是没有引发学生认知冲突的,而只是帮助巩固或强调了学生已有的某种经验,并将其提升为概念,与学生经验不矛盾。而差异事件则一定能够引发学生的认知冲突,对学生已有经验来说是个新经验。这样的例子能够引起学生的好奇和认知冲突,是极为需要的。因为只有这样的例子才能在本质上帮助学生改善其内部网络。林老师的“表述上的夸大”让学生感觉到“奇怪”,也正是后一种例子(差异事件)运用的结果。

例子对于概念的作用表现为三种形式:支持、反对、无关。比如在建立联系之前,学生的经验可能就是与概念无关的,当然也可能是支持或反对的。而之所以有无关的例子,一方面是因为每个知识的适用范围具有局限性造成的,每种知识都有一定的使用范围,超出了范围则不再适用,也就是知识具有局域性。另一方面是因为学生认识和经验范围的局限性造成的,使其并没有认识到某种联系的存在或者只感受到了局部而非整体。

知识的局域性特点在生物学知识上体现得尤为突出,因此生物学有很多的例外。比如酶多数是蛋白质,但有少数是 RNA 等。生命多数是由细胞构成的,但是也有例外,比如病毒就没有细胞结构。而物理学的某个概念和理论的实用性就要相对广得多,而例外的少。

那么好的例子以及教学究竟是如何生成的?哪些可能会成为教师教好某个内容的障碍?首先是例子的发现、获得、加工和使用需要一个积累的时间。但是并不是每个例子都适合内容、适合学生以及适合自己,所以需要一个优选的过程。这个过程就是完成素材的积累,接下来就是如何使用这个素材。这需要以确定教学目标为前提,因为目标的不同使用例子的方法和角度也不同,所以教师会发展自己关于目标的知识,也就是什么是一堂好课,这节课的内容究竟适合达成什么样的目标,如何达成。再接下来就是考虑达成的结果如何,如何调整,以及对自己的目标和策略进行价值性反思。林老师的各个知识域之间的相互影响关系如图5-11所示,其中八个知识域的含义已经介绍给林老师,然后林老师对于它们的关系进行了联系,其中箭头表示的是"影响"。

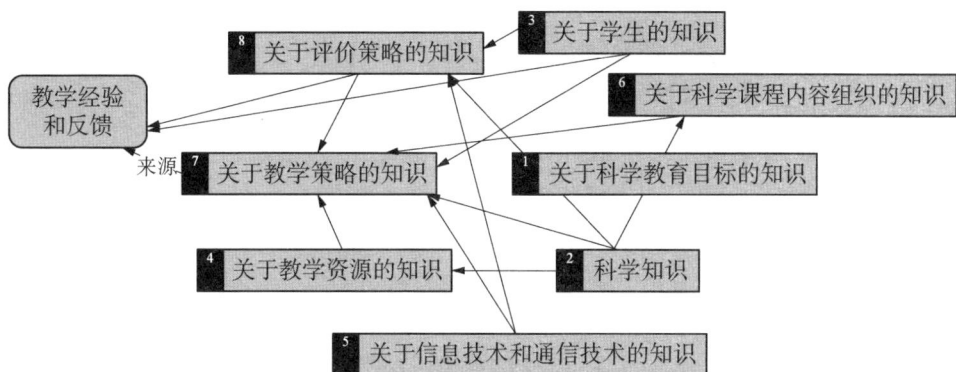

图5-11 林老师对知识域之间的相互影响关系的连线

关于科学教育目标的知识是居于中央的,而且它会影响到所有的其他知识域同时也会受到其他知识的影响(连线省略了)。接下来就是科学知识,它的地位仅次于目标,而且影响着评价、教学策略、教学资源的选取以及课程内容组织的知识,是其中影响第二广泛的知识域。第三个就是关于学生的知识,它发出三个箭头分别会影响关于评价策略的知识、关于教学策略的知识以及教学经验和反馈。关于信息技术和通信技术的知识则也会影响评价策略的知识以及教学策略的知识。其中受其他知识域影响最多的则是关于教学策略的知识。而关于学生的知识、关于评价策略的知识以及关于教学策略的知识则都是主要来自教学经验和反馈。

(三) 教学知识发展的历程

在回顾个人知识发展历程的过程中,林老师回顾了自己教学知识的发展顺序。林老师曾在市里带过竞赛,并曾在参加市区教研活动时给区里生物学教师做过不同专题的备课交流。他曾经参与过研究生课程班进行进修,此外他还参与过会考和高考命题工作。就他本人回忆,这些工作对于他自身的专业发展很有影响,比如BSCS教材分析对与他的教学策略相关的知识影响很大。

其中学科知识是在入职前就有储备的,林老师的本科专业是生物科学。并且在教学工作需要的情况下又有进一步的学习,特别是生物化学这一分支就是在带竞赛的过程中发展的。而关于信息技术的知识则源于自己的喜好,同时也是在参与某软件公司的课件动画制作工作时熟悉的。另外一个相对较早储备的就是关于学生的知识。接下来发展的就是关于教学资源的知识以及关于教学策略的知识。然后才是关于科学教育目标的知识,接下来是评价,最后是关于科学课程内容组织的知识。而关于策略以及科学教育目标和科学课程知识主要是在市教研活动中获得的。另外关于教学策略的知识源自两年的研究生课程班以及做 BSCS 教材分析的经历。

可以用一张图来表示这个发展过程,如图 5 - 12 所示:

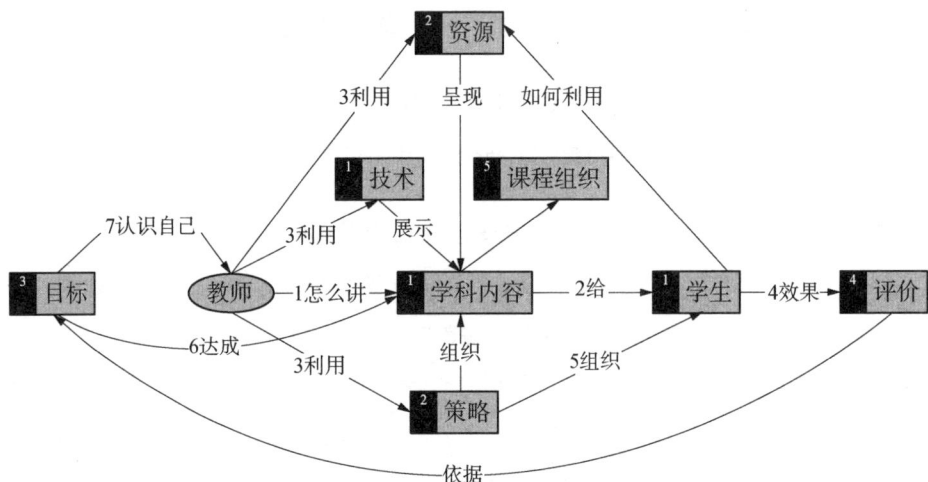

图 5 - 12 林老师知识域发展的先后顺序

图中节点的标号表示的是林老师认为这部分知识获得的先后顺序,而整个展开就是教师一步一步扩展自己知识的大体过程。从这张图上我们可以看到林老师在不同阶段所关注的视角和范围的扩大。首先关注的是如何讲内容给学生,如何利用技术展示。其次是如何利用策略和资源围绕内容组织教学活动。再接下来才开始关注到目标设定的问题,开始思考这个内容该用来达成什么样的目标,而不是简单为讲内容而讲内容。而紧随其后的就是我这节课是否达成了我设定的目标,也就是评价的知识。至于课程组织的知识则是最后涉及的,主要是在教研活动中的集体备课以及教师培训中开始思考。其原因也在于这部分工作都是由课程设计者以及教材编写者完成的,相对离一线教学较远。至于知识之间的联系则在学科知识中就已经有所体现了,所以对于课程知识域的关注落到了最后。

不同教师知识结构和发展顺序不一定相同,而且这种发展受到环境以及教师个人知识背景以及工作经历的影响(也可参见其他老师的知识发展回顾)。但是从中我们可以看到教师发展的一个模糊的轮廓。而这样的知识体系也正是教师能够在教学实践的不断尝试、检验、反思中发展的。也许每个老师的连接的先后顺序和方式各不相同,但正是在教学实践环境的考验下,知识由分散孤立走向了联系协调,进而成为一个整体。学科知识不再是孤立的学科知识,而是在教学实践中实现了与其他知识的联系。

六、案例小结

(一)生物学科知识的特性

生物学科除了具有例外性之外,还具有很多其他的特性,比如更快的发展性、学科交叉性、非线性、更贴近生活等。如果从网络链接上看,它的链接更为复杂,层次更多,局域性强,统一的形式理论相对缺乏,某些领域还是停留在描述的水平。另外它是一门实证性很强的科学,具有系统的学科体系和学科方法。生物学科的教学法则要适应学科知识的这些特点。

学科知识的类别和差异,通常人们把科学知识划分为事实、概念、规律、模型、理论等几个层次。但是这种分法是按照学科知识的层级结构来分的,目的是说明不同层次知识之间的关系。教学的目的无外乎促进学生知识的发展或者说知识网络的扩展以及相应能力和情感、态度、价值观的培养,而后两者是以知识网络为载体的。

最近发展区提供了一种可能的图示,但是这个图示并不具体。隐性知识理论认为显性知识只是人类知识冰山上的一角,而这一角的存在是以非常多的隐性知识和经验作为基础的。教师可能表现为对学生认知状况的高度敏感,而教师如何觉察到学生的认知状态的,则涉及很多隐性的、经验的知识。此外,如何表述以及组织教学则又涉及很多教学基本技能,技能本身以及技能的灵活运用蕴含了很多隐性知识,而这些知识是教学理论以及其他显性知识转化为教学组织行为的必然中介。

缄默知识主要来源于个体对外部世界的判断和感知,源于经验。缄默知识是自足的,显性知识必须依赖缄默知识而进行隐性的理解和应用。为了让学生建立显性的概念知识,首先要帮助学生拓展他的感性认识,或者为其体验创造条件。而拓展的过程又必须依赖于学生原有的知识和能力水平,是逐步的、阶梯式的、自然的扩展过程。

教师对学生感性经验以及认识的拓展,通常就是通过例子来完成的。比如图5-13的例子:

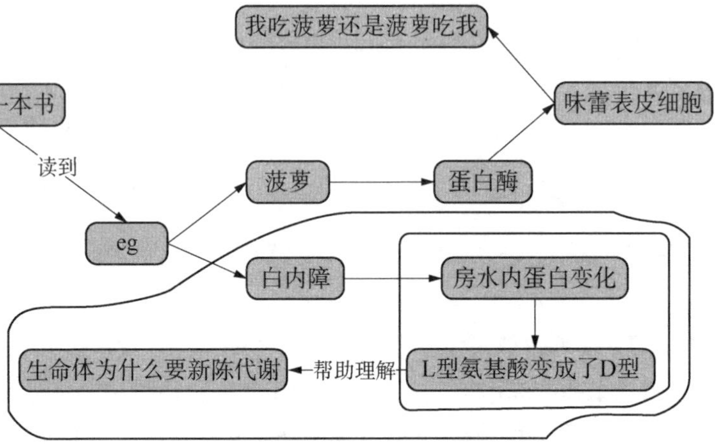

图5-13 林老师所举的"吃菠萝"和"白内障"的两个例子

吃菠萝要沾盐水否则麻舌头,这是学生已有知识或体验,属于已有的连接。但经过教师的举例和解释,这个现象和酶的知识联系起来了。吃菠萝麻舌头,是因为菠萝细胞里的蛋白酶水解味蕾表皮细胞,这样就建立了一个学生既有经验和新概念之间的新连接:吃菠萝——菠萝细胞释放酶——酶水解味蕾表皮细胞——麻舌头,使得孤立的现象获得了意义。也就是教师帮助学生在某些已有连接上,植入了新的有意义的连接,使得其形成一个更有意义的网络。这个支路可以紧密地与已有连接联系在一起,并且起到解释和预测的作用。

这个例子的好处在于它形象而完整地支持了酶的概念(活细胞产生,催化作用,有机物),而且联系学生生活经验、激发学生兴趣。其实关于酶还有很多其他例子,比如说发酵、加酶洗衣粉等。为什么选择这个呢,这个例子好在哪儿? 无非是学生的直接体验,而且还有对概念信息包含的完整性,另外就是新奇性,这个是学生以前没注意到的或者不理解的。另外教师的表述上的夸大处理"到底是我吃菠萝,还是菠萝吃我啊"更增加了这种新奇性,新奇性能吸引兴趣和注意力,能活跃思维,这为学习新的概念提供了良好的思维状态。而这个例子的来源是看书,但是在教学中的使用则是讲到酶这个概念时自然引发的。与机械重复相反,有趣意味着它对于学生是一种未知的、新奇的体验或理解。

概念即联系,是事物的本质属性或过程中的相对稳定的联系。而人的经验既包含着偶然的不稳定性的联系,又包含着必然的稳定性的联系。概念的作用就是揭示经验中这些相对稳定的联系,使人的破碎化的经验获得理解,并且能够应对新情境下的问题。

(二) 从零散的例子看学科教学知识

学科教学知识在不同语境有不同的含义,一种含义是教师在教学中起着关键作用的实践知识,它是具有高度的情景化和个人化的,因此相对难以传播和再次生效。因为在其后面还有很多隐性的知识、情感、技能和情景,脱离了这些,这种知识就失去了相应教学行为的依托和其相适应的情景。因此借鉴使用经验型教师的例子固然有一定的帮助,但从中获得相应教学思考框架和启发并发展出符合自己的例子和教学设计更为重要。为此,研究者们试图从经验型教师的学科教学知识中抽取共性的东西进行分析,试图从中获得教师教育的养分。这就是另外语境下的学科教学知识,它是研究者根据特定目的抽提出来对于教师学习教学有帮助的知识,这是研究者所关注的学科教学知识。

实践形态的PCK是以课例、例子、设问等形式存在的。如果概念是构成知识的细胞的话,那么学科教学知识的最小单元应该是与概念相关的教学知识,具体可表现为与特定概念相关的例子、问题、比喻、活动设计等,它们是构成课堂教学的最基本要素。其中概念来自学科知识网络,好的例子则要与学生生活经验贴近,课堂教学中的问题则是连接两者的纽带,同时也引领着学生思维和知识建构的方向。学科教学知识的作用就在于帮助教师设计教学活动,利用问题将学生的知识和体验与概念联系在一起,进而建立科学概念网络,而这种活动所发生的环境就是我们的教室、学校、社区和社会。

因此学科教学知识在上课前它表现为一种预设,一种思维对话[①],在上课中则表

---

① McCutcheon G. How do Elementary School Teachers Plan? The Nature of Planing and Influences on it [J]. The Elementary School Journal, 1980,81:4-23. 转引自:徐碧美.追求卓越——教师专业发展案例研究[M].陈静,李忠如,译.北京:人民教育出版社,2003:30.

现为一种技艺,在课后则表现为对目的价值以及过程的重新审视。而这种设计通常是基于原有的设计改造而成的,即便是对原有设计的彻底推翻,那也恰恰代表了对原有设计的参照。在目标没有大的变动时,设计往往是对已有设计的重新完善过程。

如果教师的知识域只是作为学科知识以及关于学生的知识两个大的类别存在的话,那么生成例子就有两种趋向,一种是从学科到学生,也就是围绕着每个概念去寻找学生的体验,还有一种是从学生到学科,从学生的生活出发,从中挖掘能够支持科学概念的知识。实际上两者是相互补充的,进行一个方向的寻求的同时,也在检查另外一个方向。而林老师可能更多的是从学科知识出发获得生活现象的个人新鲜体验,然后再考虑用适当的方法,比如"表述上的夸大"来传递这种体验。另一方面,也会从学生的角度来思考,学生的困难在哪儿,如何解决。

(三) 结论

林老师的学科教学知识成分主要由学科知识、关于学生的知识以及教学策略的知识构成。其中学科知识占据着核心的地位,同时也扮演着多种角色。学科知识的深广使得具体内容的教学法得以实现,表现为好的例子、表述上的夸大和好问题,进而能促进学生的理解和启发学生思维,构建科学概念。而教师的学科教学知识域则在例子进化的过程中,获得连接的机会和检验的机会,进而不断发展。其过程可以用 PCK 例子进化发展模型(PCK-EEDM)进行描述和解释。该模型也将为其他教师个案描述的理解提供一种框架。

第三节　华老师个案研究

一、背景信息

华老师工作在 A 学校,是一位具有 18 年教龄的生物学高级教师,目前执教高二年级的 6 个班,每个班级一周有两节课。

二、知识域描述

下面是研究者就知识域相关问题与华老师的一段对话。

研究者:如果给每个知识域排序的话,哪些知识是最主要的?

华老师:我觉得科学知识应该是最主要的,教学策略、教学目标的知识、关于评价策略、关于学生的知识都是应该是并列的,因为当你都知道这些知识才能更好地教学,在我看来我的知识就分两大类,一类是学科知识,另外一类就是与教学相关的知识,包括教学策略、目标、评价和学生,有的时候不一定用到信息技术。我觉得是并列,就分这两大类。这知识(学科知识),它是第一位的,但是你没有一点教学法也不行,这些都来自实践经验,你光从教育理论上来探讨也不行。没有理论你摔打几年也是老教师了。

对于知识来讲,当然如果你对其他科学领域的知识知道得多一点会更好,包括文学,这是一个教师的知识水准。剩下的就都是教学法,教学法应该包括教学策略和评价,应该包括关于学生的知识。但是教学法应该不包括课标,那些也应该归为专业知识,包括关于课程内容组织的知识也是。

研究者:从备课的角度看,这些知识是如何应用的呢?

华老师:学科知识肯定还是第一位的,教学法第二,永远是科学知识第一,你看我的那节课备得很深,看了很多资料,然后这些知识我自然就会用了,我也不知道我怎么会用的。

(一)学科知识

在华老师看来,对于教师来讲,学科知识是最核心的,是内涵,也是学生最看重的。教师的学科知识要具有一定的深度和广度,所谓深度,对于某一节课来讲,要备到大学的水平。所谓广度,教师不仅要了解本学科的内容,还要了解其他学科的知识,比如物理、化学和数学。此外教师还应关注现代生物学发展的最新进展。课程内容包含在学科知识之中,包括必修和选修模块内容,教师要熟悉和了解。

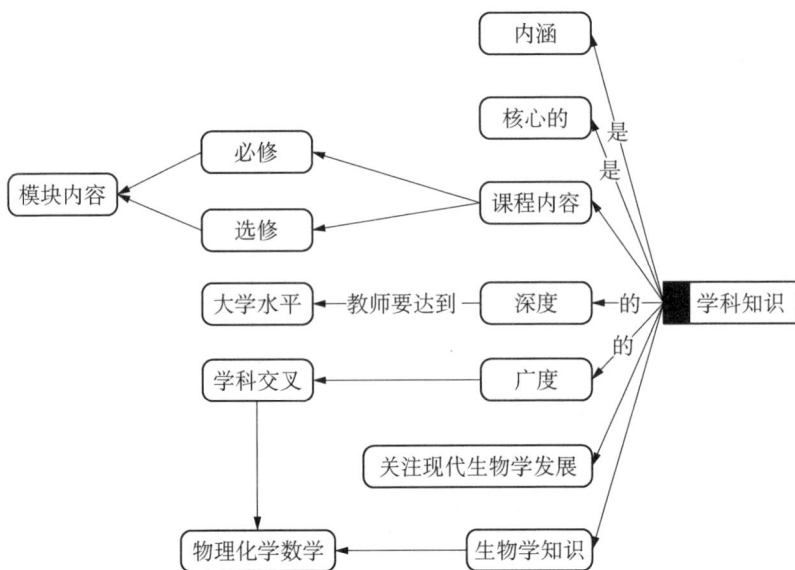

图 5 - 14 华老师学科知识概念图

（二）关于学生的知识

华老师认为,关于学生的知识也就是对学情的了解。主要包括学生个体的差异以及班级氛围的差异。比如不同层次学生反应不同,不同班级活跃程度也不同。另外就是要关注学生的原有知识,包括已有的知识基础和背景,进而基于原有的知识,建立概念。如图 5 - 15 所示:

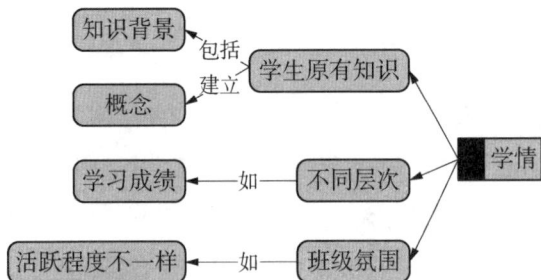

图 5 - 15 华老师关于学生知识的概念图

（三）教学策略

教学策略则相当于学科知识的外衣,是对教学的辅助。学科知识是内容,教学法实际上则是形式。教学策略的类型可以划分为探究法和讲授法,而实际上课堂上进行得最多的是启发式讲授。而华老师采用的一个很有特色的策略就是引导学生提问,并组织讨论,从而了解学生在想什么,理解了没有。概括为图5-16:

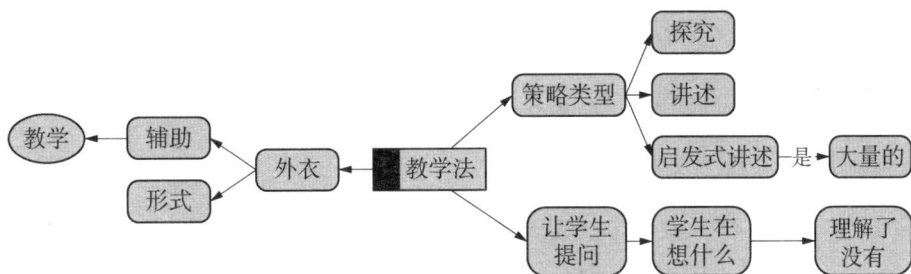

图5-16　华老师关于教学法知识的概念图

三、备课、课堂实施和反思

在备课这个环节,华老师是先看课标,确定自己的教学目标,接下来对专业知识进行深挖,比如阅读大学教材和各种参考资料等,目标和内容熟悉之后再选择教学法,考虑学情、教学策略和过程以及多媒体资源和技术的使用等。

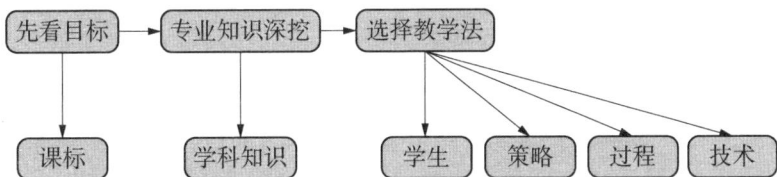

图5-17　华老师备课和课堂实施的概念图

在教学反思上,华老师说"这要看发生了什么事",可能会涉及各个方面的问题。比如学生提出的问题,你不会,那是专业知识方面的问题,你觉得教学效果不好,在结构和先后顺序上不好,那是教学法方面的问题。

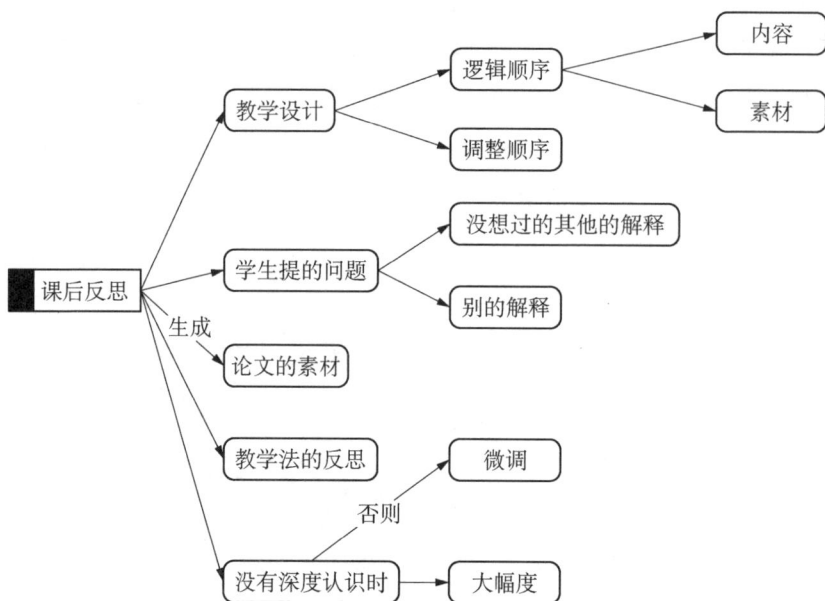

图 5 - 18　华老师关于课后反思的概念图

无论备课、上课还是教学反思,各个方面的知识都会用到学科知识、关于学生的知识以及教学策略的知识。

四、课例访谈

华老师讲完课后,研究者对其进行了访谈。

(一) 课例一:物种的形成

研究者:这节课您希望学生学到哪些重要的概念?

华老师:我用一个大表就已经把整个单元的核心概念列出来了。这里有很多的核心概念。核心概念我觉得最重要的就是现代进化理论的一些基本观点和原理。概念比如物种、生殖隔离、种群的基因库、基因频率等,很琐碎。其实最重要的是掌握现代进化理论的基本观点和原理,像遗传平衡原理,通过学习,我希望学生落实到几句话上,也就是现代进化理论的基本观点:**种群是进化的基本单位;生物进化的本质是基**

因频率的改变；自然选择决定进化的方向。

【教师通过对内容的分析并基于自己对内容的深刻理解，能够找出一节课的核心概念，并围绕着核心内容设计和实施教学。学科知识—核心内容—教学目标】

刚才那节课上很多过渡话的问题，不是很熟练，像影响基因频率的因素，到什么因素决定种群进化方向，这有一个过渡，这句话我说得还不是很熟练，还是太生。另外突变、重组为进化提供选择材料，这都要分析清楚。还有物种形成的几个环节要知道，一定要有突变和重组，还要有隔离还有选择。实际上这些概念是为原理做铺垫的，比方说基因库的概念、基因频率、基因型频率的概念，也就是一个种群的遗传组成，它在变，这就是最核心的东西吧。我希望通过对核心概念的把握上升为对原理的认识。还有物种的形成方式，有同地物种形成和异地物种形成。

【教师对内容之间的关系的理解影响课堂教学的组织顺序。学科知识—内容联系—教学组织顺序】

这节课我原来计划讲到同地异地物种形成。但由于讨论，包括学生的问题，可能耽误了一些，讲同地物种的形成时，还没有讨论透彻，学生对层次还没有搞得很清楚，隔离的存在导致两个种群突变的方向不一样，突变是随机重组的，不同环境选择不同基因保留下来，久而久之基因库有差异了，时间长了差异变大了，像那个男孩说的是从量变到质变的一个过程。刚才那个小女孩说得特别好，"它差异太大了，所以再放在一起也没法再生殖了"。学生的回答是跳跃性的，他想到就说出来，但是整个过程要给他梳理清楚，要有几个层次，但学生已经有这个感受了。

研究者：那么这节课主要是针对前面三个大的问题：遗传平衡的因素，自然选择决定进化的方向以及物种形成的方式。

华老师：学生对打破遗传平衡的因素花的时间再稍微少一点就好了，后面再多留一点时间。像自然选择决定进化方向，像适应性进化，桦尺蛾这个例子，我觉得时间处理得就比较合适，时间甚至可以再少些，因为初中都知道。只要让学生体会到，进化的本质是基因频率的改变就可以了。如果只从性状上去解释，就不是高中学生的层次了。现代生物进化论应该认识到进化的本质是基因频率的改变。就像那个学生回到这个问题的时候，我对他的评价就是这样的。

【教学时间的分配基于教师对内容达成深度的把握以及对学生已有知识的了解。学科知识—核心内容—教学】

研究者:为什么选择这些概念呢?

华老师:那肯定是课标要求的最基本原理,这个原理牵涉到一些概念。按照课标要求和重点难点去选的。

研究者:对于学生的价值或者好处体现在哪儿呢?

华老师:对概念理解透彻,他对原理也能理解透彻,为原理服务。

研究者:关于这一内容,您还有哪些深层的知识,目前还不要求学生掌握的。

华老师:有,比如遗传漂变当中,瓶颈效应本来我都不打算讲的,只是想简单地让他了解一个小群体中某个基因丢了,就完了。但是学生讲到了灭绝,我就把这个,投影片上又有,我就给他讲了,实际上还有建立者效应,这些知识我都没有提。遗传漂变影响种群的一个非常具体的例子,从这节课的结构上,那个地方可以再省,如果学生不说,我就不说了,我就随机加了这个知识。

进化方向这个本来我就说一个,基本是我准备的知识都讲了,我还要考虑时间,像镰刀型贫血症我可能不提,但是提了我觉得也是一个有力的补充吧。是一个具体的概念,就是举一个例子来加以说明吧。让他对进化的本质是基因频率的改变有一个更深刻的理解吧,是一种适应性进化。

物种形成这个问题,我以前看到过,就像学生提的问题特别好,他说"老师,基因频率的差异达到什么程度才能形成一个物种呢",在进化论上有专门的一段讨论,我看了,记不太清了,它有的时候可能不太好说,这个标准不太好说,有的时候几个关键基因突变了,就能导致它交配不能发生了,那就已经达到生殖隔离了,那基因突变的并不很多。比如两只鸟,它的形态很相似,可能它突变的基因并不是太多,但是某些至关重要的基因突变了也能导致它生殖隔离,这个标准不太好定,这个地方没怎么提,但是学生问到了。

研究者:还有别的吗?

华老师:别的,像细菌抗药性是如何形成的例子,是一个讨论或者是应用,我想讨论一个细菌的抗药性是如何形成的,有的人认为是药物刺激产生的,到底是药物刺激产生的还是细菌本身突变然后再被药物选择的? 这里有些实验,是个补充,当然这节课也不能实验。

【深层的学科知识是以背景的形式存在的,当学生问起时教师才会讲,它使得教师与学生的互动更为流畅,教学具有一定的生成性。深层知识—师生互动】

研究者:这些内容的难点或者说限制是在什么地方?

华老师:打破遗传平衡过程中,遗传漂变,学生不太容易说出来。这个知识因为学生不太知道,通过计算可以突破这个难点。非随机交配,学生也可能不是特别理解,所以需要老师做一个图片,实际上遗传平衡强调的是随机交配,但是自然界种群并不都是这样的,这个也比较难讲授。

在这里,我特地设计了一个问题,如果两个种群由于迁入相互靠近,不断地进行基因交流的话,会达成一个什么样的效果,我试图用犹太人和欧洲人婚配混居来举例,但是他们有各自的文化在里边,不可能做到完全融合。如果想让两个种群完全融合的话,就要知道基因的融合,基因库的趋同性。我的目的是为物种形成打基础,物种形成刚好是一个相反的过程。两个物种的形成是由于隔离导致的,所以我在这里特意说了如果放在一起会怎么样。

【分析:教师巧妙的问题设计为后面内容的学习和理解埋下了伏笔。问题设计—有助于—难点突破】

自然选择这个不是个难点,但是难就难在如何让学生从"自然选择是对性状的选择",深刻地说出是自然环境对基因频率的选择。这个地方是一个跨越,那个小孩说的还是可以的,更本质一点,也是个重点。自然选择本身早就理解了,关键是认识到这个实质。不算太难,但是个重点。

物种形成的过程,长期地理隔离导致生殖隔离这个解释过程,这是个难点。我是靠问题解决的方式突破这个难点的,比如桦尺蛾的体色有黑色和白色,但是还没有形成两个物种,还是可以交配的。达尔文地雀,已经是不同的物种了,它是如何形成的。

【问题设计基于素材选择,素材又包含在学科知识之中,本质上是支持科学概念或观点的重要事实性证据】

这个是最重要的地方,对这个问题的讨论。这个过程的解释,它是一个原理了,不是一句话能解释的。对这个问题的讨论,要用到现代生物进化论的很多基本观点的,所以这个之前我要帮他回忆一下。突然提这个问题,学生无从回答,他不知道。需要铺垫,比如帮他回忆:(1)种群是进化的单位,是个群体;(2)进化的本质是基因库中基因频率发生变化;(3)物种的形成需要生殖隔离。学生在一系列的提示之后,能体会到,哦,两个种群的基因库差异已经很大了。

然后学生在这个过程中讨论不出隔离的重要性,那我说两个基因库很近的话,怎样把它们分开,学生说"大山、岛屿",哦,他想到了隔离在物种形成过程中的作用。这个是重点,是对于异地物种形成过程的分析。最后讨论完了之后,还要让学生小结一下,你觉得物种形成有哪些关键的因素,哪些环节会导致新物种的形成,这个问题我会提出来。他可能会说,哦,隔离很重要,另外种群还要有突变有重组,还得有变异在先嘛,然后自然环境去选择,这三个环节是不能丢掉的。从这个问题的解释上,提炼出这三个环节,对物种形成的重要性。

【教师根据课堂的情形,用具有指示性的问题来降低问题的难度,引导学生思考,从而弥补讨论中的要点的遗缺】

研究者:学生的哪些已有知识或想法会影响您对这节课的教学?

华老师:初中牢牢建立的自然选择是对性状的选择,他不能认识得这么深刻。别的就没有什么了。

研究者:其他对您的教学有影响的因素是什么?

华老师:我怎么教学怎么组织实际上和我看到的素材很有关系。我看到一些教学参考资料,背景资料,包括重点难点,它就会影响我组织这个课堂教学。比如课标;教材;教参;相应的参考书。

【教学素材影响课堂教学组织】

研究者:您如何判断学生是否理解了呢?

华老师:通过提问,观察学生的问题,从学生的回答、反应来判断。比如一个问题提出以后,有些孩子会沉默很长时间,要想,要给他们时间,有的孩子已经看着我了,我就知道要回答了。比如那个小女孩,她没有举手,但是她已经频繁抬头朝我看了,我就知道要回答问题了。观察学生的表情和反应,以及根据回答来判断他们对课堂的掌握和认识情况。对于学生反应不出来的,像隔离,老师需要加以引导。

【教师通过学生的问题以及对教师提问的反应等隐性的方式来判断学生的理解情况】

研究者:您觉得对新教师来讲,什么样的培训内容或形式会比较好?

华老师:对新教师来讲就是让他做课吧,在做课的过程中,学习很多东西,他要研究一个公开课的话,他要研究目标、教材、学生、参考资料,然后拿来实践,这是最好的办法,还是一个实践性的东西,我是这么理解的。听课也是一个好办法,看看别人怎么讲。

研究者:培训方式呢? 讲座?

应该结合在一起,小陈(案例研究涉及的陈老师)就参加了一个区里的培训嘛,让她做一节公开课,让一些有经验的老师讲他们自身发展的过程。至少不是一个老师讲。他们要交教学设计,还有评价的环节,还有听课后讨论别人的课,别人好在哪里,问题在哪里,所以这个过程,应该挺有帮助的。

(二) 课例二:物质出入细胞的方式

研究者:首先这堂课的知识网络是什么样的?

华老师:主要是物质过膜的几种方式,之前他(指学生)有哪些概念,之后他要学习哪些概念,我这节课要让他学习哪些概念。这节课的概念包括:物质过膜方式包括被动运输和主动运输。被动运输包括自由扩散、易化扩散。胞吞胞吐是学生先前接触过的。

只不过我呈现的是原理,它为什么会自由扩散,原因在哪里,它与质壁分离是相互联系的,我要很简单地讲物质过膜,那很容易,对吧,我很快地区分开来,但是原理在哪里,为什么是氧气、水、二氧化碳,自由扩散,这里面还涉及水通道的问题,我从分子上去把握,因为脂双层就是一个障碍,就是一个屏障,它可以阻挡绝大多数溶于水的离子,但是哪些脂溶性的物质就可以过膜,可以溶入并过膜,让学生理解它为什么能过膜,而不是简单记忆哪种物质可以过膜,哪种物质就得主动运输,说的是原理,这个地方是一个突破,或者说不一样的地方。

【华老师特别关注让学生理解现象背后的原理,或者说核心概念】

要说它的知识点,很简单,就是物质过膜的方式:被动运输、主动运输、胞吞胞吐,三个,没了。要是它与整个知识的关系,那讲代谢时要先讲它,你要讲代谢一定有物质进到细胞里面去才能代谢,一定会讲物质过膜的问题。先前讲了细胞与 ATP,后面是讲酶,代谢需要能量,酶是催化反应,所以在这里讲代谢是可以理解的,物质需要进去。大的网络应该在细胞代谢当中的,那怎么用一句话来表达,就是细胞要发生代谢必须要与外界发生物质交换,物质交换有哪些方式呢,被动运输、主动运输、胞吞胞吐这三个方面。渗透是专指水分子的运输,本质仍然是扩散。比如人体内的性激素、盐皮质激素这些类固醇类的激素很容易过膜,就是扩散。水通道,我准备了一些资料,后面还有很多资料,但是我都没讲,本来想都推翻了,但是也没删,如果学生问到可以用上。

【华老师对于该内容在教材中安排的位置以及在学科知识大的网络中的位置的

理解,明确了这节课主要解决的问题】

　　研究者:这节课的重点内容是如何确定的呢?

　　华老师:首先是课标要求,课标的要求是:"说出物质过膜的方式,通过模拟实验探究膜的性质,观察植物质壁分离。"然后再参考教材等参考书确定的。

　　【基于课标教参等资料确定重点内容】

　　研究者:这节课不同的地方是什么?

　　华老师:是很理性,讲了背后的原因,是在分析前人科学事实的基础上来建立这个概念,是方法手段的问题。不是仅仅告诉学生有几种方式,而是让学生理解为什么有这些方式,讲的是这几种方式的原因,还有就是与学生已有的物理、化学背景知识的联系,比如物理的扩散,化学的相似相容,还有是渗透"生命是物质的"这样一种观点。

　　研究者:这节课难点是什么?

　　华老师:比较难的地方就是分析那些实验比较难,我教案里有体现,比如理解膜的结构特点,脂双层,膜上的蛋白在物质交换中的作用,体会结构和功能相统一的学科观点。操作上的难点,就是怎么引导学生去分析问题,这是操作性的难点,得出结论的过程,启发他思考是难点。

　　这张图,光是脂双层,在没有载体蛋白的情况下,那么不同物质的通透系数是多少?学生要会观察这张图,你看葡萄糖都被挡在外边了,但是氧气等小分子可以过去。引导他们有序讨论,让他们知道这个过程,这在课堂上是有一定困难的。

　　研究者:您的应对策略是什么?

　　华老师:主要是实践,因为第一幅图,很容易得出结论:脂溶性越强,通透性越大,但是马上会注意到水为什么这么特殊,一般情况就是跟着学生思路,很容易提出这个问题。那就是我的教学思路,我基本上随时跟着学生思路走,但是也比较有序,先讨论的是水,因为它太特殊。得出脂溶性越强,通透性越大的结论后,马上提出问题"水为什么那么奇怪",就相当好。所以这节课比较成功的原因是学生始终是在思考中建立概念,不容易忘记。我希望他没忘,也许忘了,但是想起来也快。

　　【基于精心组织的素材,引导学生在分析问题和思考中建立概念,这体现了"教学素材组织—问题设计—学生思考—概念学习"这样一条线索】

　　研究者:教学法和过程是怎样的呢?

　　华老师:开始呈现两个材料,按照顺序先讲的是水,先由学生提问:哪些物质可以过膜,是怎么过膜的。开始的一个问题实际上是投石问路,"关于物质进出你能提出哪些问题",学生首先承认细胞膜可以控制物质过膜。"为什么可以",通过材料分析,"通过图一图二你能得出哪些结论",相当于二手资料的分析。在解决学生各种问题的讨论的时候就都全了。二氧化碳和氧气过膜也是从图二得来的。

研究者:这节课不要求所有学生都掌握的深层知识有哪些?

华老师:还讨论了一个速度问题,葡萄糖和易化扩散比较,利用了一个曲线图,但是这个图是从网上来的,没有数据,没敢用,这个图如果是在书上的我敢用。我就想找有数据的图,但是没找到。主动运输和扩散都有动画进行演示。

【素材选择注意来源的可信度,素材为学生理解服务】

有的时候学生就问:不同载体为什么能专一性地运载某种离子。这个我也在课件中准备了解释性的图片。这个图你不准备到这个深度你就没法讲课。实际上钠通道、钾通道是高度专一的,与离子大小直接相关。不过有些东西现在我都忘了,我要再备课的时候,我还得再看。

【上课关注的主要是要讲的内容,深层知识则呈现为背景的状态,应对学生问题的过程中可以被随时调用】

这节课和以前讲这个内容,几乎是颠覆性的,所有都是新的。以前就是告诉,也从来没有提问的方式,这个就是让学生提问。例子,以前就是照本宣科,书上说氧气是自由扩散,离子是主动运输,然后给图片你区分比较,有什么不一样,一个结论的东西就出来了,然后总结,这样的图多的是。

研究者:学生已有的相关知识有哪些?

华老师:膜的结构,讲细胞分泌的时候胞吞胞吐,蛋白质,以及物理上的扩散和化学中的相似相容原理。

研究者:评价呢?

华老师:这节课没有来得及评价,比如让他解释一个现象,但是这节课没有时间了。但是对每个问题的回答,都是一个即时的评价。

【评价是隐性的师生问答】

研究者:这节课还有哪些影响或限制因素?

华老师:学生层次,学生能不能接受,普通班我也讲过,其实也挺好的。生物没有什么高深的,没有理解不了的,只要有点数学知识就行了。

五、专业知识发展的回顾

研究者就不同的专业知识的发展情况对华老师进行访谈。

研究者:您获得这些知识域的顺序和来源是什么呢?

华老师:我最开始是教初中,主要是对教学法和学生的理解,专业知识好像不需要太多,大学的那点知识就够了。高中对知识要求多,但在普通高中未必需要那么多,到这个学校来我才看了很多,因为学生问,学生要问你不会,那不行了,所以不得不看书,所以你会什么完全取决于学生要求你什么。不管是在哪所学校,重点高中或普通高中,首先是对学生的了解,对课堂、教学法的熟悉,这套东西。小陈和我说过,她当初读研究生的时候,导师就说你去教课吧,实际上就是了解课堂,了解学生,了解教学法在实际中应用的过程。初中学生提出的问题也很简单,提不出那个圈去。你在高中就不一样了,在重点高中就更不一样了。但是小陈不一样,小陈在我们学校发展的话,现在有提高班教,那学生问她,她就会比我进步快得多,不管是在了解教学法,了解学生,她的知识是随着她备课而深入、学生提问对她的促进有关的,她会发展很快。

【学生提问会促使教师学科知识的丰富和加深】

对于我来说学科知识没有排在前面,对学生知识的了解和教学法知识才是第一位的,是首先被知道的,然后才发展了我的学科知识,这与我个人成长的过程有关系。像小陈三个都会有。我刚毕业就去教初中,教了6年初中,然后教高中,教了12年到现在。学科知识在高中发展得多一点,在初中真的不需要太多。

【知识发展的顺序与个人成长的过程直接相关】

研究者:每个知识的主要发展阶段是什么时候呢?

华老师:我觉得是这样的,你教课头五年基本上这些(学生和教学法)都定了,而知识(学科)是在不断增长和变化的,还在增长,比如我的教学理论,比如新的核心概念提出来了,我再学,但是它没有太本质的差别,只是我们老师关注点不太一样。所以我觉得知识是不断在积累,而教学法一般只要有5年的教龄就都差不多了。包括对学生的了解对教学法的运用就都差不多了。可能以后就不再增长了,或者说变化不大。

【华老师关于学生的知识、教学法知识最先发展,并认为5年后变化就不大了,学科知识则一直在发展】

开始的时候,在课堂被学生摔打,摔打出来你就是一个老教师了。所以教初中的时候基本上就已经都有了,但是学科知识还在长,同时也在丢,也在忘。你用了你就能记住,不用你就忘了。对啊,目标不断在变化,新课标出来了,你得重新学。但是我觉得专业知识更重要,这个几年也不会变一次,如果变了,就随着变呗。这是我的观点。

研究者:知识来源主要是什么呢? 比如教学法。

华老师:知识的来源主要是实践,其实教学法的东西,你不实践你不知道啊,你用才知道,否则很抽象。

研究者:关于学生的知识主要来源是什么?

华老师:还是实践,对学生的了解,这个学生学习特困难,这个学生学习能力特强,对学习困难生你怎么办,他纪律不好你怎么处理,这些都是在个人实践过程中摔打出来的。小陈跟我说,她又生气了,为什么,××班不理她,那就再摔打。

研究者:评价呢?

华老师:其实我们经常是被别人评价。

研究者:您是如何评价学生对概念掌握的程度的呢?

华老师:对啊,我们是参加统考,都是区里出题评价,所以我们对学生评价这方面,我的意识特别薄弱。我觉得小陈这方面挺强的,她硕士课程学教学法她知道这个东西,她每节课都设计一个评价,实际上这方面对我是一个提醒,特别好。欠缺评价这个知识,所以很被动,现在我们才学着编题评价学生,包括会考,你看我们编题,其实刚刚才开始,对于你工作中涉及到,要干这个活的时候,你才被锻炼,也是实践。在实践的时候这个题目我怎么出,我怎么评价学生,其实都来自实践。这个知识,都是用的时候,再去找,你看那些课件都是我自己的,你看别人那么做挺好,平时听课、进修看看别人怎么使用,可以模仿和借鉴。还有就是从实践中获得的一些东西,进修,听课,你看小陈(案例中的陈老师)她谁的课都听,你看她为什么那么棒啊,为什么拿一等奖啊,她从开学到现在她听过多少节课啊,一直在听课。主要来源是听课、进修和创造性应用。包括自我实践的过程,也可以掌握新知识,创造性应用不就是自我实践的过程吗。

【评价知识的薄弱原因在于教师在工作中很少涉及,工作对教师知识发展具有驱动作用,华老师认为自己评价的知识主要来自听课、进修和自我实践】

研究者:关于教育目标呢?

华老师:比如说关于核心概念的这个问题,就是自己独立思考才能把握。有人给我留作业,我要完成这个作业我就不得不做这个事。作业就是梳理高一和高二的核心概念,而且你思考的东西和别人不一样,别人思考的东西对于你一点用也没有。没有经过你自己头脑的加工,你在课堂上也提不出来,没法体现出它的思维。

关于生物学教育的目标主要是市里培训,包括我自己看书,我要讲到什么程度。其实为教学服务的目标我知道一点,不和教学直接相关的了解得少,但是我觉得应该很重要。

研究者:您在这节课例中很在意引导学生依据二手资料提问和思考,而不是我问你答。

华老师:这个是来自进修,专家在讲科学素质教育的时候给我们渗透过这些。对专家演讲的解读,才会了解,然后才会设计到教学里。教师了解什么是科学素质,那就会影响到教学。那这个来源就是专家讲解和进修,通过这些提高自己对科学目标的认识。

从华老师的案例来看,知识发展的顺序与教师的个人工作经历是息息相关的。由于华老师先教的是初中,她认为自己的学生知识和教学法知识主要来自这个阶段,而且之后变化就不大了。对于学科知识,则是教高中时,由于学生经常提问而不断发展的。关于目标的知识则主要来自进修和专家讲解。对于所有的知识,华老师认为主要是来自工作需要和亲身实践,工作中用到了,才会学习,进而不断获得发展。可见知识的发展与教师的工作需求是紧密联系的,是在创造性应用和自我实践的过程中发展的。

第四节 陈老师个案研究

一、背景信息

陈老师工作在 A 学校,她参加工作已经有一年半了。她本科学的是生物科学,硕士期间学习的是课程与教学论。她去年教高一年级并且跨年段带初中的生物课,这学期教高二年级,并且担任班主任工作。她的指导教师是华老师,两人教同一个年级,经常互相听课交流,关系融洽。

在本案例中,除了关注陈老师的学科教学知识具有怎样的特点之外,还会关注新教师学科教学知识发展的途径。在真实教学情境中新教师往往会面临各种各样的问题,正是在这种解决问题的过程中,其知识得到了发展。记录这样的发展和变化可以让我们对新课程改革背景下新教师的专业成长有更多的了解。

二、知识域描述

在办公室,陈老师就她自己的情况,向研究者描述了教好一个内容所需的重要知识域。

(一) 教学法知识

研究者:通常你是如何备课,如何确定一节课该怎么上的呢?

陈老师:在教学法方面,听课时可以借鉴别人设计得比较好的课件,看看他们的思路。我会看一些书,我经常会看美国《科学探索者》,它讲得不是很深,但是会提供一些思路和方法,比如它设计的一些活动。学科知识可以看自己的教材和大学教材获得,知识获得了,那么主要的就是教学活动。它(《科学探索者》)的一些活动设计很有意思,而且都围绕着核心的知识设计的。时间较紧时,大概讲一些这节课怎么上,然后做PPT课件。如果真是认真备课的时候,还应该讲一下教学策略,它有什么教学特点,比如用什么样的教学模式来组织你的教学。你安排什么教学活动,要是特别好的话,应该是这样。

研究者:这个教学模式指的是什么?

陈老师:比如说,采取讲授还是探究,是实验式探究还是思维推理式探究。

研究者:我了解到你的论文就是关于教学策略的,这会对你的教学有影响吗?

陈老师:有啊,我自己觉得,我要讲一个能够吸引学生的活动或者是案例,后面就是尽量通过引导他一步一步的思维,因为课时比较有限,所以后面的环节很少能全部开展。比如评价环节不会怎么涉及,一般评价就是通过课后作业的形式来进行,或者书后的习题,没有单独地构建一个情境让学生来应用。这种教学模式是已经提炼出来了,然后我去用。但是有经验的教师,长期的实践已经摸索出来了,她可能没有这样提炼出的环节,但是课也上得特别好。因为她已经长期总结出来了一些教学法,但是对于新教师则可以刻意地去做,这样提高得会更快一些。

【陈老师一方面是一位新教师,另一方面又有一种自我审视,能对老教师和自己的差别进行比较,并知道哪些策略是适合自己的】

研究者:您觉得老教师与您现在的教学模式有差别吗?

陈老师:有一些差别,他们上课的时候会特别流畅,整个一节课,比如她会设计一个引入,引入之后她会用一些问题引导学生,然后就会把核心的概念给他们,一般不会把探究和解释两个环节分开,而是把两个过程融在一起,后面的精致和评价由于时间的关系就会放到课后题或者作业中,所以我们更多的是利用这个模式前面的一些环节,后面的由于课时的关系可能就没有实现。

研究者:这些知识会对教学产生影响吗?

陈老师:教学法在大学阶段学过的,如果比较深刻的话,会对教学有影响的。

(二) 学科知识

研究者:还有哪些知识会对生物学教学产生影响?

陈老师:学科知识、生物学知识、难点等,首先是对教材进行知识梳理。课堂上主要是依据教材和课标,中学教材篇幅有限,可以从大学教材中提供例子;也要关注社会,像艾滋病日;此外有些问题还会通过网络了解,比如像牡蛎、水螅的生活环境,就是上网查到的。

研究者:在您看来,生物学知识有哪些特点?

陈老师:我现在觉得,它好像事实性的东西会比其他学科更多,因此记忆会有些困难,因为内容太多了。生物学有它自己的特点,通过实验研究,基于问题,得出结论,这个是一种科学本质,我记得就是俞老师所说的概念类的,有这样两种知识。概念类知识要经过一个思维过程,才能获得。科学史通常是需要有批判思维能力的,所以生物学不仅仅是知识,也能培养学生的一些能力。

研究者:学科知识有哪些来源?

陈老师:有的时候来源于其他教师,还有的来自阅读一些科普书和杂志,比如生物学通报等。另外,例子、情境也来自其他教师。

研究者:学科教学知识的功能,它在您的教学中扮演了一个什么样的角色?

陈老师:其中例子和情境是一部分,它在我的教学中起基础的作用,没有这个基础就完不成。设计教学活动以及采用什么样的教学法都基于你对学科知识的理解,理解之后才行。

研究者:具体一些呢?

陈老师:课堂情境和例子是来自这个知识的;也需要掌握概念类和知识类的知识,设计活动;还包括学生已有知识和先前概念;此外,还要考虑学生的能力,任务不能太简单或者太难。

(三) 关于学生的知识

研究者:您在教学中如何应用这些知识?

陈老师:基于学生已有的知识基础之上设计问题情境,你了解学生已有的那些错误的想法或概念,你就可以有针对性地设计活动帮助他转变这个概念。思维能力,比如说初中和高中思维能力是不一样的,根据初中生的思维能力你设计的问题不能太难,而对高中生则可以设计一些难度高一点的活动。一堂课肯定会有一些讲授。教学法的功能就是把教学知识进行一定的加工然后传递给学生,它就起到一个中介的作用,你对其进行加工然后去呈现给学生。实际上就是对学科知识进行筛选和判断。

研究者:课标影响的是什么?

陈老师:教学内容的选择和教学重点的把握。

研究者:各个知识域的相互作用是什么?

陈老师:学科知识是整个教学的基础。教学法就是对学科知识的加工和处理,同时也要考虑学生先前的知识,形成你的教学设计。

研究者:还有其他的知识域吗?

陈老师:没有了。

陈老师最先想到的就是以上三个知识域:教学法、学科知识以及关于学生的知识。以下是当研究者呈现了八个知识域的标签之后,陈老师又做的一些补充。

研究者:那么关于评价呢?

陈老师:以上知识主要是说备课和设计课,评价的知识,比如评价的方式包括在这节课快结束的时候,对先前知识的梳理,让学生来说和概括。还有的时候采用的是题目形式,可以在课上或课后,更多是在课后。还有就是考试的纸笔测验的评价,还有的就是课堂上的一些过程性的评价,课堂中的评价。这里的评价,我觉得同学之间的评价涉及比较少,主要是教师的评价以及学生自己对自己的评价为主。因为他自己做题对答案,互评比较少。评价的两个注意,你侧重的是什么,是对知识的记忆还是对概念的理解,这是不同的。

研究者:它的功能呢?

陈老师:看你有没有落实标准,检验你的教学法是否有效率,还可作为教学的调整依据,起着反馈的作用。

研究者:教学资源呢?

陈老师:教学资源也包括很多,比如在学校里认识植物,学生家长啊,主要的资源还是来自网络、实验和教学。

研究者:关于目标的知识呢?

陈老师:因为课标的要求已经了解了一些,但是我没有把它作为一个知识域。科学素养是什么已经了解很多了。

研究者:学生的角色呢?

陈老师:学生是教学的主角,可是我觉得教师经常抢戏。教学设计就是教学的剧本。

最后陈老师用图5-19表示各知识域之间联系及其在教学中的作用。

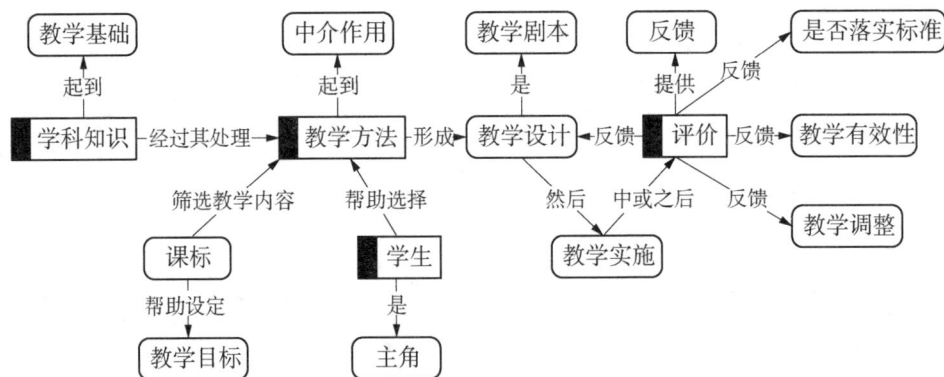

图5-19 陈老师 PCK 知识域关系及其所扮演的角色

三、课例访谈:物种的形成

下面是陈老师刚刚上完生物进化的相关内容后与研究者做的一次访谈。

研究者:本节课您选择作为重点的内容是哪些?

陈老师:内容主要是人工选择,自然选择,遗传平衡定律,但是因为课时有限,遗传平衡定律只把定律中要用的概念先介绍了,比如说基因库、基因频率、基因型频率,介绍到了这个地方。

研究者:你为什么认为这些内容是重要的?

陈老师:我主要看参考书,先看课程标准,有一个备课的时间,和华老师一起,我们这边都会交流一下,交流了之后确定这些章节里哪一些是比较核心的,就是一定要求学生掌握和明白的,核心的东西确定之后,其他的例子可以自己去把握和选择。像备课的时候,通过课标啊、教材啊把核心的地方确定下来。

研究者:对于学生来讲呢,是否有考虑?

陈老师:这次教的是平行班里比较好的班。不同班级学生层次不同,我一个人教3个班,基本教相同的内容,思路大体一样,因为备课时间也比较紧,做不到每个班不同的讲法,我只是在同学不理解的时候,再根据他的理解,进一步再详细讲一下。就是备课的大体思路是一样的,没有太多的调整。

研究者:这节课相关的一些较深的专业知识有哪些? 哪些是暂时还不要求学生掌握的,但对自己的教学又有影响的内容。

陈老师:这节课,整个这一节的内容我在生物学导论上也看了一遍。没有讲的地方,比如推导遗传平衡定律的时候,我们班的孩子在推理的过程中会比较困难一些。深度,我只能把最简单的方程告诉他们,不可能再深究下去,把不同基因型也再推下去,那样会比较难。

研究者:有准备了但是没讲的内容吗?

陈老师:我准备的都讲了,我觉得一个是准备的东西的深度,还有一个是有多少内容。我觉得在讲人工选择的时候,我开始用的是书上有关鸡的例子,后来我发现这个例子学生不是很感兴趣,我又看到鱼的例子,很多种鱼,随后我觉得鱼的例子也不好,最后看到狗的例子,学生对这个更感兴趣,所以我就换了。

【在反复的教学实践中根据课堂效果对素材和例子进行选择和取舍】

研究者:对于这些内容的教学而言,有哪些困难或限制之处?

陈老师:自然选择和人工选择都不难,因为这些都是他们(学生)能看到,而且像达尔文的自然选择,它有很好的例子,而且学生自己也能做一些推断,把情景设置好之后,这两个比较容易,但是遗传平衡定律不行,从基因库这个概念开始,就离他们现实生活比较远一些,你得想办法。但是我今天选择的例子不太好,不能让学生很清晰地一下就明白什么是基因库,什么是基因频率,什么是基因型频率,就这个地方还是一个让学生思考的地方。从我上课的感觉来看,前面是很顺畅的,一步一步的,尽管学生之间有些争论有些讨论,但是还是很好理解,可是后面的内容他们就不太明白,一说基因库、基因频率、基因型频率时思维就有些乱,不知道到底是什么意思,特别是对于后排的孩子,可能前排的孩子你说这个概念的时候他就理解了,但是后排的孩子理解起来会慢一些。

研究者:您觉得基因库、基因频率、基因型频率不好理解,是因为什么?

陈老师:是因为它们离学生生活比较远,而且学生不能从已经知道的东西推论,我觉得学生在认识这些概念的时候,因为他没有自己的一些深层的认识。一旦出现这么多概念的时候,他理解不清,感觉是这个(原因)。然后这个地方是需要老师想办法,去找一些好的例子,带着他们一步一步去推导。

【在教学实践中发现学生的学习困难,并归因为概念与学生生活较远以及多个概念名词的同时出现】

研究者:那您克服这个困难的方法就是找一些例子,是吗?

陈老师:对,找一些典型例子。

研究者:这节课用到的例子是什么?

陈老师:我设计的一个例子,就是野花的例子,主要是想让他理解基因频率。基因型频率主要是桦尺蛾,有白色有黑色,通过计算,让学生知道基因型的频率。后来我在另外一个班讲的时候,我做了调整。这次我就没用野花这个例子,因为野花是个新情境,我就用以前的那个白化病的例子,白化病就是 A 和 a,他们已经知道这个例子。在这个基础上与他们讨论基因频率和基因型频率,我觉得他们就好像理解了。因为如果两个都是新的东西的话,他们就很难理解,然后我觉得效果比那个班要好。

【陈老师针对问题做出了调整,用学生很熟悉的白化病例子作为问题情境,教学效果得到了很大的改善。在这样一个教学尝试、反思、调整的反复过程中,明确了基因频率和基因型频率的讲解可以利用白化病这个例子或者说问题情境,也就是建立了一个概念与相关例子的偶联】

研究者:课堂上做了哪些具体的活动呢?

陈老师:我就用这个例子引导他们和我一起思考,我会有一系列的问题给他们,也涉及相关的计算。

研究者:学生的哪些方面可能会影响你这节课的教学?比如学生已有的知识和生活经验,等等。

陈老师:今天在课上,就有好几个孩子提问,他们问的问题吧,我要做一些调整,本来不要说这个,就是因为他们问了这个问题,我可能要展开一些,或者再增加一些讨论,就是这种。学生的想法肯定是能影响老师的,因为如果我发现他这个地方没有懂的话,我就想办法让他弄明白。

研究者:那么这节课,有没有这样的考虑?

陈老师:我在设计教案的时候没有考虑这么多。我是在课堂上发现学生有问题,我再想办法。如果考虑了,我会把它放到我的教学内容里。

【新教师对学生在某个教材内容教学中的可能反应或问题还缺乏积累】

研究者:其他的影响或限制因素有吗?

陈老师:我自己的设计思路,体现重点的内容,重点的内容是如何突破的,尽量选择学生感兴趣的地方,然后加以引导,带他们思考问题,基本上是采取这样的方法。

(这时陈老师的电话响了,陈老师接2分钟的电话,然后继续接受访谈)

研究者:您如何判断学生是否掌握某一项内容?

陈老师:我看有多少学生在跟我的教学思路走,如果我问一个问题,好多同学都能和我一起回答,可能大部分学生都已经掌握了。如果没有学生回答,或者只有一两个学生回答,可能这个问题学生还有困难。但是有的时候要看课堂氛围,不同班级情况也不同,有些班学生喜欢回答,有些不喜欢回答。如果有些班本来就喜欢回答,如果不回答了,肯定有问题。他们会有疑问,然后到你下一个问题的时候就没有回答出来。然后就会想想,可能是在哪个地方没有懂,我一般就是再重复或者再讲一些例子。

【通过学生对问题的回答或者反应感知学生理解情况,通过例子帮助学生理解】

研究者:还有其他的吗?

陈老师:课堂上,有的时候学生可能会问,基本靠自己主观上去判断,还有的时候学生课后来问,其他好像没有。

研究者:如果站在新教师的立场来讲,什么样的培训,培训什么样的内容,以及以什么样的方式会更好地促进新教师的发展。

陈老师:说实在的,关键是在自己,你自己想把它弄好了,那……老师自己的成长可能不是有赖于什么培训,培训可能有一些效果,比如课程刚刚改革的时候要用什么样的思路去讲到什么样的程度啊,同伴之间的交流挺重要的,比如备课的思路。但是我觉得最重要的是自己,你备课的时候自己去看书啊,自己想教学设计,看别人的教学设计,等等。

研究者:您现在觉得最难的地方是什么?

陈老师:最难的是怎样设计你的课,怎样抓住学生,让学生感兴趣,真正投入进来,能够跟着你的教学思路走。如果你课设计得很好的话,课堂管理就会好一些。

研究者:假设您能从专家那里获得任何想要的知识,您最想获得什么?

陈老师:生物学知识,我觉得如果你的生物学知识真的很丰富的话,真的是懂很多的话,你会把你懂的知识讲得特别深入浅出,可能这个知识很深奥,但是如果你理解的话,你就可以讲得非常透彻非常明白,学生也会掌握得特别好。

研究者:备课呢?

陈老师:备课真的不难,只要你选择学生喜欢的教学策略的话,不是很难,最难的是知识先掌握透彻。所以现在我觉得,工作之后,教学法知识可能我以前学习得比较多(硕士专业是课程教学论),了解得比较多,但是现在,我备课花时间比较多的就是生物学知识,因为有很多已经忘了,而且有些很深奥,就是你自己先明白了,你才能给别人讲明白。所以我觉得这是最重要的。

研究者:那些生物学知识比较丰富的专家型教师,这些知识是怎么对其教学提供帮助的?

陈老师:我觉得,教师他了解得比较多,他的例子就丰富,他就可以选择他觉得最好的例子,如果我只知道一个例子,而且这个例子还不是很好的话,我只能说这个例子,但是如果他知道很多例子,他选择了一个更好的例子,那么学生就会对这个例子很感兴趣。说一个最简单的,华老师上课的时候,说一个例子,犹太人的那个,当时如果我没有看到这个例子的话,我就无法选择这个,我只能说有什么新面孔,但是她有特别多的例子,学生都非常感兴趣,我觉得学生的学习不能很枯燥,不能纯粹地给他一些理性的认识或考一些概念什么的。你还是要从日常的生活出发,让他觉得这个东西是有意思、有用的。

四、一个教学创新过程的回顾

在与陈老师接触的过程中,研究者也和陈老师建立了合作伙伴的关系。在每次上完课之后,陈老师和笔者经常会就课堂教学进行一个简短的交流。此外在陈老师开公开课或者参与教学设计比赛时,陈老师也会向笔者征求意见或者寻求帮助,比如帮助查找某篇与教学内容相关的文献以及提出修改建议等。由于陈老师的教育背景的原因,她在教学设计的过程中展示了一种新型的备课方法——基于研究的教学设计。

过去备课多是借鉴别人已有的教学思路和资源,然后自己再深入地挖掘和思考,寻找更好的、更适合自己的教学思路和创意。而陈老师由于受过教育科研的训练,她在做教学设计的时候,不仅会借鉴其他老师的教学素材和思路,还会利用网络从某个具体内容相关的科学教育研究文献中去寻找思路、学生的错误概念、教学活动设计等,然后再结合自身和学校的特点进行教学设计,并听取经验型教师的意见,在教学实践中反复修正。

下面是一次访谈的片段,陈老师回顾了自己设计"DNA 复制"这节课的设计过程。

陈老师:对这节课在思想上我希望能渗透一种建模意识,构建一个 DNA 复制模型,然后你要判断这个模型是否正确。所以我想让学生理解生物学上建立模型的方法,根据自己的认识先去推测猜想,然后用证据来检验猜想。

研究者:您觉得它重要的原因是什么?

陈老师:对课标的分析,对教材的分析,对学生的分析,主要就是进行这样的分析。课标它有相应的要求,但是不具体,教材则先有什么内容,随后又有什么内容,你就可了解这节课是什么地位,起什么作用。然后是学生的能力。

研究者:这个概念的学习困难和限制之处在哪儿?

陈老师:就是复制方式,记住这个方式一点都不难,但是要想和之前的概念建立起联系,比如染色体、DNA 双螺旋结构,怎样把 DNA 结构建立在已有知识基础之上是有些困难的。

研究者:这个难点您是如何处理的呢?

陈老师:就是通过构建模型,让学生先推测它可能有哪些方式,然后再给你(学生)由生物学家做的实验,帮你判断模型。判断出来之后,再给出一些生物学的术语,然后让他整合到之前的框架中去,建立联系之后还要巩固,再给一个新的情景,这个巩固一定是新的情景,不是复习,复习就没有意义。

研究者:关于学生您考虑了哪些方面?

陈老师:就是学生原有的知识,引入的时候是通过女法医破案来引入,让学生产生兴趣。可以帮助他理解日常生活中因遗传信息不同导致性状不同这样的现象。

研究者:您有这样一个想法或者说灵感是如何来的?

陈老师:构建模型是我后来想到的,我上过两节课后,到第三个班上课的时候我突然想起来,让学生去画,我之前是让学生去想,他(学生)说出来我来画,构建模型的想法是在反复上这节课的时候想出来的。后来我想到这两者是有差别的,如果学生能清晰地画出来的话,他的印象会更深刻。另外在第一个核心概念上,华老师给我提供了一个信息,学校有小磁铁教具,可以让学生来摆放,这是她提供给我的信息。我原先是在PPT(演示文稿)上画出来的,我觉得这种方式(摆放磁铁教具)的效果特别好,让学生在黑板上构建一个DNA的平面结构,一方面评价了学生原有知识的掌握程度,另一方面两位学生组装结果不同的概率是很大的。然后再问学生他们组装的结果是否相同,学生说不相同,那么它们所携带的遗传信息呢,学生说也不相同。那什么是遗传信息,学生就知道了,遗传信息指的是DNA碱基对的排列顺序。这个概念通过这种方式建立就特别好,这也不是我自己想出来的,我想到了相同和不同,但是没有考虑让学生自己去做,这步加得很好。

上面这个片段记录了陈老师关于DNA复制的一个教学想法产生和发展的过程。想法最初源于自己对这个内容的反复实践、反思和体会,后来又受到了华老师的提醒,进而使得教学想法不断地具体和精致化,最后形成一个很具有操作性的完整的教学过程设计方案。从这个案例中我们可以看到,教学设计已经成为不再完全是一个教师靠头脑想想得出的成型的作品,而是教师在与实践环境、信息环境不断交互中,在与其他老师合作交流中,不断发展和完善的过程。

五、专业知识发展的回顾

研究者:回顾您一年半的教学实践,它给您哪些帮助?

陈老师:促进了学科知识的学习,促进了我对教学法知识的运用,还有就是对学生的了解,最主要是这三方面。

研究者:现在你设计一个好课的话,你觉得哪个是短板?

陈老师:学科知识。

研究者:你对这些知识在重视程度上如果排序的话是怎样的呢?

陈老师:学科知识最重要,居于第一位,教学策略和学生这两个差不多居于第二位。

陈老师认为自己在这一年半的时间里,发展最大的是学科知识和对学生的了解,教学法知识因为在研究生期间已经学过很多,主要是应用于教学实践,增长小于前两者。如图5-20所示,其中方框的长度表示知识增长的幅度。虽然学科知识增长幅度较大,但是陈老师认为,这个知识仍然是自己的短板。自己缺乏老教师的那些丰富的学科知识和例子。

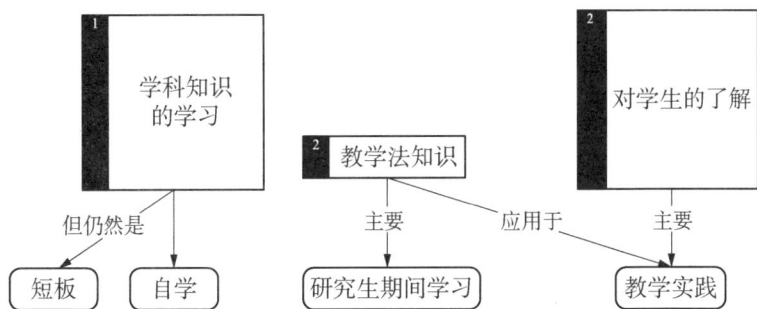

图5-20 陈老师三个知识域增长幅度示意图

研究者:对于某个知识的看法有改变吗,比如对生物学的理解。

陈老师:没有,我觉得生物学的知识也不是没有学,本科学过,就是特别多,容易遗忘。

在本案例中,陈老师的教学实践和反思对其知识的发展影响最大。她是在反复的教学实践中根据课堂效果对素材和例子进行选择和取舍的,增长着自己关于教学资源的知识。在教学反思中,她会发现学生的学习困难,并进行归因和做出教学调整,再通过对教学效果的观察,来认识某个教学难点应该用哪个例子讲解会更好,背后的原因是什么,进而建立了一个概念与相关例子或问题情境的偶联。但是陈老师对学生在某个内容教学中的可能反应或问题还缺乏积累,这与其教学经验有关。在课堂教学中,陈老师主要通过学生对问题的回答或者反应感知学生理解情况,并通过例子帮助学生理解。问题和例子是教师与学生互动的基本凭借。

在确定教学的重点时,陈老师一方面参考和依据了课标、教材,另一方面还和自己的指导教师华老师一起备课,共同确定了一些"核心的知识",然后"例子"可以自己选择和把握。与华老师的共同备课有助于陈老师对教学重点的更好把握,同时也是一次与经验型教师交流的机会。在访谈最后,陈老师还提到自己听华老师的课时获得的一个很好的例子,并认为这样的好例子正是经验型教师拥有而自己则缺乏的。

在专业发展上,由于自己硕士专业是生物学课程与教学论,她谈到,对于自己而言更多的是获取生物专业的知识,因为教学策略已经学习得比较多,陈老师的硕士论文就是与教学策略有关的研究。从这两个方面来看,新教师在入职后所面临的问题与其本身的成长历程是高度相关的。不同的专业背景,其专业发展的需求和方向也有所不同。

虽然陈老师才具有一年半的教龄,但是从访谈的记录可以看到,她已经开始考虑教学的较多方面了,比如会照顾到学生的课堂反应,会反思和调整自己的例子,会选择性地处理课堂纪律问题等。在上学期,她曾经为课堂纪律苦恼过,在前几次听课的时候,有时她也会生气地停下来处理课堂纪律问题。而现在她开始把注意力更多地转向教学设计和实施,而忽略一些可以容忍的课堂纪律问题。研究表明,经验型教师会选择性地处理课堂纪律问题,进而把注意力更多地放在教学目标的达成上而忽略小的干扰和学生精力的不够集中[①],因此陈老师的这个变化也是迈向成熟的标志。

第五节 易老师个案研究

一、背景信息

易老师是一位具有 21 年教龄的高级教师。她本科学的是生物学专业,有过两年

---

① 徐碧美.追求卓越——教师专业发展案例研究[M].陈静,李忠如,译.北京:人民教育出版社,2003:39-40.

的在职教育硕士学习经历。她曾经参加过为期一年的全国骨干教师培训,此外还参加过新课程培训工作。她带高三3个班级的课,还担任高三年级的备课组长。

易老师所工作的学校分为初中部和高中部,两部同在一个校区。初一和初二年级开设生物课程,高中则从高二年级开始开设生物课程。

二、知识域描述

第一次访谈是从"教师教好一个内容需要哪些相关的知识"这样一个宽泛的问题开始的,对于教师所提及的知识进行适当的追问,使其具体化,进而显露每个知识的作用以及相互之间的联系,主要目的是获得专家型教师的相关知识域的大体轮廓。接下来,第二次访谈则主要围绕着教师日常教学工作的备课、上课以及课后反思展开访谈,试图了解这些知识是如何在教学工作中发挥作用的。第三次访谈则是就染色体的变异这节课做的课例访谈,目的是显露教师对一个具体内容的教学知识,也就是特定主题的学科教学知识(topic-specific PCK),并验证先前的学科教学知识域框架。

易老师最为显著的特点就是关注学生,由"学生"和"知识体系"共同确立一节课的"目标"。其中关于学生的知识是知识域中最大的,与其他知识联系最为广泛,起着组织核心的作用,因此关于学生的知识是易老师的核心知识域,也是特色知识域。这也和她的教学观念"关注学生,了解学生,服务学生"息息相关。

在访谈中,主要显露出三个重要的知识域,分别是关于目标的知识,关于学生的知识,以及关于内容的知识。而这三个知识域的关系是根据所讲内容以及学生共同确立目标,三者形成一个三角,如图5-21所示。而目标的确立又是参考了课标、教材、期刊等确立的,它是三维的目标,而且能力目标和情感态度价值观目标的达成都必须依托于知识目标,其中能力和情感目标的达成是一个长期的过程。用易老师的话讲:"根据知识、学生来制定我的目标,我讲什么内容,我学生是什么水平的学生,我来确定这节课的目标,当然还有课标要求。"

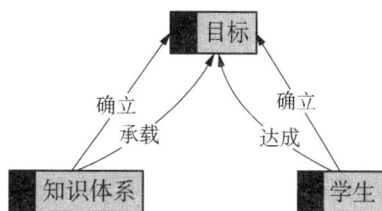

图5-21 易老师最主要的知识构架

三个知识域之间的关系是统领所有知识的一个总框架。而其中内容最为丰富的是关于学生的知识。

（一）关于学生的知识

关于学生的知识是易老师最为丰富的一个知识域,在整个访谈的过程中反复提到与学生相关的知识。这些知识包括"了解学生的哪些方面",以及"如何了解""如何在教学设计和实施的过程中进行考虑"。

了解学生的情况包括:学生的已有知识和经验,学生的关注点和兴趣,学生学习的困难和原因,还有学生的认识水平和思维方式等。而了解学生的方法包括:看学生学过的教材、与学生课上或课下的交流、学生的课堂表现以及提问、问题条等。了解学生的作用则主要表现在让教学更具有针对性。具体表现为:以学生的已有知识和认知水平设定合适的教学目标难度;依据学生的特点设计导入,选择例子,设计问题情境;根据学生的已有知识和学习困难的原因采取合适的课堂策略,比如当学生不理解时,可能是"教师给得生硬",教师可以换一种表述,当"学生缺乏背景"或"生活经验和感知"的时候,教师则采取列举学生生活中的例子和生活常识的策略进行应对。因此,关于学生的这个知识域与教学设计和课堂教学策略有着广泛的联系。此外,在进行教学反思的时候,在研究者继续追问是否有其他相关知识补充的时候,易老师是这样回答的:"学生这块已经很大了,如果再有(其他的知识)都是包括在学生当中的,我关注学生实际上就已经包括了关注学生的经验、基础、课堂表现、认知水平、思维状态。"可见,对于易老师来讲,关于学生的知识是最具有包括性的,这也是核心知识域的一个特征。而关于学生的知识的获得方式也主要是师生交往以及有目的地去了解学生已经学习的课程。而这部分知识是一点一滴长时间的教学经验积累的。引用易老师的话:"学生这块的知识,一个是时间长了,最主要的是,我知道了这个年龄段的学生,他们关注哪些知识。我看他初中的教材,我知道他学过什么,而且我通过与他交流,知道他们大概感兴趣的知识,他们知道的知识,他们物理、化学学过哪些知识。"再如,易老师说:"我柜子上就有,他从初中一年级到高中所有的教材都有,我肯定读过的,我先读他学过的书是什么样的,然后过去初中教材里头,讲到了什么程度,孩子实际上的是科学课,我会帮他回忆起过去的知识来,但是学生还有其他获得知识的渠道呢,所以我可以在课堂上去问,关于这个知识点你们知道什么,你们还知道什么知识,你们有哪些不清楚的知识,然后我提问一些知识,我自己实际上已经有一套体系了,但是我一问他们,他们会说一些,那我可以在我要讲的内容的基础之上调整一下,系统化,他们特别不清楚的地方,我再给他们清晰呈现一下。"

对于学生学习困难和学生不理解的归因,则直接关系到教学具体环节的设计以及课堂教学策略的运用和课后的反思。"如果学生不理解,死活不会,通常是什么,学生没有经验,他没有感知这些知识,举那么多例子和概念还非要学生记住,往往这样的知识会成为难点。"另外,"学生理解不会一步到位,越来越接近真实的情况,就行了"。

而克服学生学习困难的一个方法就是利用学生已有的知识和经验,这些已有的知识不见得是生物学知识,也可以是其他学科的知识。比如,"实际上真正难的知识,尤其咱们现在的教材里头,就是膜电位传导,那就算是难的了,其实学生有物理知识"。

正是由于丰富的关于学生的知识和课堂教学策略,使得易老师特别注重课堂上学生的反应,并总是能"处处替学生着想",列举学生熟悉的例子,设置与生活相联系的问题情境,用问题引发学生认知冲突,那么当产生冲突之后怎么处理呢? 易老师的回答是:"让其他同学帮助解决,问题出来了,你们是怎么想的,每个人就说,在辩的过程中,就明了了,有的时候他们自己就争起来了,就解决了,需要我介入时我再介入,不需要就完了。"

从整体上看,关于学生的知识不仅包括一般性的关于学生的知识,比如学生的兴趣、生活经验以及认知水平等,也包括与学科有联系的学生知识,比如学生的已有知识,学生的特定学习困难和背后的原因。前者有助于一般性的教学设计和实施,比如例子和问题情境的选择,以及目标难度的设定,而后者则有助于特定内容或概念的教学,比如有针对性地显露学生的思维以及纠错。比如在谈到能力目标的培养的时候,易老师这样说:"(能力)这还是由潜移默化和渗透的,比如思维能力,这不是靠教师讲,而是要靠学生悟出来的,你的课堂设计中有没有学生,你有没有给学生思考的机会,你的习题讲评中,有没有显露学生思维的过程,他的思维过程是一个什么过程,有没有纠错的过程,很多的时候是在一节节课中,学生逐渐领悟了什么,就逐渐拥有了什么。"

由于对学生的关注,课堂更多的是教师提供给学生思考机会的场所,而不是照本宣科。这在访谈易老师有关好课的标准时也再次印证。在谈到好课的标准时,易老师列出了以下标准:

【好课—关注学生】最好的课就是关注学生,我准备非常好,但是我一味地讲,我很流畅,我一个环节一个环节都特别流畅,但是我根本不看、不关注学生的反应,理解没理解,看到没看到,同步没有,不能做到百分之百,至少是绝大部分学生,都与你的思维是共鸣的。

【好课—互动交流】我觉得那个课堂始终是互动的,交流的,可能学生还是一句话没说,只是老师在讲,但是他的思维与你是共振的。

【好课—及时调整】关注学生是非常重要的,表面上是关注学生的思维,实际上你的教学要及时调整,你不能按照原来的设计一个个呈现。

【好课—流畅—学徒观察】这节课一定要让人感觉非常流畅,一节课下来让人感觉还意犹未尽,过去我的老师就是这样。我们就担心,担心下课,不愿意他下课,他的课上得那么流畅,那学生多幸福啊!

【好课—思维参与】但很多时候的课堂是静悄悄的。虽是静悄悄,但思维是互动的,是一个个学生与你有目光、有眼神接触,你就感觉到他在听你的讲授,他在思维呢,那同样是很好的课,没有必要那么花哨。

【好课—重点突出】开始上课时有一个发散的过程,但下课前还应该有一个总结的过程。就是不能跑题了,实际上这些也无所谓,可能还是我在高三应试目的性有点强,我觉得一节课要有一节课的效果。

总结一下,即好课应该是思维参与的、吸引学生的、关注学生反应的、互动交流的、流畅的、及时调整的和重点突出的。而易老师的教学原则可以概括为三不能:不能只备一堂课;不能照本宣科;不能说下一点我要讲什么,而要过渡自然。从好课的标准以及教学原则上,可以看出易老师的教学信念是以学生为中心的,这也解释了为什么关于学生的知识是她教学知识域中最为丰富和最为重要的。

(二) 关于目标的知识

在确立具体的教学目标时,除了考虑这节课的内容、学生已有知识和能力水平之外,易老师还有关于目标的具体知识化和确立的一般过程。目标应该是三维目标,包括知识、能力和情感态度价值观三个维度。在谈到三者之间的关系时,易老师认为:"三维目标肯定会包括知识,如果有能力和情感态度价值观的素材我肯定会关注,知识是一个载体,我通过讲它可贯穿着能力的培养,渗透着情感。"

在教学目标确立时则需要参考课标、考纲、中学教材、大学教材来确定相应的知识体系,而设定目标的时候也会阅读生物学教学相关的期刊,对其中好的地方加以借鉴。

(三)学科知识

在访谈到如何确定重点时,易老师第一次提到"知识点"。这里的知识点往往也是考点,通过做题也可以知道和了解,在确立一节课的重点的时候就会用到。在问到"如何确立一节课的重点"的时候,易老师认为主要是通过经验和做题,随着经验的不断积累而逐渐明晰。

对于学科知识,易老师认为它是一个知识体系,是一个网络化的知识,由一个个知识点组成。"比如就拿细胞膜这个内容来说,那我肯定要知道,什么是细胞膜,它的化学本质是什么,是由什么物质组成的,那些物质是怎样组成细胞膜的,结构是什么样的,这样的结构有什么特点,它为什么有这个特点,它之所以有这样的物质组成可能是与它的功能相关的,那么它执行了一个什么样的功能,它为什么能够执行这样的功能。从不同的层面,去强化结构和功能的相适应性,那么细胞膜这个知识点应该掌握的,就要有物质基础、成分、结构、结构特点,这样的结构特点保证了什么样的功能,它的功能特征是什么,不同的物质通过膜的方式是什么。我认为细胞膜这一个知识点,你应该从这么多方面去掌握,那就基本理解了细胞膜,基本掌握了这个知识点应该掌握的。"多个层次的强化也是易老师突破难点的重要课堂教学策略。而在列举这个例子的时候,易老师自然而然地使用了"课堂语言",也就是用问题串的形式展示了这个概念不断延伸扩展的过程,这个也是她教学展开的过程,可见这个关于细胞膜的知识的组织已经不再是学科化的,而是以一种教学的形态(问题串)的方式储存的,是随时可以提取的,是教学化的学科知识。

三、备课—上课—课后反思

这部分访谈的目的是了解教师教学工作的一个操作化的模式,与显性知识不同,经验型教师往往在如何备课、上课和课后反思等方面有非常丰富的隐性知识。同时这也是先前知识域应用化的过程,我们也可以从实践的角度来了解这些知识域的应用形态是什么样的。

从访谈的大体框架中可以看出,访谈是围绕着教师最常规的教学工作展开的,而最终获得的知识也明显地划分成三部分:备课、课堂实施以及教学反思。

在备课这个知识部分涉及备课的一般过程、备课的内容以及备课的要点。对于备课的大体过程,易老师认为:"从教学目标开始,这节课讲什么知识,根据教学内容,根据课标要求、考纲,根据学生已有知识经验等多个方面,确立这节课的教学目标。把目标定下来以后,再展开设计具体的环节,怎么导入,怎么去分析。这个目标的确立有内容,有学生。目标定下来以后,再进行教学设计。教学设计包括导入的设计,新课的设计,板书的设计,这些都是教学设计的内容。"

所谓引入,就是让学生进入一种教学前的激发状态,启发其学习的渴望,使其更容易学好新课的内容。"我要专门去设计这个导入,怎么进来,我得设计一个教学情境,有一个情境的创设过程,与我新课相关的。"易老师进一步解释说:"就是进入学习状态,对于新学习的内容处于那种激发状态,'哎呦,我太想学这个了,今天就讲这个'这种状态,我就力图达到这个目的。学生处于渴望激发状态,就想学,那我就很自然地进入到新课中来了。"易老师经常会设置一些基于生活或生产实际应用的例子设计问题情境,这是一个显著的特点,教学录像中有多个片段的问题设计都与生产实际和学生生活相联系。

而新课设计则又包括例子、问题和问题的分析。除了例子需要精心选择和积累之外,问题设计是易老师特别重视的。在谈到新课设计时,易老师说:"特别花时间的就是问题设计,用多少时间设计都不为过的,这节课的问题,实际一节课还是靠一个一个,一串一串问题沟通起来的,你这个问题合不合理,深度够不够,能不能在课上追随学生的思考生成新的问题,那么的恰如其分,那么的到位,这是无止境的。"易老师特别注重问题的设计,这在后面的课堂策略中也有所体现。设计问题的目的是引发认知冲突和思考。而引发了学生认知冲突后,教师还要有相应的课堂组织策略来应对,这在课堂策略部分会仔细叙述。

在备课的要点上,易老师认为"不是就一节课来备这节课,这节课在这本书的知识体系中所占的地位,起的作用,与前边哪些章节有联系等,为后面章节做铺垫,不是孤立地为一节课来准备这一节课",强调了课与课之间的联系,以及这节课在整个章节、整个模块甚至整个高中生物课程里所占的地位和作用,也就是从一个整体去看局部。这实际上是教师关于课程组织联系的知识,这也是专家型教师的一个特点,能跳出孤立的一节课,而审视这节课在整体中的作用和联系。韦斯特曼研究发现,专家型教师会考虑他们的每一节课如何配合整个课程,这节课与以前授过的课程内容如何联系,这节课与课程设置里的其他学科如何联系等问题。①

在策略实施上,则表现为老师对学生各种可能反应的应对策略。这些应对策略包括培养学生能力的策略、提问的策略、课堂组织的策略、语言表达的策略、引入的策略、知识过渡的策略以及突破重点的策略等。比如显露学生思维的策略,"你的课堂设计中有没有学生,你有没有给学生思考的机会,你的习题讲评中,有没有显露学生思维的过程,他的思维过程是一个什么过程,有没有纠错的过程",这是应对学生错误思维方式或概念的一种很有效的方法。

当教师的材料、例子或问题引起学生的认知冲突时,易老师的解决办法不是教师直接讲解,而是"让其他同学帮助解决,问题出来了,你们(学生)是怎么想的,每个人就说,在辩的过程中,就明了了,有的时候他们自己就争起来了,就解决了,需要我介入时我再介入,不需要就完了"。这实际上是她应对学生反应的课堂组织策略,而教学录像中,易老师经常会对学生的不完善进行追问,同时也鼓励其他学生补充或者提出新的问题。可见这种策略的背后与其娴熟的课堂组织技能是紧密联系的。

而当笔者问到如果学生上课没有反应时应该如何处理,易老师对这种情况进行了归因,如果在"课上就会换一种表达方式,只能这么着了,换一种方式来说"。接下来,她进一步分析:"学生对某个问题如果没有反应的话,除非是我语言因素之外,多数情况下是那个问题,我通常不满意,是这个问题的难易程度不够。多数的时候是深度不够,这与我个人的思维方式有关。"在关于学生的知识部分,对于学生不理解或者没有反应的归因还包括"教师给得生硬"或者"学生没有生活经验和感知",而相应的应对策略也是通过语言表达。易老师特别强调教学语言的锤炼,而且现在还保留着写详案的习惯。

在语言表达上,很多都是锤炼好的,是要充分考虑学生的,比如"你表达的是不是切中要害,正是你要表达的,或者正是学生想发问的,如果语言不是那么贴切,正是学生感到困惑的和迷惑的,要是设计好了,每节课学生眼睛都会发光的。可不。而且碰撞完了,就是生成。一般来说,我脑子里提前都会想好了有哪些哪些,呼应好的时候会和你碰出火花。"而且她也会准备其他的可能,比如当"呼应不好,那我就提

① Westerman D A. Expert and Novice Teacher Decision Making [J]. Journal of Teacher Education, 1991, 42(4):292-305. 转引自:徐碧美. 追求卓越——教师专业发展案例研究[M]. 陈静,李忠如,译. 北京:人民教育出版社,2003:31.

问,你有没有问题,提问不出来了吧,那我就一个一个来提问"。语言表达的重要原则就是让学生能更容易理解,也用到学生的生活和打比方的方式。"我比较会用通俗的语言,可能一说就让学生理解了,你也不用指望教学难点,他一步就能理解得那么深刻,那么到位,至少他理解了,就用他的生活,举例子、打比方,让他想象得很生动的就理解了。"

易老师会特别重视问题的自然过渡。用她的话讲:"我会在意知识之间的过渡,我一般给学生的知识是结构性很强的,我习惯这样,就是我不愿意给人感觉,第一个问题,第二个问题,第三个问题,在我的课堂上没有这样的话,肯定是第二个问题是第一个问题自然衍生的,是不讲不行的问题"。而知识过渡的方法,易老师"更多的是用问题"过渡。

备课的过程谈到了如何确定重点,而突破重点的方法,易老师多采用"多角度层次呈现和强化来突出这个内容"。用易老师的话:"重点本身就是在环节上,就是说我这个重点的知识,在呈现的时候,表述的时候就会一层层逐渐理解,我会强调这个内容,在课件上强化,会多个层次地呈现,不会一带而过,或者换一个角度加深理解,举个例子,做个题,做个判断什么,从不同层面加深这个知识点的理解。我会设计这样的环节来强化这个内容。"

四、课例分析:染色体的变异

研究者就"染色体的变异"这节课的教学设计和实施访谈了易老师。访谈的目的一方面在于了解相关知识在一节课的设计过程中应用的情况,另一个目的在于为先前显露的知识域寻找例证或者反例。

本节课的知识网络如图 5-22 所示。

对于这节课的思路,易老师表示:"前面是把框架拉出来就完了,框架清楚了之后,很容易就把教学重点转到染色体组这儿了,染色体组怎么成倍地增加或者减少呢,那么什么叫染色体组。所以这节课重点,染色体组是一个重要概念,有了染色体组,就可以从这个角度对生物进行分类,单倍体、二倍体、多倍体,那么这些种类的生物都是怎么进行区分的,都有什么特点,这样的一个知识点。主要是从数目的改变和在生产实际上的应用展开这节课的内容。"

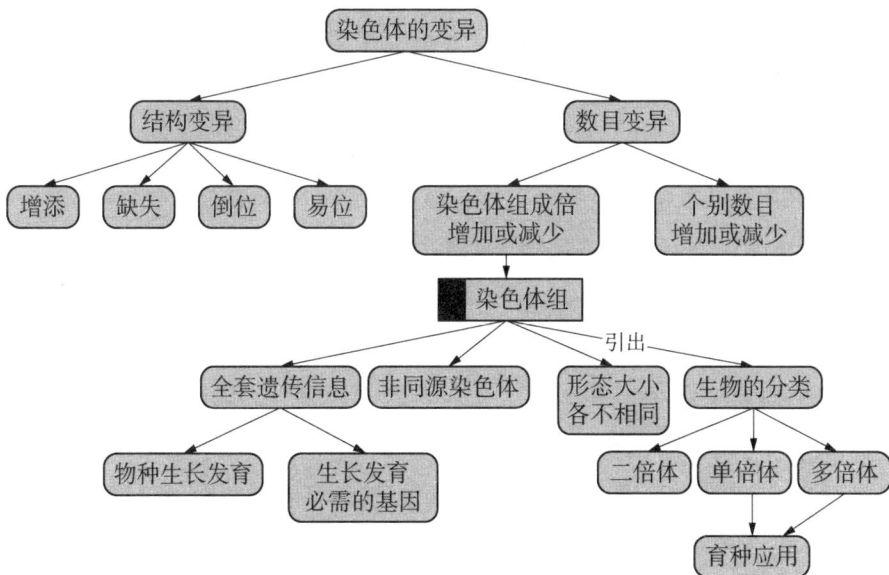

图 5-22　染色体的变异课例概念图

研究者:这节课是否考虑到学生已有的知识?

易老师:学生已有的知识,就是说染色体他很熟悉,减数分裂也很熟悉,体细胞中的染色体在形成生殖细胞时还有一个数目减半的过程,而且他也知道染色体和基因之间的关系。染色体是基因的主要载体。染色体变化后可能会导致基因发生改变,所以生物可能就变异了。本质是基因发生了改变,它引发的变异是可以遗传的,而且它涉及很多基因发生变化,后果是非常严重的,这些知识学生都会清楚。染色体结构的知识,染色体和基因的关系,减数分裂的知识,学生都清楚。

研究者:如何把这些知识与相关教学联系起来?

易老师:学生知道染色体和染色体组,因为染色体已经清楚了,那么染色体组是一组染色体,那么是一组什么样的染色体? 不是随机取出几条染色体,而是被限定的,是在减数分裂过程中,同源染色体都分离以后,对于二倍体来说,生殖细胞所含有的那样一套染色体,我们叫作一个染色体组。实际上染色体组的概念还不是从这儿直接给出的,我觉得一下子给到那么抽象的一个染色体组的概念,还是不自然。我实际上是用扑克牌分组的方法,结合他的生活,打牌嘛,都知道有多少张牌,有多少种图案,我们从哪个角度分组,来让学生对染色体组有一个感性认识。然后从扑克牌回到染色体,假设每张牌都是细胞中的一条染色体的话,那我可以对染色体进行分组,那么怎么分,由一个很形象的物体引导出了一个很抽象的概念。我给出概念时,从扑克牌引出了染色体,学生知道了,染色体原来是这么回事。引出这个概念,然后进一步用果蝇的那个模式图,来强化染色体组的概念,怎么强化呢,首先我让学生到黑板前用教具去贴,你是怎么分的,然后用习题,至少有四个环节,才把这个概念彻底理解了,扑克牌是个导入,是从已知到未知,那么一个形象地导入,引入这个概念。然后果蝇磁化教具,传统的磁化教具,让学生对果蝇的染色体组进行分组,怎么分,这个是第三个层次了,由扑克牌初步了解这个概念,果蝇模式图是让学生深入理解这个概念,根据这个概念你给果蝇怎么分啊,怎么分组,然后我设计了若干习题,强化这个概念,还有画书落实这个概念。我设计的时候,是想从表面到深入的,从形象到抽象的,一步一个台阶让这个概念初步感知了,然后大致了解了,初步应用了,最后深化理解了。这个概念落得扎扎实实的,没有一个人不理解什么叫作染色体组的,都知道了,肯定到位了。这个概念到位了,后面给生物分类的事才能到位。

研究者:确定这样的知识内容,为什么它是重要的,是从哪些角度来考虑的呢?

易老师:还是来自实践,你想染色体的成倍增加或减少,我们在实践中是有应用价值的,我通过单倍体培养可以获得单倍体,我用秋水仙素处理,会获得纯合子,这是重要的育种方法。我用秋水仙素处理种子或幼苗的话,我可以获得多倍体,它有很高的营养价值,既然有它的经济和研究价值在里头,自然这个就很重要。而个别染色体变化的话,那种不定向性会引发性状的改变,不一定有使用价值,而且不可控,是不是,那自然个别数目的改变就不是重点。单倍体本身没有价值,但是对育种很重要。多倍体本身就有价值。在生产实际中有应用价值,自然是我们研究的重点,那学生就能培养出这么大一个大家伙(土豆)。自然情感的东西就在里头了,体现了我们的学科价值。

研究者:在做这样的教学设计的时候,是什么让您想到这样的思路的呢?

易老师:最早我上这个课的时候有磁化教具这个环节,但是没有扑克牌。过去没有电脑,想要动起来,就是用磁化教具。由体细胞到生殖细胞是什么样的,学生就摆一摆、排一排,有的时候,这样的一套染色体,大小形态都不一样,所以叫一套染色体组。效果还是不错的。这个就是锦上添花了。那样给的话还是感觉有点突然,叫染色体组,凭什么要分组啊,为什么要分组,所以,诶(突然获得想法的语调),让学生不那么突然,别一上来就是果蝇,因为果蝇对学生来讲也是陌生的,而且果蝇有8条染色体,是一个模式图的染色体,对于学生来说那也是很抽象的。所以我想,能不能从一个更熟悉的物体,诶,有一个分组的含义在里头,而且学生对这个物体会分组,根据我设计的角度就会分组。那我换一个角度,不是果蝇了,是另一个抽象的物体,你会分组吗,所以就容易联想到扑克牌上去。这样很自然,这样分,他自然而然就理解了。一拿出扑克牌,学生也兴奋,上课还有扑克牌呢,激发他的兴趣。

研究者:在学生的个体差异上,您是如何考虑的?

易老师:这个概念之所以设计了这么多层次,就是关注到了不同学生。你从扑克牌那儿没理解,可从磁铁教具那儿通过粘粘、贴贴、摆摆来理解。这种逐渐深化的设计就是关注到了学生的各个层次。

研究者:您设计和实施这堂课的困难或者限制之处有哪些?

易老师:这障碍就是学生觉得染色体组抽象,我带了一个大马铃薯,尽量用学生熟悉的东西,形象的东西。学生对染色体和果蝇都熟悉,他真正看染色体看的不就是根尖有丝分裂吗,而且看得也不是很清楚。对于单倍体和多倍体等操作他也没有经验,为什么要处理萌发的种子或幼苗,因为细胞分裂,秋水仙素的作用,纺锤丝,多抽象,都是学生学过,都是抽象的东西。应用方面也没有这样的经验。突破的方法就是找形象的东西,尽量结合他们学过的东西。

研究者:这节课的策略是?

易老师:形象直观。方法归为讲授法,你说是讲授确实是讲授,但也不是我一言堂地讲授,是有引导学生思维共鸣的,师生一起对问题进行讨论。

研究者:这节课的评价是如何设计的?

易老师:我们没有设计单独的评价,都是在过程当中。在某个过程中我设计一个问题,让学生去回答这个问题,本身就有一个评价在里头,可得知学生的反应、注意力。

研究者:例子和问题,您在教学设计中有反复加工的过程吗?

易老师:针对果蝇的问题是比较成型的。实际上在扑克牌的语言组织上,这个话怎么说,能让学生理解到我想怎样分组,记得当时我手写了好几套语言组织,想说清楚了,一下子就让学生想到"我想这么分"。一想挺容易的,一说就不是那么回事,学生不理解。要想一步到位,不容易。

拿一个感性的物体,要很快地转移到与你教学内容相关的物体上去。让学生的兴奋点很快转移到有效教学上去。教师需要精炼的语言组织。

研究者:您选择素材和例子的标准是什么?

易老师:这节课里,以果蝇来讲染色体组是一个经典,很多人都用这个来讲染色体组。例子要与内容相关、学生感兴趣。果蝇一个染色体组是4条,那我肯定要拿走一条,这还是不是一个染色体组,为什么不是,肯定这样反问他,还剩3条,那不行,信息没了。

易老师对于学科知识的透彻理解使其明确了这节课的教学重点要放在染色体组这个概念上。针对学生学习这节课的困难以及困难的原因——内容抽象以及学生没有生活经验,易老师采取了直观教学的方法,在学生生活中寻找与这节课内容相关的东西,为了克服染色体组抽象和学生对它不熟悉,易老师想出了用扑克牌作为类比,使得问题的阶梯自然衔接。为了给学生多倍体的感性认识,易老师准备了多张多倍体植物的图片以及多倍体的马铃薯实物。针对染色体组这个概念,考虑到学生的差异,以及这个概念的重要性,易老师采取了"多个层次突破"的策略,"从表面到深入,从形象到抽象,一步一个台阶让这个概念初步感知了,然后大致了解了,初步应用了,最后深化理解了",而这个问题阶梯的设计与她关于学生已有知识和经验的理解,以及对概念本身特性的理解是密不可分的。但是这个问题阶梯也不完全是新产生的,比如其中利用果蝇这个材料来讲染色体组就是以前有的,而扑克牌的环节是新设计的,目的在于解决为什么分组以及怎样分组,在这个过程中使得染色体组的这个概念与对扑克牌的认识联系起来,减少了认知难度。这种设计的本身考虑到了多方面的因素,既要紧扣内容,又要与学生生活联系,此外还必须能够易化学习,与前后教学活动呼应,它应用到了教师多个方面的知识域。

五、个人知识发展的回顾

研究者就易老师个人专业发展的过程,对其进行了访谈。目的是了解不同的知识域是如何发展的,知识来源是什么,发展顺序怎样。

研究者:如果让您回顾一下您的专业发展的话,那么这些知识发展的先后顺序是什么样的?

易老师:最早关注的肯定是教材里的知识,教材里讲啥了,我先把这个知识弄清楚,进而深化这些知识,对应的大学教材里头都讲了什么知识,然后我的知识越来越丰富了。然后呢,随着工作时间的延长逐渐会关注到学生,这肯定先要把讲什么弄明白了,我先加深自己的理解,进而才会关注到学生真正知道哪些知识,学生对哪些知识感兴趣,他有哪些生活经验。然后才会逐渐关注到这个课堂上学生的学习,关注这个知识怎样呈现,学生才能够接受,才能引发他思考,才能引发他深入探究,才会关注到这些层面上来。而且才会想到这个学科思想和方法渗透其中,把情感传递给他,才有这些知识。一定是你的专业知识积累到一定程度,驾驭自如的时候,才可能腾出手来去想这些知识。虽然不可能完全是这样的一个梯度吧,至少开始的时候关注学生是不够的,可能我的经历是这样,可能现在不一定这样,现在可能你刚一工作,那种理念就要求你必须得关注学生,上来就关注。我毕业那会,我1988年毕业,那时候和现在不一样,那时候很多成功的课都是来展示自我,随着这种理念的推进,才越来越多地关注学生。我怎么去呈现这些知识的时候,我才会关注学生。

研究者:关于课程组织的知识呢? 比如单元与单元之间,课与课之间的联系。

易老师:这个知识在很早就开始关注了,很早,我备课不可能光看这一节,我肯定要前后都考虑到。

研究者:关于教学法呢?

易老师:我用什么教学法,也应该是当我特别在意学生的时候才会想到用什么方法,和学生的知识差不多。关于教学资源的知识,我觉得这个得教几轮之后才能知道呢,对整个教材体系熟悉以后才会想哪个地方怎么做。关于评价的知识,我的意识不强,往后放。

科学教育目标,三维目标,一堂课的目标是节节课都关注了,那种科学的目标体现我们科学的特点,探究啊,科学思想方法啊,也应该是滞后的,是逐渐深入的。

信息技术是随着技术的发展,必须得用,才有了。过去我们都去画胶片,用投影。信息技术是在中学有了这项技术才学会用的。评价的知识,相对信息技术还是滞后的。

应研究者的要求,易老师对不同知识域的重要性进行排序。

研究者:这些知识,对于生物学教师教学来讲,哪些知识是非常重要的?

这些知识都很重要,离开谁都不行。科学知识肯定是第一位的,没有它你什么也谈不上了。你用什么方法是与科学知识有关联性的,设定的目标与用什么样的资源也是具有相关性的,评价是不是在教学法里头也有体现。关于学生的知识也是非常重要

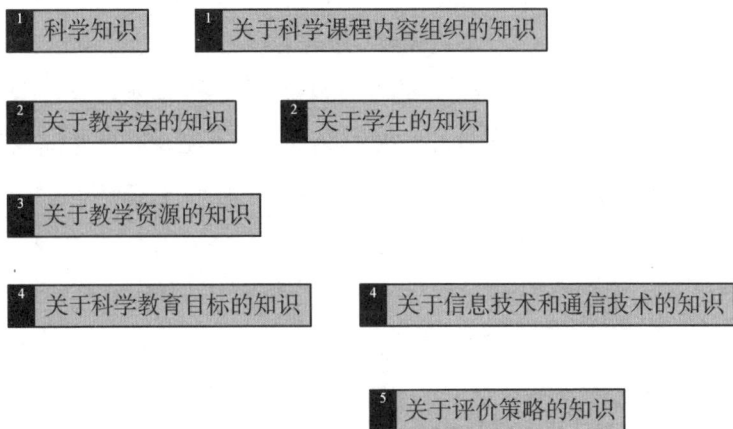

图 5‑23　易老师知识域的发展顺序

的,是基于学生来设定目标的。

最后排序如图 5‑24 所示:

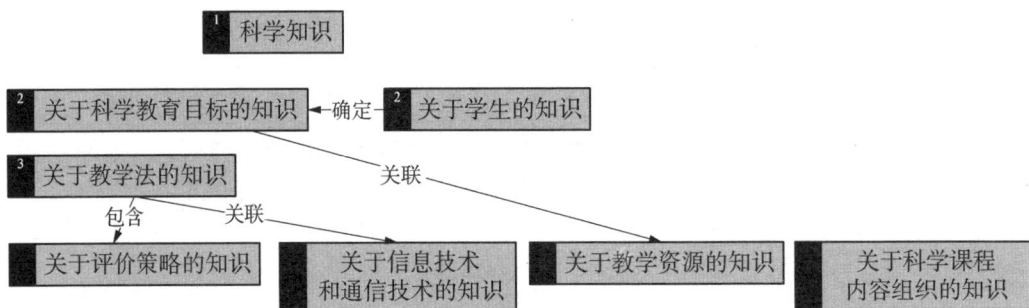

图 5‑24　易老师对不同知识域重要性的排序

对于知识的获得来源,易老师认为:

学科知识主要是自学,当然也有本科期间学习的,还有工作以后的继续教育,然后2 年的在职教育学专业的硕士课程学习。对于我个人的学科知识来讲,教育学专业的硕士课程学习阶段对我有一个很大的深化。

关于科学教育目标的知识主要是课程改革之后,耳濡目染,接触到新的理念,还有骨干教师培训等,使得自己的观念上发生了显著的变化。

教学法在本科期间学习过,教育学专业的硕士课程学习期间也在学,还有自己看书,平时教学实践经验的积累等,其中主要的知识还是来自教学实践积累。对我教学观念影响非常大的是骨干班的培训。当时授课的老师,都是顶尖的教授,那时候可爱听了。但是在当初上大学的时候根本不爱听,现在想来那时候大学教师用了好多方法,他讲教学法,他本身就用了好多方法来讲那门课,但是当时还是不爱听。现在你有点教学经验了,然后回过头来再听,就爱听了。

研究者:教学经验对于学科知识的学习有影响吗?

易老师:肯定有。

研究者:这个影响是什么样的?是增加吗?

易老师:什么样的,不是增加。是怎么影响的呢,你跟学生有交流了,你就知道学生怎么容易理解这个知识或者不理解这个知识,对于这个知识怎么呈现你有新的认识,是这个意思。可能你觉得是挺字面的知识,但是学生就是不理解,可能你觉得是一个挺陌生的知识,但是学生很快就理解了。实际上还是对学生的了解和交流以后引发这样的。

【教学经验有助于增长教师如何表征和呈现特定内容从而有利于学生理解学习的知识,在这个过程中教学实践可以检验不同表征的效果,而且这也与教师对学生的了解密切相关】

我们注意到知识发展的顺序,是随着教师的关注点的变化而变化的,也就是教师关注到了哪,哪就成为知识的生长点。最早具有的知识是学科知识以及关于课程的知识,这里学科知识指的就是生物学专业知识,而关于课程的知识在对话中只是狭义地理解为教材中的章节的组织和联系的知识,这两个是易老师最先关注的。其理由是:"肯定先要把我要讲什么都弄明白了,我先加深自己的理解,进而才会关注到学生真正知道哪些知识。"而且只有关注到学生,关注到知识如何呈现学生才容易理解,也就是关注学生和教学法,这两个知识域是易老师的第二个关注点,之后才是教学资源,然后是教育目标和信息技术,而评价是最后才关注到的。情境学习理论认为,知识是主体与情境互动过程中产生的工具。而教师的学科教学知识也主要是在应对教学工作中的各种问题的时候才得以发展的。

我们可以看到学科知识起着基础性的作用,而且只有专业知识的积累达到一定的程度才能逐渐关注到如何呈现给学生,如何引发他的思考,如何让他探究,进而上升到科学思想和方法的层面。而这种变化,是如何发生的呢?学科知识的丰富表现为多样性和包罗万象,思想方法则是其共性。随着知识的增加,获得知识的方法也就在不断被使用,因此方法也变得越来越明晰。方法的方向则又由学科思想掌舵。当教师知识体系有了学科思想方法的统领之后,整个体系发生了质的变化。理解得透彻、通达,就更容易找到如何呈现的方法。

那么教学经验对学科的影响是什么样的,又是如何产生的呢? 在研究者的追问下,易老师的回答是:"你与学生有交流了","你就知道学生怎么容易理解这个知识或者不理解这个知识,对于这个知识怎么呈现你有新的认识"。教学经验的作用是丰富了教师如何呈现一个内容给学生,进而帮助学生理解或者解决学生的学习困难,这个过程一方面涉及所教内容的知识结构,另一方面则涉及学生对这个内容的学习和理解过程的特点。

第六节　俞老师个案研究

一、背景信息

俞老师从事中学生物教学 20 年有余,大学本科毕业,所学专业为生物科学,现为高级教师,并担任高中部生物教研组组长。

二、知识域描述

对于"哪些知识对于生物教学是有用的"这个问题,俞老师认为:(1)首先是生物学的基本概念、思想和方法,因为它统领着你的教学过程。(2)教师要具有接受和学习新事物的学习能力,为自己抓住或创造学习机会。(3)进行实验教学改革的知识与能力。(4)当然还有一个非常重要的就是基本功,要有非常清晰的语言表达能力。(5)教学最最重要的一个是目标,最终你要把你的学生培养成什么样的,这个是决定性的。

那么这些知识又是如何获得的? 它们又是怎么对教学产生影响的呢?

在第一次访谈的过程中,俞老师谈到自己每学期都到附近高校听一门课,因为她工作的中学离这所高校不远,这已经成为她的一种习惯了。她认为教师应该知道其所在领域的专家都有哪些,争取听这些专家的讲座,与他们交流。而听课获得的知识又对她的生物学教学工作有着很大的影响,这在她工作的多个方面都有体现。比如大学教授讲的内容使她对生物学经典实验以及生物的基本概念和思想产生了兴趣,有了新的认识,而这种新的认识又会使得教学目标以及教学思路发生显著的改变,进而使得一节课的教学设计和以往截然不同。下面就是一个具体的例子。

对经典实验在科学发现史中地位的重新认识导致了一个新教学目标的确立和教学思路的产生。

比如说我和一位同事对"人类探索遗传物质的发现过程"一起备课,是区里的说课比赛。遗传的物质基础,三个经典实验,我觉得这个内容在教学目标设定中,肯定要明确知识在模块中,甚至在整个生物学中的地位。那我觉得在以往地位设计中就有问题。一般都是纯粹的对实验的分析,这是能力上,知识就是让大家最后确定DNA是遗传物质,然后对探索过程的分析等,情感态度价值观就是科学家多么艰辛,科学多么不容易,实际上这是有悖于模块的整体备课的。整体备课的理念就是确认你这个知识在整个模块中的地位,现在我们这个模块都是按照科学史这么写过来的,它实际上是科学上两条研究主线的交汇点。一条主线就是孟德尔、摩尔根他们遗传学的主线,从提出遗传因子到把基因定位在染色体上,这样一条线。而另一条线呢就是生物化学学家,从米切尔开始到四核苷酸假说,他们在做DNA的生物化学研究,两家各不相干,不知道你做的啥,我做的啥。只有艾弗里这个实验把两条线交汇到一点,我觉得知识的线索就是这样,你必须让学生明白这两条线是怎么交汇在一起的。这个知识目标的确立正是认真读了遗传的历史发现之后,你才重新有这样一个体会。但是以前还没这样写,这个实验就是两条线索的一个交汇点。这个启发是,咱们生物教材改革之后,把孟德尔和萨顿的实验都说了吗?然后再说,咱们教材增加了基因定位在染色体上,基因和染色体的关系,增加了一节内容,后来我就想还真是,孟德尔的实验和萨顿的实验,摩尔根把它交汇在一起。后来我再读,哦,原来这是两条线索,这些在研究DNA的学者都不知道DNA是啥,遗传物质是啥,这些遗传学家只知道有叫遗传物质的,叫基因的,怎么定位在染色体上,也不知道。只有这个实验把这两个交汇在一起了,生物化学中所说的DNA就是遗传学家所说的遗传物质。那些生物化学学家,天天在做那个DNA分析,然后四核苷酸比例还给弄错了,推测是 $1:1:1:1$,觉得它没用。这种化合物那么单调，能是啥啊，不知道它有多重要。所以这个目标一确立，这个新目标确立之后，课堂就会截然不同。

【俞老师重新审视了艾弗里的实验在科学史上的重要作用，并且也希望学生了解这个实验在科学发现史上真正的意义和价值所在】

研究者：实际上这就是一个新的目标？

俞老师：对，有了一个新的目标，你要让学生在头脑中，把两点交汇在一起，这成为我这节课的目标。不是单就这个实验分析，分析什么是遗传物质，而是把两条线交汇一起，成为一个新的目标。所以，这个目标就导致这节课教学和以往教学的效果截然不同。

此外，在听取了一位生物学专家对中学生物教学的意见和建议后，俞老师萌生了进行实验教学改革的想法，打算将过去验证性的实验改为未知的探究性的实验。因此她认为实验教学相关的知识也是教师必备的素质，教师要能够把握每个实验最具引领性的知识框架，才能做好这项工作。因此，她认为实验教学的基本概念和思想框架也是教师的重要知识成分。

对实验有了更全面的认识会影响教师对学生问题的回应方式。

以前的教学法就是，染色体里面有 DNA 和蛋白质，哪种物质是遗传物质呢？遗传物质应该有什么特点？以前我教学的时候讲授给学生，什么特点，四个特点，先是格里菲斯实验，分析完了之后，再分析艾弗里的实验，然后觉得艾弗里实验不太合理，这个酶解法存在技术缺陷，0.02%蛋白质的问题，包括格里菲斯的实验，记得特别清楚，课堂上就有学生质疑，凭什么格里菲斯认为是转化因子，就不可能是它自己突变了？或者是它自身的物质导致发生了变化？你看，这个认知不够吧，你想想这两个交汇在一起只能是这样一个解释，还非得给学生转过来，我印象很深刻。后来学了之后才知道，有研究者写了一篇文章，说格里菲斯的实验至少有七种解释，格里菲斯恰恰还解释对了。

【"教学过程很重要的就是你要有很清晰的逻辑性"，通过科学研究的问题逻辑以及科学史来帮助学生理解科学过程方法和科学本质（NOS）】

任何一节课，首先要把三维目标确定下来，接下来就是教学过程，过程中很重要的是要有很清晰的逻辑性。举个例子，像生长素的发现，我记得上过向光性的一节课，那节课是从一句话"葵花朵朵向太阳"引入，那是网上热炒过一阵子的梵高奶奶，一位没文化的农村妇女，他儿子在深圳工作，她去照顾孩子，她画画，那画都是印象派画法，学生一看，梵高画的，我说不对，这个是梵高奶奶，为什么呢，想让学生学会一个比较法，最后给学生呈现了梵高画的向日葵，学生去比较，还是不一样的。让学生知道一种比较的方法，不要见了向日葵画就一定是梵高，而且经过比较会发现，大师就是大师，奶奶还是奶奶，差得远了。接下来就从向光性实验入手，其他教师都从达尔文实验切入，而我不是，引入之后，我问为什么会显现向光性，接下来怎么研究，这符合逻辑性，已有的知识要给胚芽鞘纵切一下，在显微镜下观察为什么会弯曲生长，所以这就很强调逻辑性，因为达尔文和温特实验难度较大，非得把那实验在课堂上呈现出来的话，学生似懂非懂，那就真实一点，就以学生做的胚芽鞘实验为例，可以问他为啥弯曲，已有知识的下一步就肯定要做一个纵切，那个部位弯曲了，在细胞水平观察一下，胚芽鞘背光侧伸长是否比向光侧多了。而且根据学生已有的知识，他当然会自动回忆起初中学的植物激素，想到信号传导了。不用去解释它的规律，学生马上知道这一定是信号传导，然后再讲科学史这段，科学史最终结论也是信号传导。所以大家走了那么长的研究路，现在都交集在一起。不必说什么都是科学史带来的，现在的学生提及任何一个问题，一个研究思路和方法，就认为来自科学，但是教材中缺少了一些实验。所以说，温特的论文发给你的话（俞老师在课堂上设置的情景），由你做主编，你会认为温特的论文还缺点什么？比如学生提出没有验证琼脂的作用，行，那你能让温特再补实验去？发论文经常是这种，你还要补几个实验，就审这论文啊？恰恰这些实验温特都完成了，所以顺利通过。生长素发现过程特别好的是，有很强的逻辑性，一环扣一环。只不过现在研究生长素，你不用从达尔文发现开始，这些都完成了，接下来就呈现那张表，温特法和液相色谱法测定的数据不同，发现的生长素都一样，但并不像温特说的，那边生长素多些，这边生长素少些。两侧生长素都一样，只不过是生长抑制剂多少的问题，大家读一下有关生长抑制剂的内容，看到没有，原来都以为生长素发现的机理都弄清了，结果发现，这个实验还不是完全正确的，实际上是有另一种物质的作用，没有考虑激素之间的作用……所以我告诉学生，不要以为你们都没事干了，科学研究都做完了，没有完成的还有的是，你现在已知的知识很可能又是错的，这就是无穷尽的科学，学生觉得很有道理。最后欣赏梵高那幅画，看一下大师的作品，当然感觉上好像相隔很遥远，大家觉得，反正一节课下来很累最后轻松一下，两张画一块看也是有道理的，也是有共同的方法论在其中，要比较地看，不要单独一幅画地看。所以是一节挺有趣的课。

【教学过程的实施需要针对问题逻辑以及学情做出调整。俞老师应对困难的方式

是"再想想、再做做",通过反思和尝试解决问题】

研究者:教学设计之后,就是课堂实施,课堂实施会有哪些需要注意的呢?

俞老师:确实,你都设计好了,一环紧扣一环,但是在实施中,在进行过程中,你会发现有些逻辑还是不对,所以有时候还需要在课堂中做些更改,或者有些细节再调整一下,还有就是学情,在课堂上学生会提出一些你没有预设的问题,而这些问题可能恰恰都还没弄清楚,那就再想想、再做做吧。

比如,最典型的一个好问题,就是上课讲抗利尿激素,垂体分泌了之后作用于肾小管,然后促进对水的重吸收。这时学生就举手说,老师这个说法不对,你给我们讲水是自由扩散渗透,旧教材不是讲渗透吗,你给我们讲的是渗透,这是一个被动过程,取决于浓度差,没有什么主动过程,激素还调控什么,不用调控,你这个调控机理就说不通。我说,你真聪明,你恰恰指出了教材应改之处,水通道蛋白必须写入教材,不写进去,学生都发现说不通了。

研究者:这是一个好问题,还有吗?

俞老师:学生会问出一些新的,和你预期不一样的问题,甚至你自己讲授时觉得没什么问题了,学生就质疑说不是这么回事儿。

【俞老师关于学生反应的知识也主要来自课堂教学经验的积累和留意,并促使教师产生相应的应对策略】

研究者:一般遇到这种意外的话,您会怎么处理?

俞老师:有时我会说这个问题得去查一查,当然我们学校也有一些资源,比如有些学生家长就是从事生物领域工作的,所以我这个时候就会发动家长……或者回去查一查,或者说我认为可能会怎么样,或者交给学生一本书,让他们去查,查完与老师交流。这方法既省事,又让他看了书。

研究者:那有的是能回应就回应?

俞老师:对,有的是,水通道蛋白恰恰我知道,给他说一说。有学生问,高尔基体消失的话会怎么样? 不知道(很小声说),我也不知道。

【教学反思的方式包括:下课后与同事交流讨论、考试、作业、测验反馈、听课和看书等,比如在阅读经典实验原文的时候发现有些内容自己以前讲得不够精准】

研究者:进行教学反思的话,您会反思哪些内容或者用什么方式反思?

俞老师:我们教研组的学习氛围挺好的,如果我今天尝试了一种新教学法就会兴奋不已地和大家交流，其他老师就会指出这个环节不合适，那个环节不合适，我就会再查一查，再微调一下，所以这个是挺重要的。还有就是考试是挺重要的反思了，比如最近考查题问的一个问题，一个基因分离的问题，学生答基因重组，正答率才百分之十几，这肯定是课堂上老师没讲清楚，没有强调，我们说的重组仅限于非等位基因，而等位基因只有分离，所以这个反思即课上强调不够。通过测验可以反思，布置作业也可以提供反思。还有就是后续看书，比如你发现上课时讲这个问题讲得不够准确，我也遇到过不少这种情况，所以不是刻意的下课之后进行反思……我要是讲完这节课特有成就感，回到办公室，就和大家使劲地说，我今天举了一个例子，觉得特别有意思，学生问了我一个问题，我怎么回答，或者我答不上来，和大家分享这个，更多的情况下是这种，好或不好，我来反思，或者我看了本新书，或者到高校听课。艾弗里的实验，我以前讲得多了，孟德尔的实验我都讲得不够精准，现在都是在讲那个儿童版的内容，而没有讲成人版的内容，本身的内容，删除了那些曲折过程，按照我们的教育目标去编写科学史。

【对于生物学基本概念、思想和方法的重视不仅体现在教学设计中、实验教学中，还体现在评价设计中清晰的脉络上】

所以那天命一道题，他们说从什么角度命题好，我说一定要从方法学的角度命题。一个显色反应，我们要命题的时候，要体现哪些方法学的要素。第一个是一个定性的实验，测定有没有糖，然后这个实验你觉得考虑到，……要有已知的对照，已知的糖和菲林试剂反应，你这个梨汁一定要和它对照，然后同样的颜色，OK，都是还原性的糖。然后接着呢，显色反应是可以在细胞里定位的，我们教材里苏丹Ⅲ染液染色，这个第二个逻辑是，你这个显色反应是生物化学反应，能够在细胞里定这个位置，要考查这个思想。第三个，这个可以是定量实验的，所以考查测定亚硝酸盐含量，新增一个泡菜实验，用这个实验。第四个，我考查什么，就是要他完成一个任务。第一个定性实验需要对照，第二可以用作细胞定位，第三可以定量，第四交给他一个任务，就是梨汁含糖量我们能不能把它定量，让他来解决。学生学习测定亚硝酸盐含量之后，也可以做一个已知葡萄糖的标准曲线，然后学生就做一个类似于 pH 比色卡的检测卡，梨汁煮 5 分钟之后取检测卡测定，一对比，相当于含有多少浓度的糖，然后通过计算之后就可以知道梨汁中糖的含量。这就是编写的一套考题，它有一个很清晰的脉络。

三、课例分析:植物的向光性

俞老师对"植物的向光性"的课例的回顾如下。

俞老师:看了生长素发现的那节课,我就是觉得,它是一个很好的科学史历程。我觉得就是在不断地提出问题,并不是让学生掌握多少知识,而是让学生回顾一项科学研究的基本过程。

【对科学研究过程的重视】

你可以看到那样一个问题串串过来,典型的问题处理。我们讲科学史都是从前怎么怎么着,实际上学生都已经到这个时代了,你还让他回到从前?比如同样的一个问题,当年的问题摆在现在的学生面前的时候,他可能就不会走当时科学家的研究思路。达尔文的研究是因为他的背景,所以任何一个科学发现都有它的背景方面的原因,他是因为在贝格尔号舰环球航行期间无聊得很,然后种下那幼苗看它的向光性。而我们现在的学生,他观察到向光性,他都学到现在,他肯定上来就要看左右(两侧细胞),看它到底发生了什么变化,这我也不知道该认为是思维方式还是探究思路,反正就是说,当任何一个问题摆在你眼前的时候,用到你现在的知识和能力,提出一种方法来解决这个问题。这是挺重要的,所以这节课当时就这一点我是有所感触的。

【俞老师强调基于学生的理解来设计教学的问题解决思路,并且对自己的教学也在感悟】

所以我这么一讲,学生也能跟上节奏,我们以前都是牵着学生思考,达尔文为什么做这种实验,好像很有童心,后来想想,应该是在贝格尔号舰上实在太无聊了,或者哄孩子似的带着他儿子,做了切切幼苗尖端这种实验。但是现在这个任务摆在学生面前,他已经学过很多知识了,就能够提出一种他目前能采用的方法来解决,所以就是一个科学的真谛在那儿。就是通过不同的角度来进行研究,只要是一个合理的清晰的思路(最后就会交汇在一起)。所以最后我用的是樊老师的一句话,我在听他课的时候,他说,你们现在这些学生,都天天洗得干干净净的,你们的思想也要干干净净的,全场哄堂大笑还以为是那种事情呢,他说不对,这种干净是说你的思维特别清晰,不是糊里糊涂的,不把自己绕进去,一步一步很有逻辑地推理。受他的启发,那整节课我就希望能够围绕着一个清晰的思路推理过来。

咱们教材的思路,就是从达尔文实验到温特实验,那么温特实验的时候,老实讲,是怎么进行对照实验的,其实从逻辑性上,从达尔文到温特,是问题逻辑不清的,因为中间略去了很多实验。这篇论文呈现在你的面前,你就是一位编辑,经常是论文需要发表,找编辑,而编辑觉得哪些地方不清晰,就要求补充实验,将实验都做出来。所以看了温特的论文之后,问你有哪些补充?琼脂块的作用等就提出来了,于是把这些实验补了上来。所以我觉得这节课就受到了樊老师那节课清晰的思路表达的影响,力图让这节课的线索很有逻辑性。

哪怕去看温特的论文时,会发现他的逻辑性有问题,其实这里有几点需要完成,这篇论文才可以。然后生长素已经发现,那么围绕向光性现象提出问题。那节课也挺奇怪,像个讲座似的,不像完成一个课堂已有的生成的内容,所以题目就叫做植物的向光性。随意围绕着向光性能够提出哪些问题?学生提了很多,然后选择其中的几个问题来解决。比如说,生长素这个信号分子和光到底是怎么回事,然后学生就去设计实验。那个班是实验1班,我那堂课在其他班也讲过,包括文科班都讲过,就是学生觉得很累的一节课,那节课分成两节课讲还差不多,但是我想把一个完整的思路讲完,加上1班反应比较快,那样我还拖堂了几分钟。我记得谁讲过,课堂应该是智力发挥的高峰,所以那节课挺体现智力高峰的,累死他们了。一步一步地不断有问题提出:插云母片的那个实验,做完了怎么验证?那琼脂块的含量又怎么测定啊?……

研究者:我把您的整个教学过程梳理了一下,您在这节课最后展示的一句话,"像研究者那样思考;审视所呈现的证据;思索不同的解释;设计能导致新的假说的实验",还有整节课的教学思路是学生研究思路和科学研究发展历程的交汇。

俞老师:对对对,此外,科学是不断发展的。很费力地设计实验,确实是一个在光的影响下生长素运输的问题,结果又把现代的研究成果检索一下,发现实验白做了,根本不对,存在一个生长抑制剂的问题。

从俞老师对这节课的口述中,我们可以看到这节课的教学思路在很大程度上受到了高校一位教授的所谓"干净思维"的启发,事实上从收集到的资料来看,俞老师很早就一直注重让学生自己发现和探索,并在这个过程中学习科学问题研究和思维的方法了。所谓的"干净思维"的启发,实际上是专家观点的再次认同而已。俞老师在力图让这节课的问题逻辑清晰的同时,也要应对教科书在实验呈现上有省略的状况。

对课堂上意外事件的灵活处理源于平时例子、素材的积累。

当时课堂的情景是俞老师提问说:"我拿一株玉米苗,照射单侧光,然后它向光弯曲生长了,我就说植物有向光性,我这个实验做得怎么样啊",俞老师的意图是想让学生提出科学实验设计的两个重要原则,即单因子变量和可重复性,但是学生只想到了设置对照组,怎么也想不起可重复性原则。于是,俞老师讲了一个关于记忆物质的故事:"孙老师和我说,对记忆物质的研究曾经很热门,而且认为确实存在,那篇论文发表在权威学术杂志《科学》(Science)上,一共做了三千只鼠的相关实验,确实证明记忆物质的存在。但是后来研究者在《科学》上又发了一篇道歉文章,因为这个实验后来再也重复不了。"讲了这个故事之后,有些学生突然有所领悟,想到了取样和可重复性的问题。访谈中研究者追问了这个细节:

研究者:……然后这个环节,学生有点摸不着头脑,您讲了一个故事,是有意的,还是无意的?

俞老师:是无意的,有的时候就是听老师讲,好像我就是喜欢听这些挺古怪的课。这是听高校一位教授讲的,就是关于记忆物质的,那么经典,做了那么多实验,实验者也没有造假,就是再也重复不了实验了。实验者好像是变量控制有问题,实验者也重新道歉了。这个例子给我的印象很深刻,学生也都记住了,再想到实验基本原则时,想到实验者做了那么多次实验,哦,重复实验肯定很重要。

研究者:这个您是否提前想到,从教学环节上?

俞老师:没有想到,所以学生答不出来。

研究者:无预设的?

俞老师:对,我也不能直接说,科学还有另一个原则。就是要让学生从故事当中领悟。

【思维探究应该尽可能站在学生现有的知识能力水平上,其次才是站在当时科学史的背景上】

研究者:很多问题都是这样问学生:"那么接下来要研究什么?"

俞老师:像探究性学习那样去探究,有关生长素,多少年来大家都延续达尔文的研究,其实不必。任何一个问题,学生自己都能解决。比如说生长素研究完了之后,围绕着向光性提出的一系列课题,都是学生能够自己设计独立完成的,甚至在实验室里都可以做的。不要科学史中有一条,就让大家都去绕圈子,所以我觉得达尔文的实验,就是当时他的背景和他的好奇心,所以他完成了这个实验,之后主要是温特的实验和达尔文的实验不衔接,这也是目前教材的一个大问题。

【通过对自己教学的批判和反思,进而认识到教学策略上存在可以改善的空间】

在第二次访谈中,俞老师又换了一个角度重新反思了这节公开课,这节课的思路虽然很好,课堂非常注重培养学生的研究思维和方法,是一节高智力的课,但是她开始反思另外一面,即学生学到了什么。她联想起校长评价另一位新教师的话:"这节课做一节讲座课很好。"她觉得自己的课也像是一节讲座课,进而开始关注"学生到底掌握了多少",自己的教学策略是否有改善的空间:

所以这节课,在学习的方法上我觉得引导得不够,这种方法学不是研究的方法学,在学习的方法学上,怎么让学生把这节课的知识掌握清楚。我觉得可能还不是这种方式,可能还要换一种组织教学方式,比如说生长素发现以后对向光性提出了那么多问题,是不是以小组讨论的方式会更好呢,围绕向光性,提出不同的问题,然后各小组去设计这个实验,然后学生和其他小组去交流、讨论这种实验的可行性,是不是会更好。

教师对某个内容的教学的相关知识总是存在不完整性。这种不完整性一方面体现在教学活动总是存在改善的空间和可能,另一方面则体现为顾此失彼的权衡过程。教师也正是在对自己的教学设计和实施的重新审视中,发展自身的学科教学知识。

但是对于小组合作学习,俞老师也有顾虑,她说:

为什么我会忘了这件事,一个是要讲授的知识很多,另外就是这种学习的效果不太理想,太慢,这一节课闹腾半天,实际上还什么也没记住,所以这种小组讨论合作学习,在中学仍然是有问题的。它的认知非常正确,但是教师对它的认识仍然有问题,所以才会造成大家都觉得没有什么可以讨论的。在没有考试压力或者是有考试压力时,这种问题该怎么解决,至今也没有找到非常好的办法。

从以上叙事中我们可以看到,虽然意识到了讲座式教学形式的限制,但是由于尚未摸索到小组合作学习教学策略在高中阶段的实践方法和行为策略,尽管在信念上已经认同小组合作学习的认知是正确的,但是仍然难以应用于实际教学之中。课堂教学策略的选择会受到这种自身教学行为集合的限制。当然,这种教学策略的选择也在很大程度上受到教学内容多、考试压力大等客观教学情境的限制。

对于目前生物教学实验存在的问题的批判性反思以及对专家意见的认同下,俞老师燃起了校本实验教学改革和教学创新的想法。同时也对当下生物教学中存在的一些问题进行了批判性的思考,并提出了解决问题的方向和方法。

怎么能够在实验课中把生物学的基本能力和素养培养好？俞老师认为：

现在实验都怎么做？我看和放羊没什么区别，实际上任何实验课都是要排满一个实验周，这一周实验室都不能歇着，学生要不断来做这个探究实验，都是那种生成性的实验，让学生提出问题，在课堂上每个学生都要提出问题，所以实验课评价的标准就是这节课有没有问题提出来，然后再做。学生做了很多探究性实验，在实验中是可以有突破的，围绕着生长素发现的实验，那种逻辑性，在哪儿培养，就在实验室里。绝对不能像以往的那种实验课，简直糟糕透顶，就是为赶课时竟然能够，三四个实验堆在一起，像流水线似的，做完这个做那个，没工夫思考，学生也没有好习惯，做完就没事干了，东瞧西逛。实验课是让学生兴奋的时候，当出现和别人不一样的实验现象时，学生会觉得特别神奇。所以怎样改进实验课，是下学年重要的工作。

俞老师认为，课堂中教授的是"神话了的科学史"和改编版的经典实验。

我们以前讲科学史都是神话科学史，神话早期科学家，伟大得不得了，要是想寻找艾弗里的实验有无缺陷，就非得弄得特别有缺陷，特别不行。所以在备课的时候就觉得挺好的，讲授格里菲斯实验的时候，让学生讨论各种可能性，然后只是提出格里菲斯的观点，他是如何解释的，然后就是艾弗里的实验，提出艾弗里用的方法学，方法学很重要，电泳技术，生化的分离技术，等等，把细菌分离了，然后分别侵染，出示了这些之后学生就能自己得出结论了。得出结论之后，以往就是让学生设计实验，对于生物学经典实验，教师经常在讲课当中让学生设计，那些伟大的科学家的实验，这些学生都能做出来，那还叫作伟大的实验吗，实际上给学生的是缩写版和改编版的经典实验。要是阅读了艾弗里的实验原文就会发现，绝对不是这样，他做了一系列的实验，所以就和那位教师一块商量，决定不这样呈现，否则呈现之后学生就知道DNA是遗传物质，然后把艾弗里论文的一部分，呈现给学生，让学生比较后知道科学家实验设计的完美，而且告诉学生这只是艾弗里实验的一部分，他还做了一系列的实验，而且这些实验恰恰证明了格里菲斯的那个猜想是对的。他猜对了。

俞老师认为与其公开课做戏，不如开展讨论课来激发教师对课堂的占有欲。

我说一下教学法上的一种呆板，总是这么几个环节，新课引入几分钟，然后必须有一个总结几分钟，几大环节，最后布置作业几分钟，课后练习几分钟，完美的课大都是这样的，全是这种套路似的。所以昨天还和初中备课组的组长在商量，这也是有感而发，关于做课有没有价值，有没有意思，大家都演戏似的在做。他们听说，像国外那种课是不能随便听的,一大批老师坐在教室听课,外籍教师会觉得不可思议,因为课是一个人的私有财产,是有知识产权的。所以,听过那么多的课,执教的教师都像演戏一样,不管懂不懂几个环节都往课里套就完事了,没有根据当时的具体情况,未必达到最佳的课堂效果,而日常课上学生可能掌握得更好。所以下学期不要再做课或者什么的了。比如一个专题,现代进化理论,哈德伯格遗传平衡的问题,就开讨论课,这课怎么教,觉得应该这么教或那么教,然后大家各自去实验,那个课堂没人听课,由教师自己去感受,感受完了大家再坐在一起,去讨论当时怎么教的,遇到什么问题。我觉得这种教学法才能激发教师对课堂的占有欲。

从以上文字中,我们可以看出俞老师更多地批判和反思了目前生物教学中存在的各种问题以及解决问题的方向和方法。

四、讨论和总结

我们还是回到先前提出的几个问题:

■ 对俞老师的生物教学产生了影响的知识包括哪些? 它们是如何获得的?

■ 它们又是怎样影响俞老师的某个内容的教学设计、实施和反思的?

(一)相关的知识有哪些

1. 生物学基本概念、思想和方法以及教育目标对教学的决定性作用

首先,产生影响的知识可能非常广阔,既包括生物学的,又包括非生物学的;既包括自然科学,又包括语言、艺术和哲学。其中对于生物学教师最为重要的是生物学的基本概念、思想和方法,它影响着教学目标的设定,同时也统领着课堂教学的过程。另外,俞老师也直接指出目标的决定性作用,这是一个宏观的培养目标,而这个目标又决定着微观的教学目标。所以一节课的目标同时受到宏观培养目标以及学科概念、思想和方法的共同影响,这种影响表现为一种统合的影响。在培养目标下选择哪个内容是重要的,比如是更注重学科知识的理解和记忆,还是更注重研究方法的学习和掌握。另外一种表现在哪些内容应该作为目标,也就是从学科的角度思考,哪些内容应该作为目标中的具体内容。比如科学家研究问题的严谨思维是否应该作为培养的目标之一。最后两者统合后反映为教师的学科信念,即学科中的什么是教学中需要重点落实

的内容。

其中对思想方法的重视表现在教学目标的设计上的例子，如植物激素一节课的设计。这节课的目标"并不是让学生掌握多少知识，而是让学生回顾科学研究的一个基本过程"，"看上去好像没有什么知识交流，但实际上背后的知识我自己觉得还是挺深刻的，知识性的最后就落在信号分子、细胞水平上，共性，所有都是这样的"。信号分子成为这节课重点落实的核心概念。而这堂课的统领也是问题研究的思路，一环紧扣一环地推进。

根据性质的不同，研究者一般将科学教学内容划分为三类：科学知识、科学过程以及科学本质。科学知识表现为科学事业产生的产品，比如某个概念、模型、理论是什么样的内容，如何理解。科学过程则表现为科学运作的过程，也就是知识产生的过程，比如科学研究的一般过程和方法，科学家提出问题和假说，选择方法寻找证据，最后要交流和表达自己的研究成果，并接受科学界的检验。科学本质则是对科学过程以及产生的科学知识的特定的认识，比如科学知识的发展性、科学方法的局限性等。而俞老师这节课则关注了知识、方法，同时也通过科学史体现了科学的本质特性，即科学的发展性以及科学与技术的联系。

从俞老师举的两个课例"DNA 是遗传物质"和"植物的向光性"来看，科学发现史对她教学思路和目标有很大的影响。而这一方面是由于她正在做一项与生物学科史有关的生物教学研究，另一方面也是由于她身边的专家的影响。她在附近大学听课时，听到教授有关生物学史以及生物基本概念和思想的讲授，这触发她对教学内容和目标有新的思考和理解，而这种新的理解也会反映到她的教学当中以及教学研究的选题上。

2. 关于"谁"的知识提供着重要的知识途径

此外俞老师还认为，教师要能够具有学习新知识的能力，要知道生物学界的顶尖科学家是谁，进而找机会听专家的课和专家交流，了解前沿知识和最新知识，此外还有同事之间的专业交流。与专家交流已经成为她自身专业学习的重要途径，比如她访谈中提到了 10 多次不同专家的姓名和他们对她的影响。OECD 曾经提出关于什么、关于为什么、关于如何和关于谁的四种知识的划分，但是关于如何以及关于谁的知识等两种隐性知识经常被忽略，特别是关于谁的知识，很多场合都不被认为是一种知识。但是在俞老师的知识范畴中，这种关于谁的知识是非常重要的组成成分，而且它也非常大地影响了她自身的教学信念和知识构架。

3. 批判性的反思为 PCK 发展提供了契机和指向

俞老师批判性地反思不仅包括对自己教学的反思,还包括对专家观点的反思以及对教学现状中各种问题的批判性思考。在对"植物的向光性"这节课的教学进行自我批判的过程中,俞老师发现自己这节课可能存在的问题在于对学生学习方法的引领上,解决问题的方向是在教学策略上进行探索和寻找突破,这就为进一步发展教学策略的知识域提供了可能,否则教师学科教学知识结构中的薄弱环节将难以察觉,当然也就难以发展。

此外,俞老师还有关于学生的知识,比如不同年级学生的认知层次、学习需求、兴趣以及学生提出的问题和质疑等,这些知识通常在教学内容和问题难度的选择上以及教学实施过程中会被考虑和自然运用。

(二)这些知识是如何影响课堂教学的

我们将这些影响归纳如下,并用图 5–25 作为概括。

■ 对经典实验在科学发现史中地位的新认识导致了新教学目标的确立和教学思路的产生。

■ 对实验有了更全面的认识之后改变了教师对学生问题的回应方式。

■ 教学过程的实施需要针对问题逻辑以及学情做出调整。

■ 关于学生反应的知识也主要来自课堂教学经验,并促使教师产生相应的应对策略。

■ 教学反思的方式包括:下课后与同事交流讨论、考试、作业、测验反馈或者听课和看书等。

■ 对于生物学基本概念、思想和方法的重视不仅体现在教学设计中、实验教学中,还体现在评价设计中。

■ 教学思路受到专家观点的影响。

■ 对课堂上意外事件的灵活处理源于平时的例子、素材的积累。

■ 思维探究应该尽可能站在学生现有的知识能力水平上,其次才是站在当时科学史的背景上。

■ 对自己教学的批判和反思,进而认识到教学策略上存在可以改善的空间。

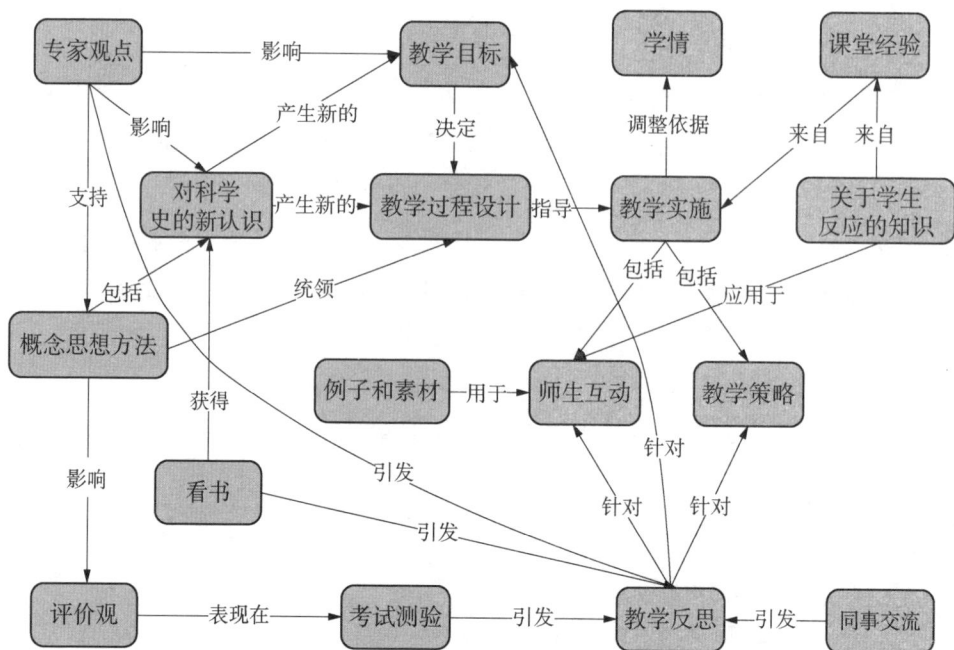

图 5-25 俞老师 PCK 访谈文本概念总图

这些知识的获得途径一方面是来自与专家的接触和同事的交流，另一方面则是来自自己的实践反思和阅读。在与专家和同事交流的过程中获得的不仅仅是知识和观念的认同，还有感受到优秀教师身上的那种品质。

五、个人知识发展的回顾

在第二次访谈的末尾，俞老师就自己的专业发展历程进行了回顾。

（一）知识的重要性

一节课肯定是目标第一，这节课干啥都弄不清楚，肯定是不行的。对一位教师，一位科学教师、生物学教师来说，我原来认为是学科知识。但是现在我们校长的想法应该是教学策略，怎么让学生懂这一切，你自己讲了半天，最后学生不懂你这一切，那不就等于是有问题了，所以我觉得这两个都很重要，教学策略和科学知识对于教师都非常重要。

最后,按照对于一个生物学教师的重要程度,俞老师对研究者给出的八个知识域进行排列,如图5-26所示:

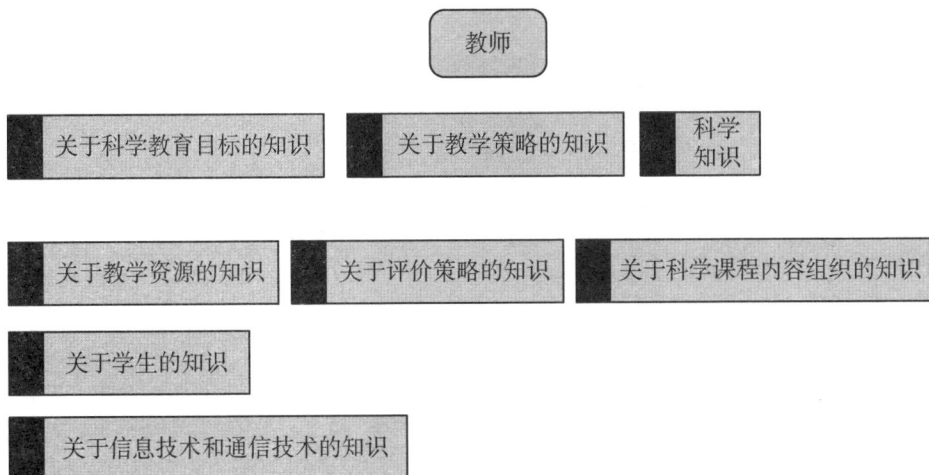

图5-26 俞老师对知识域的排序

从图中可以看到,关于科学教育目标的知识、关于教学策略的知识以及科学知识是最为重要的。而信息技术和通信技术的知识以及关于学生的知识,俞老师则相对不那么重视。在教学设计的过程中,学科的逻辑和方法起着决定性的作用,但是在案例中俞老师也并没有忽略学生的能力,比如"植物的向光性"这节课就设计了让学生对已有的知识提出研究思路的环节,而且这样设计的目的就是考虑到学生初中时期学过激素的相关知识,同时也有使用显微镜的经验。可见学生的知识在其教学设计考虑时处于一种隐性的背景状态。但是对于信息通信技术,俞老师则认为是可有可无的,而且可以在"短期内学会,不需要太多,够用就行"。这一认识会使她不那么关注信息通信技术,进而扩展知识域的可能性也会降低。

(二) 知识发展的顺序

所有这些都是在不断的学习中生成的,科学知识是终身的,不断的。就我个人来说,教学策略知识是早期的,来自于当时在职研究生课程班,这些年没有太多的思考了,没有新的提高了。关于学生的知识,即能够把学生教得比较清楚的知识应该在中间位置,关于评价的知识应该是在学生的知识之后,这是比较晚的。

知识的发展顺序如图5-27所示:

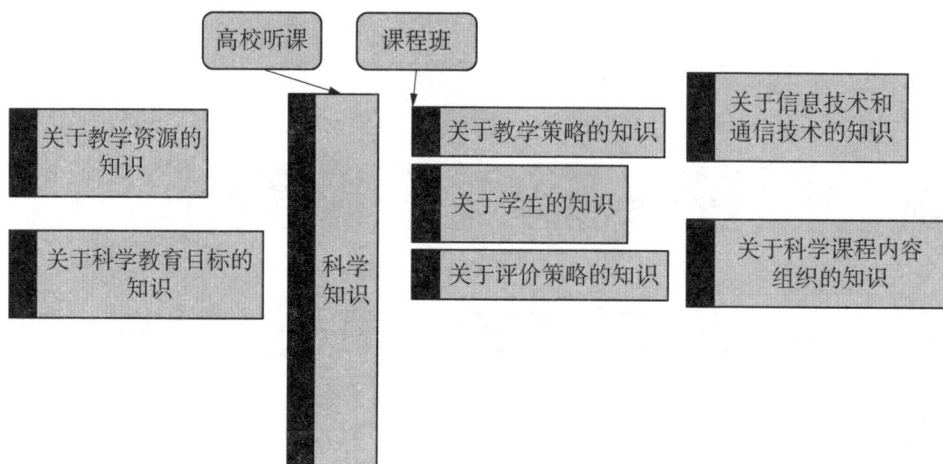

图5-27 俞老师知识域的发展顺序

其中科学知识是自始至终发展着的,而其他知识则分布在不同的阶段。相对滞后的知识域包括科学教育目标的知识,关于评价策略的知识以及关于科学课程内容组织的知识。而相对较早的则是关于教学策略的知识、关于教学资源的知识以及关于信息和通信技术的知识。

(三) 关于素材的作用和选择标准

哪些素材是好的,选哪些内容来讲,这个我觉得越来越重要,如果你按照教材来讲没有什么,但是想这样的上课,教会学生一些核心概念的时候,就确实要给学生一些好的素材。因为原来都是这样的教材,都是一些生物事实,然后你教了很多很多之后,让学生明白这些科学概念。现在都是从概念出发,去寻找事实支撑你这个概念,所以这个时候素材就非常重要了,你选什么来支撑这个概念。……上课的素材呢,那就是越典型越好,另外就是比较透彻,就算省略一些知识,也要透彻。另外要比较有趣,不要太枯燥,学生不喜欢枯燥,在讲枯燥故事时,学生就不喜欢你了。然后呢,就要有很清晰的科学方法,它要有典型的学科方法在其中。别人不再用这个方法了,那不行,必须要典型,这才可以成为上课很好的素材。当然一个最基本的前提,就是教师得懂,有些素材,教师似是而非,自己都不怎么懂,那不行,你得先把素材理解透了。

研究者:透彻是完整性?

俞老师:对,完整性,你不能曲解科学史,不能连大背景都搞不清楚,不要就挖这么一段,做一个实验,搞懂就完了。

对于什么是好的素材,俞老师的理解如图5－28所示:

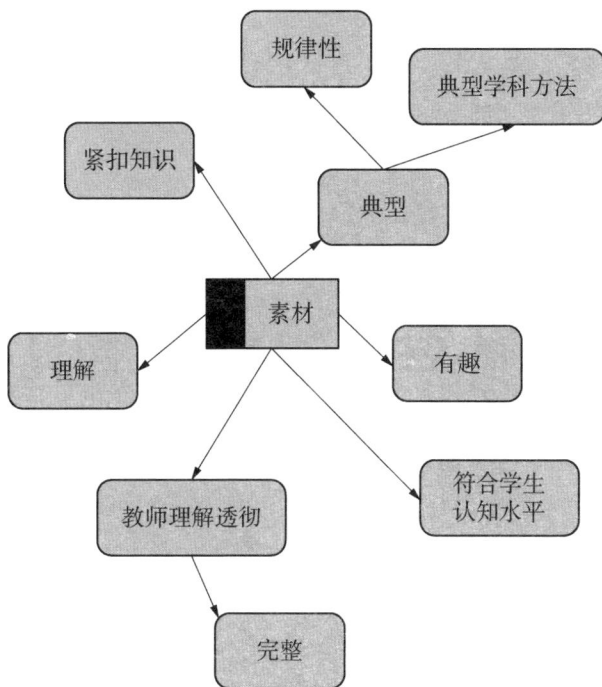

图5－28　俞老师对教学素材要求的标准

当俞老师对经典实验以及相关的科学史有新的认识的时候,她对教学设计也产生了新的想法。于是关注的不再仅仅是知识,而更加倾向于关注知识发现的过程,或者科学研究发现的过程。

对于学生的了解,能让教师站在学生的角度去设计课堂教学。在访谈过程中,俞老师的思考是:"如果站在学生已有知识的角度,学生会如何研究和发现这些新知识呢?"在植物激素一节的教学中,俞老师就设计了学生研究思路和科学家研究思路的汇合。没有让学生一开始就按照科学家当时的知识背景去研究发现,而是让学生站在自己的知识背景上去提出问题和解决问题,最后让学生的研究思路与科学史的研究历程交汇在细胞中的信号分子这个核心概念上。

于是新课的目标不再仅仅是让学生掌握实验设计的准则:对照、重复等,也不再仅仅是关注生长素的知识,而变成了理解科学研究是如何推进的,新知识的发现过程是什么样的,这些涉及了科学过程和本质的相关内容。在俞老师这节课的教学中,学生需要自己提出研究问题、提出假设和设计实验或者评价教师呈现的实验设计,这对学生提出了非常高的要求,同时也为发展学生高级思维能力创造了机会。

第七节　彦老师个案研究

一、背景信息

彦老师从事中学生物教学已有 20 多年,本科专业是生物学,硕士专业也是生物学专业方向,现为高级教师。

二、知识域描述

(一) 学科知识

彦老师认为中学生物学教师和大学教师不一样。大学教师都是教一门课,只要对某个方面比较钻研和专长就行了。但是中学教师需要更广的知识。比如说高中生物学整个知识体系涉及生物学的方方面面,可以用生命的基本特征作为一个核心,每一个特征展开都是一个分支学科,所以要求生物学教师各个分支的知识都要比较扎实。

另外生物学还是一门科学课,它具有科学课程的特点,比如它具有科学研究的一般方法、科学史以及科学哲学方面的知识。总的来说,就是科学素养以及其他学科,比如社会科学的哲学、社会学知识,自然科学的物理、化学等。生物学发展到分子水平,实际上就是研究生命体内的一些物理、化学过程。这些知识可以概括为如图 5 - 29 所示:

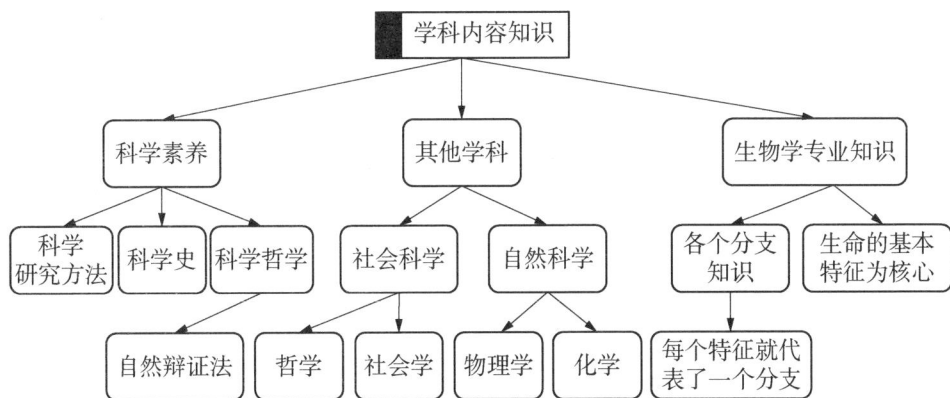

图 5 - 29　彦老师学科知识的概念图

在彦老师的观念中,学科知识不仅仅包括科学知识,还包括科学研究方法以及科学史和科学哲学。此外对于生物学而言,彦老师的知识更趋向于系统化,是用生命的基本特征来统领的。

(二) 关于目标的知识

目标的知识可以分为三个,教育的目标、课程的目标和教学的目标。教育的目标,比如在教学中渗透生命教育,让学生学会珍爱生命。课程目标主要是提高科学素养。教学目标也就是三维目标,知识、情感、能力。如图 5 - 30 所示:

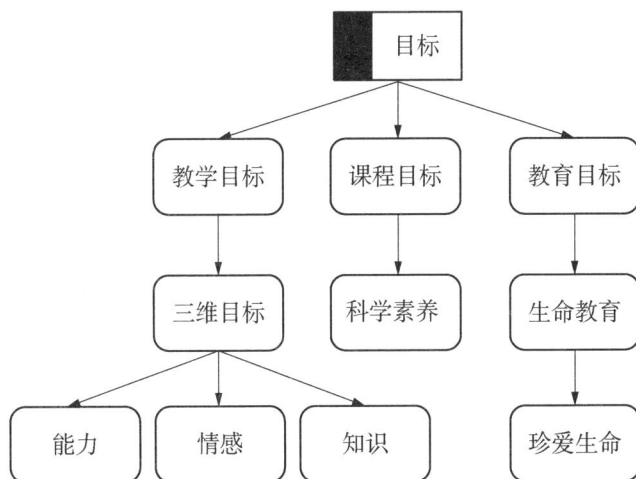

图 5 - 30　彦老师关于目标的知识概念图

（三）关于学生的知识

对于学生的考虑,彦老师认为一方面要从大的方面,比如这所学校学生的特点,这个年龄阶段的学生的特点,还有就是这个社会背景下的学生的特点。而对于一节课来讲,考虑学生,也就是备课中的学情分析,通常会考虑学生的知识背景、学习能力和兴趣等。

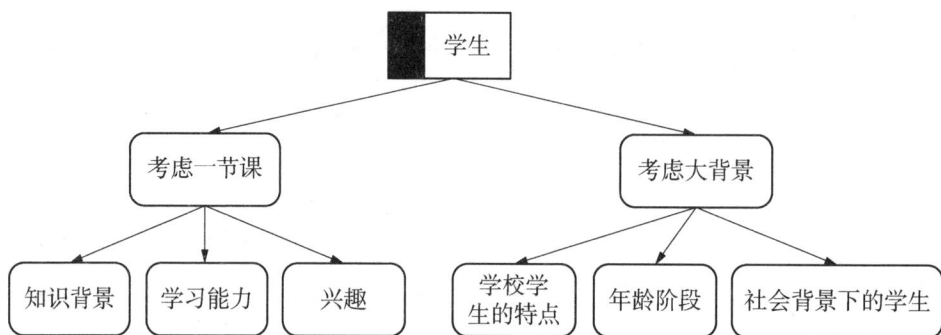

图 5-31　彦老师关于学生的知识概念图

（四）关于评价的知识

彦老师认为评价是最难的一个问题,而且课堂上的评价多是隐性的过程性评价,是激励和激发学生学习的过程。

我觉得这是一个最难的问题。我觉得很多的评价不是外显的,其实你看不到评价的时候你已经在评价了,比如说你请一位学生起来回答问题,本身就是一种评价,学生回答得怎么样。可能很多评价并不是给学生打个分,分出 ABCD 等级……其实课堂上很多的评价都是过程性评价,更多的是一种激励的作用,比如上课请学生起来回答问题,回答正确或者错误,或者给学生完善,本身这些都是在评价。在整节课当中,在教学过程当中不断地对学生的学习行为给予评价。而我们所说的看得到的更多的是对其学习成果的评价,比如以习题、实验报告以及研究报告的形式等。我觉得要把握的一个核心问题就是评价是为了激励和激发学生的学习。激励的另外一个作用就是,让学生进一步去反思去完善。激励学生去学习和去修正则可视之为评价的目的。在鼓励的同时也指出学生的问题所在。而方式的话,既有隐性的也有显性的,也不全是过程性评价。

对于评价,可以概括如图 5‑32 所示:

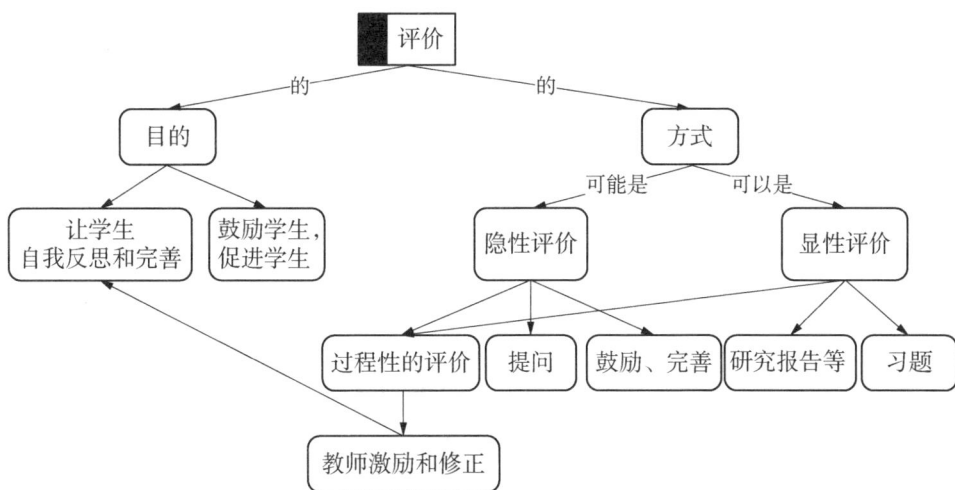

图 5‑32　彦老师关于评价的知识概念图

(五) 例子

例子要能激发兴趣,能够引发学生积极的思维,联系生活实际,并且最能说明问题。所谓说明问题就是和我要呈现的知识是密切相关的、最贴切的,是和教学内容相吻合的。当然不同例子的作用又各有侧重,比如有的只是为了激发兴趣、导入,有的是为了巩固或是引发讨论,再或是引入到探究性学习,还有的是过渡到下一个问题。

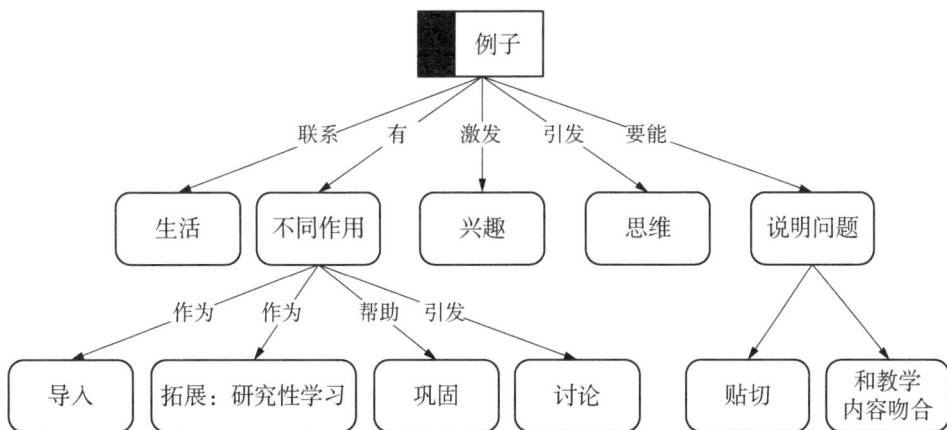

图 5‑33　彦老师关于好例子的标准

（六）问题设计

在问题设计上,彦老师有很多思考,并专门写了有关问题设计的文章。一节课的问题设计和相关素材是平时留心积累的,而且彦老师会注意课堂上典型的学生生成的好问题,并设计到已有的问题串当中。为了设计问题,教师要收集、选择和加工素材,选择的素材要简明易懂、与内容紧密相关、真实可信、贴近学生生活。

我曾经专门写过一篇关于问题设计的文章,包括科学发现史的问题串、概念教学的问题串以及自主探究学习的问题串等。提问的方式多种多样,有的只是设问一下、质疑一下,也有请学生起来回答的。而且一堂课问题情境的设计,很多情况下并不是你在备课的时候想到的,而是作为一位生物学教师,应有的足够的敏感性。对学科内容有一个整体的了解后,日常生活中看到某一种现象,你就会想它或许能用于教学中。平时就会注意去收集它,到使用的时候,就可以随意把它选来,看哪个最贴切,这算是生物学教师很重要的能力。刚开始可能不会,但是工作几年后,你就会知道执教这门学科的课最需要的是什么,然后就会特别敏感,包括出去旅游休闲什么的,你就会观察到那些有趣的东西,然后定期地去拍照什么的,用到你的教学过程中就会很生动。

通常设计一个好的问题串,需要教师从整体上把握课程内容。问题串要反映知识的逻辑结构。教师要理清知识与知识之间的内在联系,才能融会贯通,使一节课的问题串为整体课程教学服务。在设计问题串时,应考虑围绕一节课的知识主线、能力培养的主线,以及以这节课的核心问题和内容为线索设计问题串。问题要能激发学生思维而不是强迫学生思维,一个问题提出后,要一石激起千层浪,引发学生头脑中的一系列问题,从而激发主动学习和探究的兴趣和热情。从生活体验出发,从被人忽视的司空见惯的生物学现象出发,使问题能化简单为深刻、平淡中见神奇。另外,要把握课堂预设问题和课堂生成问题的关系。有经验的教师会积累、捕捉反映学生学习过程的困难及思维方式的课堂生成的好问题,并把它合理巧妙地设置成为以后教学问题串的一部分。为了创设问题情境和解决问题,教师要合理选取加工教学素材。选取素材要贴近学生生活实际,要和教学问题息息相关,简明易懂,素材本身不要为教学设置障碍,最后素材来源要真实可信,非编撰而成。

（七）如何备课和课后反思

彦老师个人备课的大体流程是：首先通读教参、教材，还要看大学教材，一方面可以拓展专业知识，另一方面，也可以获得更准确的概念表述以及更通俗的例子。而这些例子则能用于教学，激发兴趣，突破难点。然后精读教材内容并制定目标，细化课标要求，并最终确定教学内容，在这个过程中也会考虑学生的具体情况。内容包括问题串的设计以及拓展内容的处理，问题串要代表这节课的核心思想和线索，构成一个成型的轮廓。接下来就是收集素材和设计教学具体的流程了，包括教学难点的处理、设置讨论、总结等。整体流程图如图 5-34 所示：

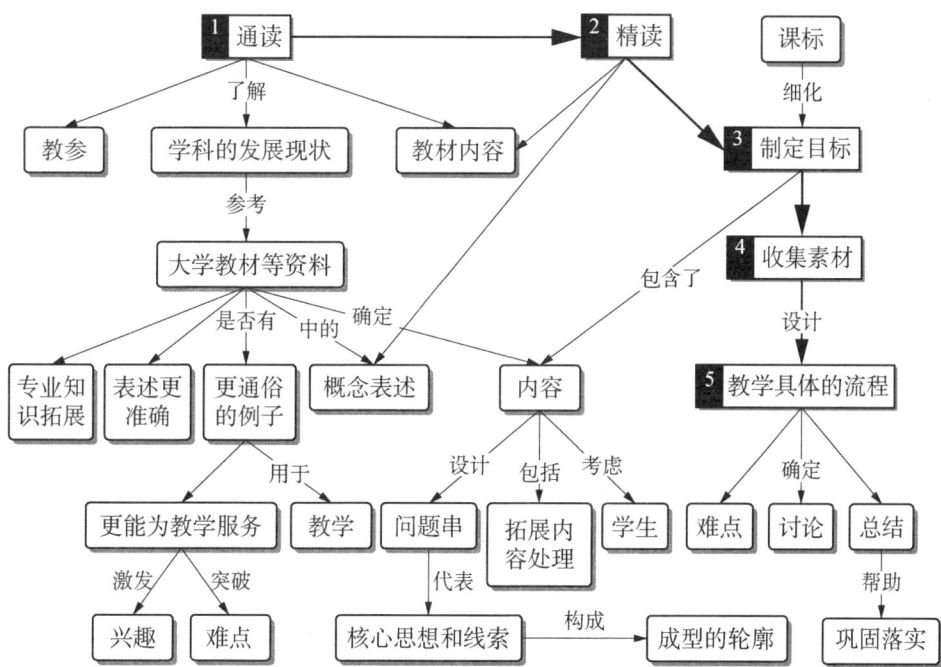

图 5-34　彦老师备课的流程图

在访谈的过程中，彦老师显露出来的知识域包括学科知识、关于目标的知识、关于学生的知识、关于评价的知识、例子、问题设计六个主要知识域，此外还总结了自己备课的大体流程。

彦老师的反思如图 5-35 所示：

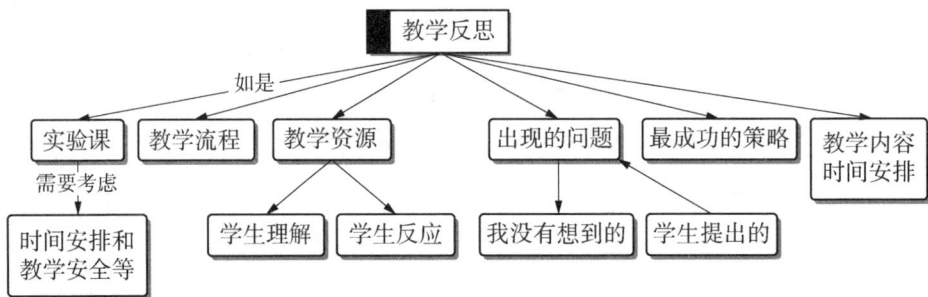

图 5－35　彦老师教学反思的概念图

三、课例分析——细胞与能量

课例背景：

彦老师：我之所以有这样的一节课，而且上了市里的一节公开课，原因在于新课程中这个内容有一些变化。选这个课题的原因也是因为这部分内容与原有的内容相比，变化要大一些，所以就选这个课题做研究课。

【彦老师选择主动迎接挑战而不是回避】

研究者：本节课您选择作为重点的内容是哪些？

彦老师：首先让学生理解生命是一个有序的、开放的系统。我给学生一些资料去分析，比如萤火虫的，蛙的腓肠肌的。这节课从知识来说不难，掌握ATP是直接能源，ATP的结构。不需要掌握ATP的分子式，只要知道它大概的组成就行，然后知道它大概的来源和去路。

这节课，我前面之所以有那样一个引入，后面有一个大帽子，给学生概括一下整个生物界能量转化的关系，实际上是对这章（细胞代谢）的内容有一个引领的作用，会对学生以后学习光合作用、呼吸作用很有效。知识比较简单，但是强调对全章的一种引领作用，然后强调的是对生物学思想的一种渗透。

【教学目标定位在"生命是一个有序的、开放的系统"这种生物学思想的渗透，同时也出于单元整体教学的考虑，从单元整体把握一节内容的教学】

研究者：您为什么认为这些内容是重要的？

彦老师:主要是课标要求,而且它是高中生物课程中重要的一部分。课标要求"解释 ATP 在细胞能量代谢中的作用",要把这个要求细化。这节课的三维目标如下:

知识目标:说出 ATP 与能量储存和释放有关的结构特点;解释 ATP 为什么是吸能反应和放能反应的纽带,说明 ATP 与 ADP 之间的转化条件;举例说明 ATP 的生理作用。

能力目标:分析相关资料,推理、总结 ATP 是细胞生命活动的能量"通货"。

情感目标:认同生物体和细胞是一个开放的生命系统;认识 ATP 结构与功能的关系、物质与能量的关系,树立辩证唯物主义的自然观。

学生首先要知道 ATP 结构,接下来要理解所谓"通货"实际上是一个纽带,是吸能反应和放能反应的一个纽带。然后在分析材料的过程中,培养学生推理的思维能力。形成生物体和细胞是一个开放的生命系统的观点,认识 ATP 结构与功能的关系、物质与能量的关系,树立辩证唯物主义的自然观。

【将课标内容进行细化,关注一些核心的观点,并按照知识结构的前后思维逻辑组织教学内容和过程】

研究者:除了这节课学生要学的知识外,还会有哪些深层次的与之相关的知识呢?比如说以后要学的或大学才能学到的。

彦老师:我要渗透的是生命是一个系统这样的一种思想,它在之前和以后的学习中都一以贯之,我在这里强调的是细胞是一个系统、生物体是一个系统,那么在我以后的教学中,我讲授生态系统的这个系统性,个体的水平、种群的水平、群落的水平,所以这样的一种思想就是整个生物界的层次性和有序性,它实质上贯彻高中生物学的始终。所以我觉得这样的一种思想会在学习当中不断地去理解去体会。就这节课来讲,它为下一节课做铺垫。做铺垫就是它是能量通货,既然它是能量通货,就要弄清楚它的来源是什么,它的去处是什么,为后面要学习的呼吸作用和光合作用做铺垫。所以我觉得这节课,从知识上来讲,它是为后面的学习做铺垫,而从能力和情感上来讲,和整个高中教学贯穿的思想是一体的。

研究者:为什么您觉得学习这些知识对学生来说是很重要的?为什么花那么大的力气贯彻"生命系统是一个开放的系统"这样的一种思想?

彦老师:如果你说的是知识的话,那么它是高中生物课程中的一个内容,是课标要求的,那它肯定重要啦。至于说贯彻这样的一种思想,那就是为了让学生知其然也知其所以然,对于整个生物界、生物与非生物之间的这种能量循环能有一个认识。在教学中,不能让学生只知树木不见森林,而是从一个整体的认识上去把握细节,要从整体上把握。

【注重让学生形成一个整体上的认识,进而把握细节,知其然,也知其所以然】

研究者:学生学习这些概念的困难和限制之处在哪儿呢?

彦老师:比较抽象,首先能量本身就是一个抽象的概念,而且ATP这种化学物质对学生来说是比较陌生的。怎么就出现这样的一种物质,为什么是生命活动的直接能源,我认为是比较抽象的,而且它涉及细胞里面的一种物质能量的代谢过程,所以知识内容就比较抽象不利于理解。

【学习困难归因为概念的抽象和学生的陌生】

研究者:那么您采用哪些方法促进学生理解和突破这些难点呢?

彦老师:首先,生命是一个系统,它需要能量。这就是一个特别抽象的问题。然后我就采用讲故事的方式,我列举了盘子摔碎不能复原、书房凌乱了需要消耗能量(体力)去整理,目的是让学生理解"生命是一个系统,它的有序的维持需要能量";后面的"为什么ATP是生命活动的直接能源,为什么不是糖",我就给学生一个人们研究蛙的腓肠肌的实验资料,让学生理解ATP可以,而葡萄糖不能作为直接能源(物质)。

【彦老师具有特别好的故事、问题设计和素材资料,从而帮助学生理解抽象的概念】

从这个资料可以知道ATP是蛙的直接能源,那么它还是其他生物的能源吗? 所以我又列举了萤火虫、转基因的植物、微生物定量检测仪等来说明这一点。

但是我们吃的确实是糖啊? 所以也需要呼吸作用,将糖中的能量释放出来,传递给ATP。物质和能量的这种关系,就觉得能量特别抽象,ATP好像也很抽象,很神奇。后来我从药店里买来一管药(ATP),目的就是让学生知道ATP就是一种含能量的物质,物质和能量是密不可分的,让学生有一个亲身的感受。

【彦老师通过问题分析、举例和借助实物的方法帮助学生理解抽象概念】

研究者:您列举了大楼倒塌的例子,意图是什么呢?

彦老师:实际上是帮助学生理解什么是化学能。生物体的能量,它来自生物体的化学能。那么再解释什么是化学能呢,有机物中含有更多的能量,当这个有序的结构解体的时候,就伴随着能量的释放,这就像高楼倒塌时释放势能一样。

【利用比喻的方式帮助学生理解化学能这个概念】

研究者:另外您出示了一幅图,显示细胞两种状态的图。

彦老师:先呈现一个活细胞的有序状态,然后我问:那么什么时候,细胞会失去这种有序(状态)呢?学生想到应该是细胞死亡的时候,随后我出示死亡细胞的(无序)状态。

【借助形象直观的图片素材帮助学生理解有序的维持需要能量】

研究者:您上课的时候提到了花生种子的燃烧,这是为什么?

彦老师:花生种子含有的能量在体外通过燃烧的方式也可以释放,那么在体内可能会是这样的吗?学生会想到,不可能,热能在细胞内做不了功。那么能量不是以热能的形式存在,应以什么形式存在呢?所以我就应用了蛙腓肠肌的实验资料。实际上细胞内有机物的能量也要释放出来,只不过并没有全部转化为热能,而是一部分被ATP捕捉到了。

【基于例子设计问题,利用问题逻辑引导学生思维,利用二手资料回应问题,帮助学生理解ATP是生物体可以利用的直接能源,而例子、问题、素材的组织需要依靠学科知识基础和问题研究的逻辑】

研究者:教学中您出示了这幅图(见图5-36)。

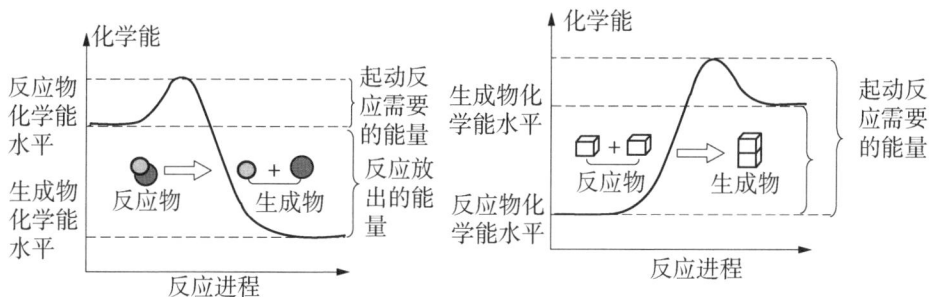

图5-36　彦老师帮助学生理解"化学能"的两个示意图

彦老师:这样的一幅图能让学生理解什么是吸能反应和放能反应,否则用语言也很难解释清楚。

【利用图片直观教学的策略突破抽象概念的理解】

研究者:您还展示了ATP分子结构图。

彦老师:ATP结构图实际上是一个事实,但是它体现了结构和功能的相适应。

研究者:另外您还展示了ATP是如何被利用的机理图,一共有三幅。

彦老师:如果在普通学校不会展示,而且也不要求。ATP是怎样促进肌肉收缩的呢,这是学生能感受到的,学生会有这样的疑问。另外常涉及ATP的利用,如物质过膜以及物质合成反应等,通过示意图让学生理解其原理,主要是通过磷酸化导致蛋白构型的改变。但这只是作为拓展内容,并不要求所有学生掌握。

研究者:在教学的过程中,进行教学环节的设计时,您会考虑学生的哪些方面?

彦老师:这节课的内容和前面内容的联系不是特别紧密。在前面的教学时,我就渗透一种思想:分子是有序排布的,分子的随意堆积是不表现出生命特性的。这节课主要是为以后考虑的,比如ATP与AMP的关系,看了结构图,对于后面的核酸原料的学习和理解也是有帮助的。另外我会讲授,细胞虽然有那么多种有机分子,但是它仍然倾向于遵循节约化的原则,用最少的分子形成它所需要的物质。

这节课利用了学生已有的物理知识"能量守恒"定律,涉及物理和生物学知识的联系。前面还学了蛋白质、脂质,以及糖类是能源物质等知识。

【对课程内容体系的了解可以帮助了解学生学过哪些知识,进而基于学生的基础进行设问、举例、铺垫】

研究者:考虑学生的差异吗,比如不同的学习方式等。

彦老师:后面的内容,比如肌肉收缩的原理,学生了解一下就可以。学生需要你给他一种思想的渗透,这也是学生很优秀的原因。

研究者:具体内容的评价是如何进行的呢? 您是如何判断学生是否理解了的呢?

彦老师:主要是通过提问,然后学生回答,如果回答正确就说明理解了。但是如果一个问题提出,大部分学生都比较茫然的话,那我就会让学生讨论两分钟,然后再给我答案。如果不完善,教师再进一步解释。上课的时候不必每时每刻都考虑,学生是否掌握这个知识,很多课都是一气呵成地完成的。之所以不需要考虑这些问题,是因为你教了这个班,教了一两个月,你已经对他们有所了解了。你知道这个内容学生是可以掌握的,而且对于这个班来讲,如果学生不明白的话,你的课是进行不下去的。学生会主动举手提问。还有就是课后有一些同步的练习,也可以反馈学生的学习情况。

【彦老师课堂评价的方式主要是通过提问,而之所以较少有单独的评价环节,源于她对学生的了解】

研究者:在教学设计的过程中,哪些地方经历过反复的调整?

彦老师：你提出一个问题，先问什么，后问什么。我用了一幅图，随后突然又看到一幅更好的图。教学素材，比如我会发现一个更贴切的报道。比如ATP测量仪这个素材，因为想到不仅可测量动物、植物，还可以把微生物也考虑进来，进而说明ATP是整个生物界的直接能源。

【对于问题内容和顺序、教学素材的选择，彦老师可能会反复调整】

研究者：您的教学设计一般是什么样的？

彦老师：我不轻易下笔，只是在有了一个成型的构思之后，才开始下笔、收集资料。这节课用到了一些奥运的素材，但这是有争议的。听课教师说课时这么紧，这素材是不是可以不用。但我觉得可以用。并不是生物课上就不能讲别的，我觉得内心的情感交流也很重要。但是这素材只能用到去年的那个场景，那时刚好开学没多长时间，今年再用就不大合适了。另外这素材也是与内容相关的，比如射箭运动员能量的转化这个素材就特别典型。

【素材的运用与教学情境相关，好的素材要典型并与内容相关】

研究者：教学反思您一般会反思哪几个方面？

彦老师：教学内容安排得合不合理，时间安排、这节课最成功的环节、这节课学生生成的我没想到的好问题是什么，我如何帮助学生理解这个内容。我的教学资源哪个效果会比较好，教学资源和媒体利用是否合适，是否有助于学生理解这些问题。还有教学流程是否合理。如果是实验课就又会有一系列的反思。

研究者：对于这节课呢？

彦老师：这节课，学生的问题是在对化学能的理解方面还存在一些障碍。我可能还有必要从化学的角度，与化学教师有一些沟通，探询在化学上是怎么讲授这个概念的。总体上我对这节课的教学效果还是比较满意的，可能还是适合我的学生。如果是对普通班学生，还要在难度和量上减少一些。

研究者：在您看来一堂好课是什么样的？

彦老师：教师上完课感觉特别开心。很难断言我上的哪一节课是最好的课，但是教师的情绪会非常受所上的这节课的影响，影响非常大。有时你会觉得这节课上得非常不顺利，心情很不好。这时候，肯定会坐下来仔细回想自己的问题究竟出在哪儿了。这时候，可能会比你上课后很开心的印象更深刻。

好课的标准，比如知识讲解到位，条理清楚，引发学生共鸣，激发学生的兴趣，引发学生进一步的学习和思考,课堂师生互动,引发学生积极的思维,引发学生提出一些问题,提出一些质疑,这就是一堂好课。执教的老师感觉很享受,享受了一节课。感觉学生很兴奋,学生对讲授的知识很感兴趣,学生有那种解惑的感觉,然后学生会提出一些问题。

要想达到这种享受课堂的境界挺难的,教师一定要有丰厚的知识和技能,才能让学生与你的互动像行云流水一般。然后你就会有一种感觉,我喜欢上课,我准备好一节课我就要与学生分享。而且一定是学生有所收获,学生才会喜欢你上的课。

四、个人知识发展的回顾

个人工作学习经历

大学毕业后先是在一所职业学校任教,什么课都教,教了两年外语还有生物专业的课。然后工作七年后才考研,读研三年,毕业以后在目前中学任教。我觉得研究生三年肯定是比较重要的,因为要独立地工作,独立地进行科学研究了。

到现在中学工作对我的影响很大,当年研究生毕业到中学任教并不是大材小用或者没有用武之地。这样的学校,这样的学生需要你有这样丰厚的知识储备。所以你可以用上过去所学的全部专业知识,而且可能还需要学更多新的有关教学教育方面的知识。所以在这个学校,整个工作氛围都不一样,你可能多半不会安于现状。

【不同的专业背景和工作经历让教师具有不同的起点,因而也有不同的知识发展需求。学校的工作氛围也会影响教师专业发展的心态】

研究者首先给彦老师出示了研究预设的八个知识域及其含义,并就知识的重要性以及发展过程进行了访谈。

研究者:它们在您的知识体系当中的重要性是怎样的?

彦老师:最重要,科学知识肯定是最重要的。然后目标是重要的,课程内容肯定必须知道,这些都很重要,缺了一个都不行。作为老师肯定都要有这些知识,你教什么,你为了什么而教,科学知识肯定是一个知识基础。教学策略也很重要,然后是学生。我认为教学技术最不重要。学生肯定会放在第一栏。

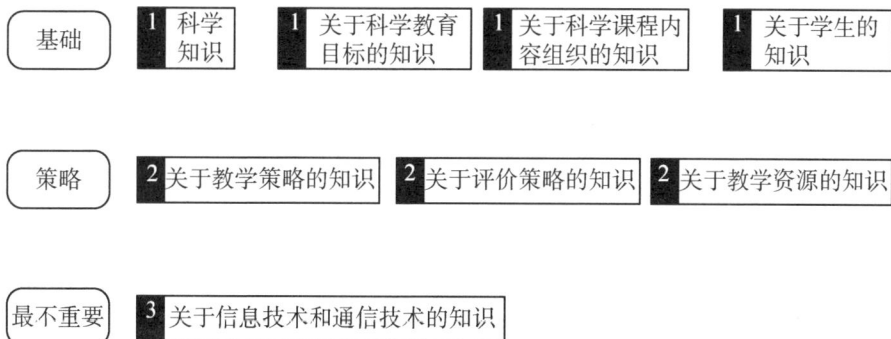

图 5-37　彦老师对不同知识域角色和地位的划分

研究者:如果就某一节课来讲,这些知识的关系是什么样的?

彦老师:前面的是基础,后面的是教学技能的知识,你上一节课,肯定要明白这节课的内容、目标、课程和学生,然后后面我认为没有哪个重要或不重要,缺一个都不行。

研究者:那么不同知识所扮演的角色是怎样的呢? 比如学科内容?

彦老师:我觉得,很多知识是自然而然的。我备课的时候,我不会考虑拥有哪几方面知识。因为知识资源、计算机,那些知识你掌握了就能随时拿来随时用。比如我这节课,它就在脑子里,你需要用的时候它就显现。

【学科教学知识在彦老师头脑里并不是界限分明地存在着几个知识域,而是相互联系的,随时可以调用】

教学策略每节课都重要。对于知识内容,不管是深奥还是浅显,它肯定都重要,深奥的知识要把它讲得简单了,浅显的知识要把它讲生动了,讲透彻了,讲得让学生更发生兴趣了。学科知识、课程的知识、目标以及学生的知识是首先要了解的。

研究者:这些知识是如何应用的呢?

彦老师:都是自然而然的,平时会积累,自然而然地想到,这节课会怎么去提问,然后是采用讨论还是其他的方法,会用到什么样的教学资源,都是综合起来考虑的,而不是分开的。

研究者:这些知识获得的先后顺序大体是什么样的?

彦老师:肯定是专业知识在前,然后是教学目标和课程内容之间的联系,在大学期间学习的教育学、心理学,恐怕就是如何了解学生。教学策略则更多地是在教学实践中学习的。

研究者:学科知识在教学的过程会有改变吗?

彦老师:肯定会有,因为生物学在不断发展。大学期间更多的是记笔记、背书,可能还谈不上对问题的理解。现在执教,肯定要把问题理解透彻了,包括对学科的认识,比如生物学科有自己的学科知识体系和思想体系,这方面的认识恐怕从事教学工作以后会逐渐去加深。

【在教学的过程中,教师会从问题理解的角度对学科知识加深理解,并逐渐构建自己的学科知识体系和思想体系】

研究者:哪些因素对您的知识的发展产生了影响? 比如事件、人物和活动等。

这种活动就是同事交流,因为我现在之所以会说这个事,还是和我所处的环境有关。这样的环境,教师交流的氛围很浓厚,而且它已经形成了教研组的整体的教学风格。比如我们老的特级教师肯定对我的影响很大的。这种交流不仅限于学校的内部,因为你会参与区里的、市里的教研活动,在这个过程中,你与专家交流都是收获比较大的。对你的成长,你应去参与一些活动,你要走出去,然后你在参与的过程中,获得与同行的交流。

【同行交流、学校教研组的交流氛围以及与专家交流等对彦老师的成长具有很大的影响,在参与中获得发展】

研究者:这种活动的贡献主要是在什么地方呢?

彦老师:恐怕还是在教学策略,你要说科学知识可能不是。但是比如我看专家的一些书籍,对中学生物学知识体系的影响还是挺大的,还有就是自学,听专家报告。

【同行交流等主要影响在教学策略】

研究者:其他知识呢?

彦老师:对于目标知识,除了自学一些文件书籍外,主要是参与一些教研活动,参与教师培训,我参与的过程中也肯定有学习。教学策略、关于学生的知识则来自教学实践。课程的知识主要是自学,在参与教材编写工作中不断学习。评价和资源的知识则主要是在教学中尝试和摸索。信息技术的知识也是自学,在用的时候不断学习。

【关于目标的知识来自自学、参与教研工作;教学策略和关于学生的知识则来自教学实践;课程知识来自自学和相关工作;评价和资源的知识来自教学实践】

彦老师知识发展的顺序和来源,如图 5-38 所示:

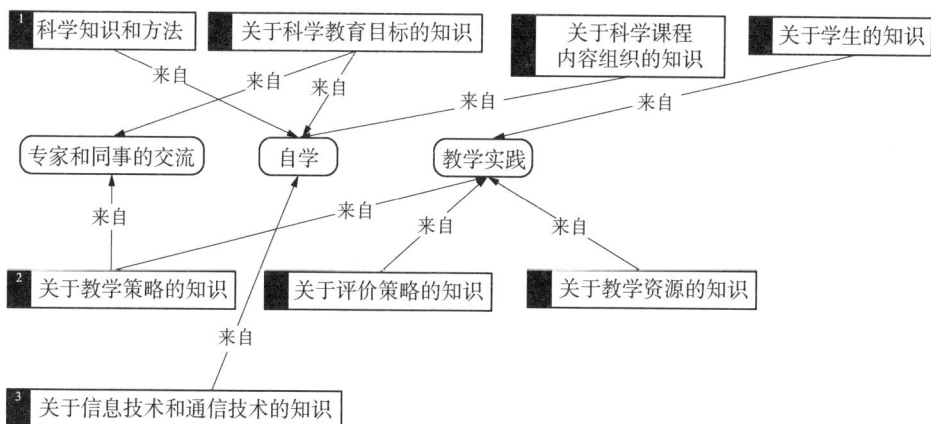

图 5-38 彦老师知识域的发展顺序和来源

在学科知识上,彦老师最为注重生物学思想的渗透,注重让学生形成一个整体的认识去把握细节。在某一节课的教学上,则注重从单元整体把握一节内容的教学。此外彦老师有特别好的例子、素材以及基于例子或素材的问题串,进而利用问题逻辑引导学生思维,理解难点。此外,彦老师还会利用示意图、比喻等方式来帮助学生理解抽象的概念。系统的知识体系又有助于她对例子、设计问题的组织,以及对学生已学知识的把握,还有助于她在教学中体现课程内容前后的联系。好的素材应该是与教学情境相符的,并且与内容相关,具有典型性。

在教学应用上,学科教学知识在彦老师头脑里并不是界限分明地存在着几个知识域,而是相互联系的,随时可以调用。对学生的了解使得彦老师的课堂评价隐性化。对于问题内容和顺序、教学素材的选择主要通过教学实践获得反馈。

在与环境互动上,彦老师倾向于选择主动迎接挑战而不是回避。教学实践会让彦老师更多地从问题理解的角度对学科知识加深理解,进而逐渐建构起系统的学科知识和思想体系。同行交流、学校教研组的交流氛围以及与专家交流等对彦老师的成长具有很大的影响,在参与中获得发展。在知识的来源上,关于目标知识、课程知识主要来自自学和相关工作的需要,教学策略、评价以及关于学生的知识则主要来自教学实践。

第八节　学科教学知识的构成与发展过程

一、学科教学知识的构成

为了了解专家型教师的学科教学知识包括哪些知识域,对教师的 PCK 静态知识结构进行比较如表 5-2 所示:

表 5-2　专家型教师的主要知识域及其特征汇总表

教师	主要知识域	显著特征
林老师	学科、学生、教学法	学科知识占主导地位,包括科学史以及多个学科,通过例子的表述上的夸大和设问进行师生交流
易老师	学生、学科、目标	学生知识最为丰富,由学科知识和学生知识共同确立目标,站在学生的立场进行问题情境的设计、问题的表述和课堂讨论的组织
俞老师	学科、目标、学生	以教育教学目标知识为统领,高度重视学科思想和方法的渗透,强调课堂教学的主线以及问题研究的线索,并具体表现在选材、设问、评价等多个环节上
彦老师	学科、目标、学生、评价	多个知识并重,教学中注重生物学基本思想和观点的渗透,从整体把握细节,注重问题串的巧妙设计以及平时教学素材的积累
华老师	学科、学生、教学法、教学资源	以学科知识为核心内涵,教学法作为形式,注重教学设计中素材的选择以及在课堂教学中通过开放性的问题来引导学生积极参与、提出问题和讨论
陈老师 (职初教师)	学科、教学法、学生	在其知识域中以教学法理论知识最为丰富,注重围绕核心概念的建构选择教学策略,在教学实践和反思中不断发展对特定内容的呈现和表征,如例子的选取、问题情境的设计等

在表格中的主要知识域一栏,所列出的知识是在访谈中,教师明确提到的并且共同绘制了相应的概念图的知识域,排列的顺序是按照概念图所含有的内容由多到少的顺序排列,此外也参照了教师在教学设计和实施过程中对不同知识的重视程度。其中学科知识是最为核心的知识域,而且包含广泛,不仅包括学科知识,还包括研究方法和科学史,不仅包括生物学的专业知识,还涉及物理、化学、数学等理科知识,其中俞老师和彦老师都认为还应包括人文学科,如文学、社会学和科学哲学等知识。

教师对知识的分类并不是倾向于分成多个类别,而是倾向于分成内容和方法两大类,比如彦老师和华老师;或者划分为内容、目标、对象三大类,如易老师和俞老师;再或者分成内容、方法、对象,如林老师和陈老师。这与教师的教学设计逻辑相关,即教学是通过一定的方法处理内容并与学生互动,进而达成一定的目标。而当学科知识被划分为内容这一大类时,关于课程的知识也往往被划入其中。而教学资源和信息通信技术知识则被划入到教学方法之中。通过表5-2我们可以看出,经验型教师的学科教学知识包括:学科、学生、教学法、目标和评价五个部分,而不同教师又有不同的侧重,也表现出不同的教学风格。

而这些知识在课堂教学设计、实施以及反思中则表现为一种应用形态,如林老师提到的"例子""设问"以及"表述上的夸大",俞老师注重的"问题研究的线索"和"思想方法的渗透",易老师提到的"问题情境的设计"和"过渡自然",彦老师提到的"教学素材的选择加工"和"问题串的巧妙设计"等。正是对这些例子、问题的收集、选择、设计应用、精致和再加工的过程,教师形成了与内容知识网络偶联的学科教学知识网络,进而能更好地适应具体内容的教学工作,将学科内容以多样的表征方式和组织形式呈现给不同特点的学生,促进学生有效地学习该内容。

二、学科教学知识发展过程

(一) 知识域发展的顺序

5位有18年以上教龄的专家型教师的知识域发展顺序统计如表5-3所示(其中L表示教师明确指出该知识域一直在发展变化):

表5-3 专家型教师知识域的发展顺序汇总表

教师	学科	学生	教学策略	教学资源	信息通信技术	课程	目标	评价
华老师	L	1	1	2	3	4	4	1
俞老师	L	3	2	2	1	4	4	4
易老师	1	2	2	3	5	1	4	6
林老师	1	1	2	2	1	5	3	4
彦老师	1	2	3	3	4	2	2	3
平均数	1	1.8	2	2.4	2.8	3.2	3.4	3.6

从表5-3中可以看出,学科知识是最先发展的,而且主要来自工作前在大学期间的专业学习。但是在工作后的学科竞赛工作以及自学中也有不断发展。其中华老师和俞老师明确地表示了这点。其次是学生和教学策略的知识,这些知识则主要来源于教学实践经验。而教学资源和信息通信技术的知识则紧随其后,在教师们的知识域中这两个知识域通常也被包括在教学策略的知识之中,它们的来源也主要是教学实践的积累和尝试应用。而课程的知识、目标的知识以及评价的知识则相对靠后,特别是对于目标和评价两个知识域,教师们认为只有当教过几个轮回之后才能体会到目标的知识的重要性,评价的知识也才有显著发展。如果将知识域的发展趋势用概念图来表示,如图5-39所示:

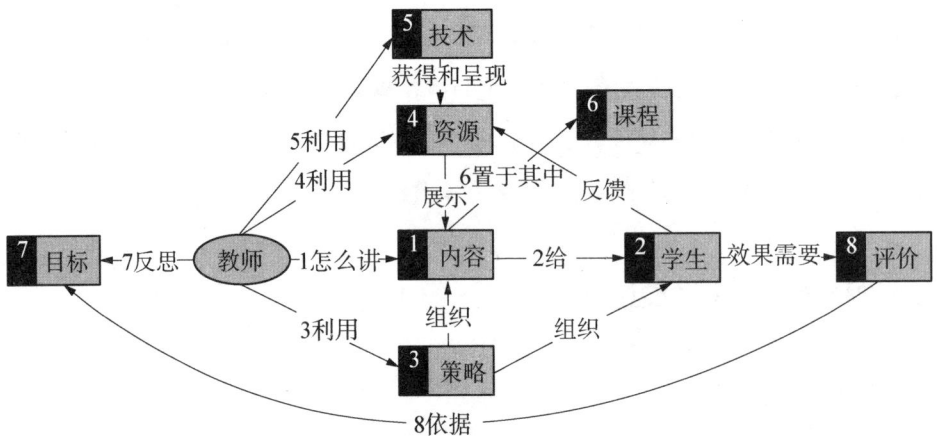

图5-39 专家型教师知识域的发展顺序图

专家型教师知识域的发展表现为思考因素的增多和关注焦点的改变,其问题关注的一般顺序如下:

- 我如何讲授这个内容?
- 我如何讲授这个内容给学生?
- 我利用什么策略组织内容和学生?
- 我利用什么样的资源展示这个内容?
- 我选择什么样的教学技术手段用于教学?
- 这个内容与其他章节或课程知识有怎样的关系?
- 基于各个要素这个内容设定什么样的目标最合适?
- 如何了解和评价学生达成目标的情况?

不同教龄的教师所关注的问题可能有些差别,而且随着教龄的增长,教师的关注点也会发生变化。这意味着教师的知识生长点在发生变化,当然这种顺序不是绝对的,但是也提示了一些关于哪些是容易意识到和学习的,哪些是不容易意识到和学习的。这关系到教学知识的发展是不是阶层发展的。

由于陈老师参与本研究时仅具有一年半的教龄,所以并未列入上表一起统计。从陈老师的回顾看,其增长幅度最大的是学科知识和关于学生的知识,这与经验型教师的回顾是相吻合的。

(二)知识域发展的个性化特点

从每位教师个体来看,教师知识的发展历程往往与其个人的专业背景以及学习、工作经历相关。比如华老师毕业后任教于一所普通中学,执教初中,因此她说自己首先发展的是关于学生的知识和教学策略的知识,而不是学科知识,因为执教初中很少涉及很广或者很深的知识内容。学科知识是在转入一所重点高中之后,才又有新的发展,而发展的原因在于高中的知识相对较深,而且学生的追问也使得她必须看一些专业的书籍。

林老师则是另外一种情形。他在本科时就对专业知识特别喜欢,另外他也喜欢看一些专业以外的书。工作后则由于要带学科竞赛,他也系统地看过相关的专业书籍,看书是他的一种爱好。然后由于要参与会考和高考命题等相关工作,所以这也促使他发展了自己关于评价的知识。

彦老师的本科和硕士课程学的都是生物学专业，因此她说进入中学校园后，还要有意地去学习一些教育教学的知识。关于目标知识、课程知识则主要来自自学和相关工作的需要。其他的教师也体现出类似的情况，往往是需要参与某些学习或工作，而获得相应的知识的发展。由上可见，教师的学科教学知识的发展一方面是任务驱动，另一方面也有兴趣驱动，其中工作任务驱动占有很大的比例，表现为"用什么学什么"这样的目的性很强的成人学习特点。

(三) 知识域发展的来源

由 PCK 静态知识结构的比较结果可知，专家型教师的知识域共包括：学科、学生、教学法、目标和评价五个部分。对 5 位经验型教师各知识域发展的来源进行汇总，删除知识域概念图中学科、学生、教学法、目标和评价五个知识域之外的节点以及只有 1 次报告的连接，并将教学资源归入到教学策略知识域之后，进行归类，如图 5–40 所示：

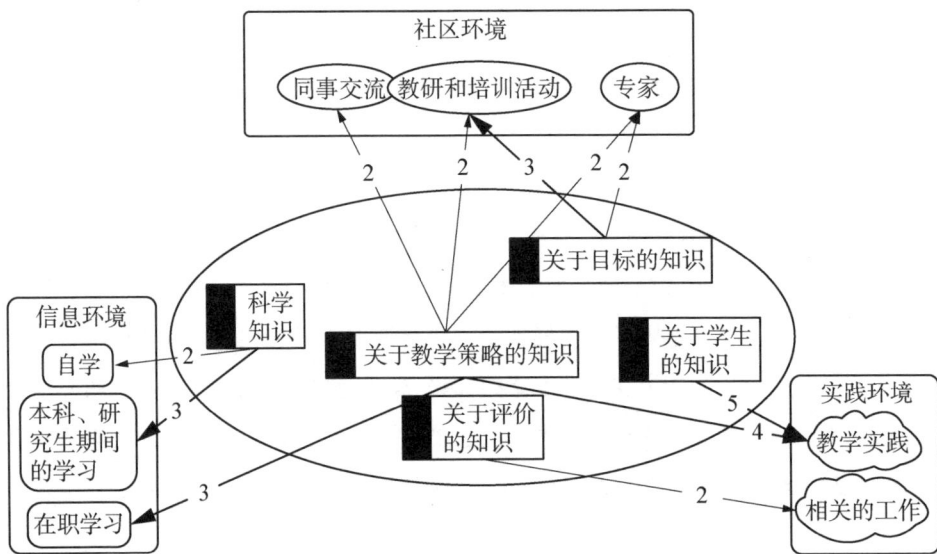

图 5–40　专家型教师 PCK 各知识域的来源汇总图

专家型教师的学科内容知识主要来自信息环境，包括职前的正式学习、自学和在职学习等。关于学生的知识主要来自实践环境中教学实践活动和经验。关于目标的知识则主要来自社区环境,特别是专家指导和相关教研培训活动。而关于评价的知识则主要来源于相关评价工作的推动,比如参加市、区、校级相关命题工作。而关于教学策略的知识来源最广泛,它既可以来源于信息环境中的在职学习,也可以来源于实践环境中的教学实践,还可以来源于社区环境中同事交流、专家指导和教研培训。该结果展现了专家型教师PCK知识域的发展与外部的信息环境、社区环境和实践环境的交互关系,为建构PCK发展模式奠定了基础。

第六章 学科教学知识发展模式与策略

第一节 学科教学知识发展模式的构建

一、教师专业发展环境构成及适应情况

基于教师专业发展环境适应调查问卷和分析结果,本书研究认为教师的专业发展环境适应可以初步划分为四个因子:教学实践反思、同事交流、学校校区支持以及网络技术应用。教师的专业发展环境则可以划分为三个子环境:实践环境、社区环境以及信息环境。其中教学实践反思反映了个体与实践环境的交互;同事交流和校区支持反映了个体与社区环境的交互;网络技术应用则指向了信息环境。

由于教师个人特质(如:教龄、学科喜好度、教研喜好度)和所处环境(如:学校类别、生源、学生学习兴趣、班级人数)的不同,教师对环境的不同适应因子上也有差异。从教师列举的促进和阻碍因素来看,促进因素在三个子环境上都有分布,另外还强调了教师的个人进取心,而阻碍因素则主要集中在社区环境和信息环境上。这为如何更好地构建良好的教师发展环境提供了有益的信息。

二、教师群体特定主题的学科教学知识结构特征

研究支持了随着教龄和教学经验的积累,学科教学知识的知识域在不断扩展,不同知识域之间联系越来越密切,呈现一种从分散孤立到整合联系的趋势,表现在节点总数和连接数上。克勒(Koehler)等对技术教学内容知识(TPCK)的量化研究表明,其发展是一个多维度的过程,包括对内容、教学法和技术及其所在环境复杂关系网络的

不断深入理解。这与本书研究所揭示的 PCK 发展趋势一致。此外,不同教龄、职称、奖励、毕业学校的教师群体在特定知识域的使用频率上也存在差异,而且不同主题内容的教学也存在这种不同。这提示教师具有不同类型的学科教学知识结构,而且这一结构会受到教学经验(教龄长短)的影响。

在知识域之间的联系上,不同教龄和职称教师分别在"学生—确定—目标"和"教学策略—考虑—学科知识"两个连接上存在显著差异,其他连接上的差异不显著。经验型教师更倾向于在设定目标重点的时候考虑学生,而高级教师在教学设计上会更注重考虑学科知识的逻辑线索。莱因哈特(Leinhardt)对专家型教师和职初教师的比较研究发现,大多数专家型教师的教案都体现了教学的进程是受教学逻辑驱动的,而在大多数职初教师的教案中却看不到他们的教学行为有任何逻辑做引导①。这与本书研究中高级职称教师的教学会更多体现学科知识脉络和逻辑的结果相符。

三、专家型教师的学科教学知识结构特征

教师个案研究结果显示,专家型教师学科教学知识的主要知识域包括:学科知识、关于学生的知识、关于教学策略的知识、关于目标的知识和关于评价的知识。关于课程的知识以及关于教学资源的知识则常被纳入到学科知识之中。关于信息通信技术的知识常被纳入到教学策略的知识之中,相比其他知识域而言,关于信息通信技术的知识所占比例最低,重要性也最低。

根据李等人对有经验的曾经做过指导教师的中学科学教师的研究结果,经验型教师共同的学科教学知识域包括:学科知识、目标知识、学生知识、课程组织知识、评价知识、教学资源知识②。这和本书研究的结果基本一致,不同在于本书研究中课程和教学资源的知识在访谈中并没有明确地显露出来,而是被教师归入了其他的知识域当中。

---

① Leinhardt G. A Contrast of Novice and Expert Competence in Mathematics Lessons[M]//J. Lowyck & C. M. Clark(Eds.), Teacher Thinking and Professional Action(pp. 75 - 98). Leuven: Leuven University Press,2004. 转引自:徐碧美. 追求卓越——教师专业发展案例研究[M].陈静,李忠如,译. 北京:人民教育出版社,2003:32.

② Lee E, Luft J A. Experienced Secondary Science Teachers' Representation of Pedagogical Content Knowledge [J]. International Journal of Science Education,2008,30(10):1343 - 1363.

在知识域的角色上，其中学科知识、关于目标的知识、学生以及教学策略的知识是最为公共的知识域，相互的关系主要表现为基于学科知识、学生和目标而采取特定的教学策略，这可能与教师的教学工作需要相适应。对于评价而言，从课堂教学视频来看，教师主要通过问答和师生互动中学生的各种表现来判断学生的理解情况，更多的是隐性的过程性评价，而很少设置单独的明显的评价环节。

四、学科教学知识的发展过程特征

本书认为学科教学知识是教师在与其特定的外部环境交互过程中不断发展的。外部环境包括实践环境、社区环境和信息环境。专家型教师的学科教学知识的不同知识域的主要来源也不同，发展顺序也存在差异。

对于专家型教师而言，每个知识的发展并没有严格的起止点以及顺序，不同教师的知识发展过程也与教师的学习和工作经历紧密相关。对于某个主题的教学知识的发展更多的是在解决教学情境中具体问题的过程中形成、积累和发展的。在这个过程中，教师对内容本身的理解、基于内容要达成的目标、学生对于这个内容的学习、该内容的呈现方式、可用的教学资源、教学策略的选择以及可用的评价方法在不断优化和重新组合。

而这种优化又是建立在先前的教学思考和设计基础之上的，也就是说教师会继承原有的一些连接，同时也可能会增加或调整，进而再到真实的教学情境中去检验。

虽然每个知识域没有严格的起止点，但是教师每个知识域的主要发展阶段还是有一个规律性的变化，这种变化也是教师关注的主要问题的变化引起的。其中最先关注的是学科知识和学生，而目标和评价则关注相对较晚。

专家型教师的学科知识是不断增长的，不仅包括科学知识概念体系，还包括科学过程和方法以及科学史等内容。专家型教师不仅具有丰富的科学知识网络，而且对于特定的内容还有丰富的例子、比喻和问题设计，这些例子或问题情境与学生生活有众多联系，并且围绕着特定的核心概念组织和提取。

关于学生、教学策略以及教学资源的知识是在教学实践较早的时间段发展的，主要是通过教学经验的积累。其中评价的发展的滞后与教师的工作内容有关。在教师的常规工作中，通常较少涉及评价，对于青年教师更是如此。但是虽然教师认为自己关于评价的知识发展比较滞后,但在课堂教学中,教师又都有自己特定的方法,比如提问、观察学生反应来判断学生的理解情况。关于目标的真正理解也相对滞后,但是教师又都非常重视,都把它放在与学科知识同等重要甚至更为重要的位置。关于目标的知识是一种价值和倾向的判断,反映着社会、学校和个人的需求,具有一定变化性。它一方面来自外部课程改革的呼吁和相关文件的学习,另一方面也来自教师对已有教学重新认识和反省。

五、学科教学知识发展总体模式的构建

在知识域来源概念图的基础上,将由 PCK 问卷获得 PCK 结构图中的节点和连接附加到该图上,删除了原有 PCK 主概念图中的"教学资源情境"和"深层知识"两个节点。原因是教学资源情境涉及更多的是当地的教学条件和特殊情况,没有与五个主要知识域有强连接,故不将其纳入到本模型当中,而单独进行讨论。深层知识节点由于可以归入到学科知识当中,所以也不体现为一个独立的知识域。最后得到 PCK 知识与外部环境之间的交互模型,如图 6-1 所示。

图 6-1 反映了学科教学知识结构与外部环境的交互关系,其中关于目标的知识主要来自社区环境的专家、同事交流和教研培训活动。学科知识则主要来自信息环境下的自学和职前的在校学习。关于学生的知识以及关于评价的知识主要来自实践环境中教学实践和相关的工作。这里的评价主要指的是课堂上的过程性评价。而教学策略则存在多个来源,主要来自实践环境和社区环境,其次才是来自信息环境的知识载体。

要说明的是,三个环境的划分并不是绝对意义上的,没有连线的知识域与环境之间也不代表一定不存在联系。对 PCK 包含的五个知识域解释如下:

- 教师对学科的理解不仅包括学科知识,同时还包括学科过程方法和科学史。此外教师倾向于把关于课程内容组织的知识也归入学科知识体系当中。
- 对于目标的理解,则分为由外到内和由内到外两种形式,一方面课标限制着教师目标的设定,另一方面教师要根据自己对学科内容的理解以及对学生的理解来设置更为具体和合适的目标,确定目标的过程就是内外权衡协调的过程。但教师在这个过程中,究竟可以发挥多大的自主性,不同的教师理解也不同,其感受也不同。"课标怎么要求我怎么教,目标不是我定的",这时教师感受到

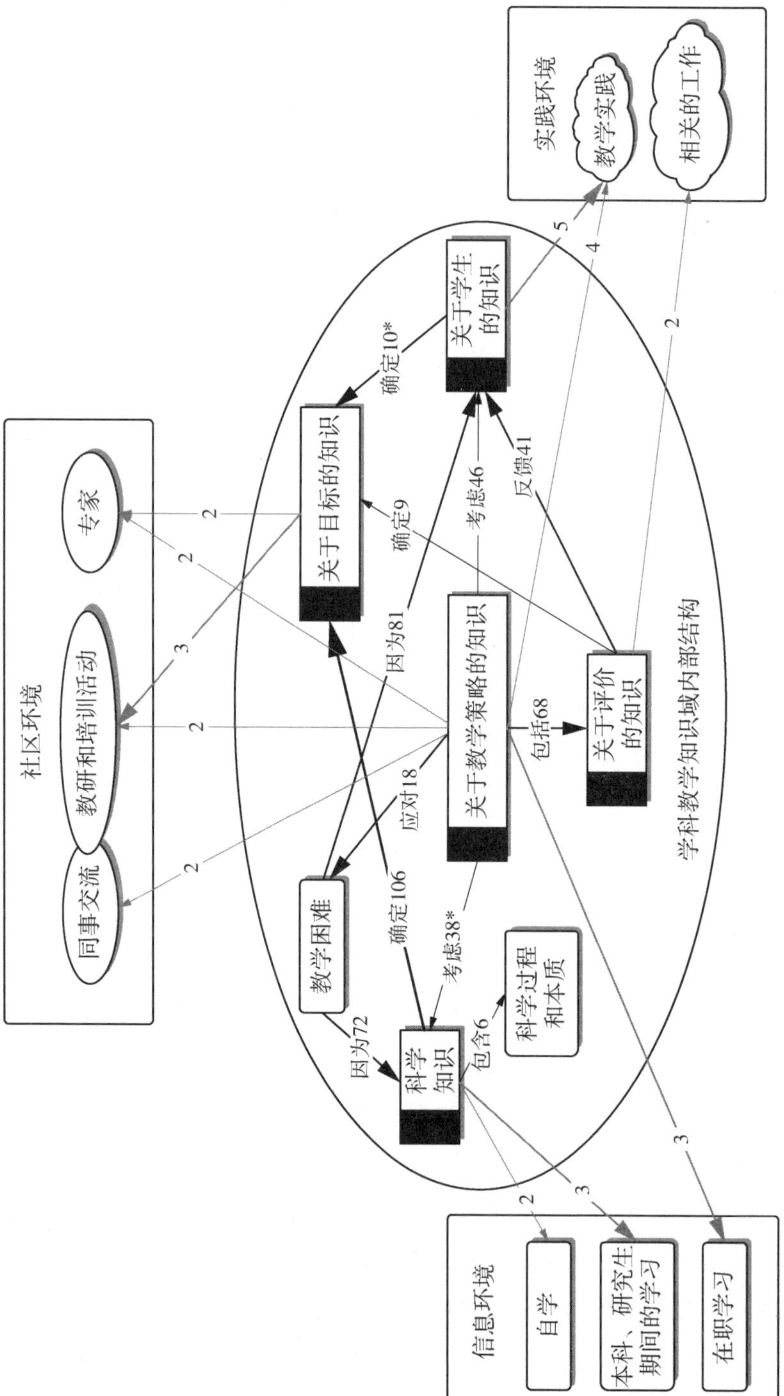

图 6-1 PCK 网络与外部环境的交互关系模型（PCK-PICE）

的是一种被动和制约。"课标的要求比较概括,教师需要将其细化,统筹地反映课标要求",这时教师感受到的是一种主动解构,一节课的目标是需要教师来具体设定的,是教师参与的。

■ 关于学生的知识包括关于学生学习的知识和关于学生生活的知识,关于学生学习的知识包括学生已经学习的课程和知识、学生的学习困难和原因、学生的思维特点。

■ 关于教学策略的知识,一方面涉及对内容的组织和呈现,另一方面则是对学生学习活动的组织策略,比如合作学习等。由于教学技术和相关教学资源经常用于对内容的呈现上,所以也被纳入该知识域。

■ 关于评价的知识,这里主要是指教师在教学工作中使用哪些方法了解学生对某个概念或原理的掌握程度或者目标的达成情况。在课堂上,这种评价通常是内隐的过程性评价,比如师生互动中的问答。

该模型反映的主要是教师 PCK 网络与外部环境的交互,它揭示了不同子环境与 PCK 网络中知识域发展的联系,是从个体与外部环境相互作用这一较为宏观的角度诠释教师 PCK 发展的过程。而本书案例研究中构建的 PCK 例子进化发展模型(PCK-EEDM)则是基于教师个人教学设计、教学实践、教学反思等日常教学工作,从个体的微观的角度概括了教师个人 PCK 网络与例子进化之间的动态关系,进而揭示了 PCK 在教学中的作用和发展机制。

第二节　学科教学知识的发展与环境的交互

结合两个模型,我们可以对 PCK 的发展有更全面和更深入的理解。

一、学科教学知识与实践环境的交互

教师个体与实践环境的交互,主要通过新的教学尝试和反馈,并在对反馈信息进行反思的过程中发展自己的学科教学知识。那么专家型教师是如何与实践环境交互的呢? 对 5 位专家型教师的教学反思内容总结如表 6 - 1 所示:

表 6-1　专家型教师教学反思内容汇总表

教师	教学反思内容
林老师	主要是针对教学中用到的例子、问题设计和教学素材进行反思,学生反应好的留下,学生反应不好,不理解或者不感兴趣则需要考虑更换。
华老师	教学设计中的内容和素材的逻辑顺序,学生提出的问题,或者学生提出的教师没有想过的其他的解释,教学法的反思等。对某个内容有深度认识时会大幅度调整,否则微调。教学反思往往是生成论文的素材。
易老师	反思包括两个方面:教师的教学和学生学得怎么样。学生反应好的好问题保留下来,不合理的,比如问题、例子考虑更换和调整。另外也考虑学生,学生为什么没有记住,要么是教师表述生硬,要么是学生缺乏相应的知识或体验。
俞老师	通常是学生想到的好问题,应对的办法有课上回应、课下查询、求助家长、提供资料让学生自己查询;反思的方式包括:与同事交流、考试正答率、作业和平时检测;有时看参考书,发现教材的表述不那么精准。
彦老师	最成功的策略,教学内容时间安排,出现了学生提出的、教师没有想到的问题,学生对不同教学资源的理解和反应怎样,教学流程(如果是实验课,还需要考虑时间安排和教学安全等)。

从表 6-1 中可以看出,经验型教师教学反思的主要方面包括:学生对课堂设计的问题、例子、素材反应如何,背后的原因是什么,并做记录;教学内容组织的顺序、时间安排是否恰当;学生提出的好问题要保留,并设计到已有的教学中。随着经验的积累,教师获得了与特定内容教学相关的例子、素材和相应的教学法和技巧,然而这并不能保证教师从经验型教师转变为专家型教师。过多地、一成不变地依靠这些早期的经验会使得教师趋于保守,不敢尝试新的方法[①]。

此外,经验型教师不仅关注自己教学进行得是否顺畅,还会关注学生的收获怎样,学生理解掌握与否,这种关注在第二次访谈时,易老师和俞老师都提及了。而在与林老师进行案例访谈的时候,林老师甚至和研究者一起开始了对原有案例的重新设计。林老师首先是从当时课堂上学生对问题的反应入手,然后站在学生的位置上换位思考,分析学生遇到的困难是什么,以及解决的办法,并最后找到了一种可以尝试的新的铺垫和降低问题难度的办法。

可见在面对教学实践时,参与研究的经验型教师虽然已经对教材内容非常熟悉

---

① 理查德·I·阿兰兹.学会教学(第六版)[M].丛立新,等,译.上海:华东师范大学出版社,2007:31.

了,但是在教学设计和方法上还总是保持着一种警醒,并进行着新的探寻。比如华老师和俞老师的教学设计都和以前的设计是完全不同的,而林老师和易老师则是在原有的很成熟的教学设计上,做了一些新的调整。而彦老师则是因为教材内容变化较大,而故意选择这样的内容来做研究课。不断地尝试探索和对看似不是问题的问题进行反思,迎接挑战是专家型教师回应环境的方式。而这种积极的、分析的、批判的互动方式提供了纠正错误概念和补充理解不足之处的机会,对于学科教学知识的发展起着关键性的作用。

在与实践环境交互的过程中,教师不仅获得教学素材、问题设计以及教学组织方法的反馈,发展了教学策略的知识,同时也丰富了自己关于学生的知识。比如学生在特定内容的学习中的学习困难以及对不同问题的反应,而不同的反应又正是教师了解学生理解程度的依据。与实践环境的交互是教师教学策略、学生和评价知识的主要来源。

二、学科教学知识与信息环境的交互

教师个体与信息环境的交互主要通过内化和外化两种方式。在访谈的 5 位专家型教师中,他们不仅阅读大量的专业书籍,也通过网络获得很多教学资源和学习资源。比如林老师的爱好就是看书,用他的话说"我看书就是休息","我是因为喜欢看书而看书的",另外他还下载一些高质量的专家讲座来听,所以他的课堂上经常会浮现出跨专业的活泼生动的例子。俞老师则会关注一些专家的博客来了解学科领域的最新动态,了解专家、同行的观点或相互交流。

专家型教师不仅从信息环境中获取信息和学习资源,还会对自己教学实践"有感触的地方"进行外化,发表文章以及分享教学资源等。5 位教师都在核心期刊上发表过多篇文章,有些教师已经有自己的专著。比如华老师在谈到教学反思的时候就提到,实际上教学反思往往也是做课题研究的思路来源。在外化的过程中,模糊的实践经验变得清晰和系统化,进而有可能形成自己的教育教学思想和理论。

三、学科教学知识与社区环境的交互

在学科教学知识的各个知识域中,关于目标的知识涉及价值的判断,从图 6 - 1

"PCK网络与外部环境的交互关系模型"来看,它主要受到社区环境中同事和专家观点的影响。比如俞老师在教学案例中特别重视生物学基本思想和方法的渗透,强调一节课的问题逻辑要清晰,培养学生"干净的思维"(思维清晰严谨),而这一设计也正是俞老师认同专家观点的一个体现。在教研交流活动中,俞老师的这种观点也会影响其他老师。比如在陈老师回忆教研活动的收获时,就特别提到俞老师对她的影响。而且这种影响不仅仅是重视生物学基本思想和方法观念的认同,同时也包括"优秀教师优秀的品质",如工作态度、职业精神的隐性认同。此外,教师关于教学策略的知识也会受到同事交流以及教研活动的影响,比如教学素材的交流以及教学法和技术的使用等。

教师个体与社区环境的交互方式表现为通过参与而受到影响,并在参与中影响别人。这种参与不仅包括教研活动的参与,还包括特定的工作参与和个人的主动参与。比如林老师、华老师、俞老师、彦老师都提到在参与相关工作时,自己特定的知识域获得较大的发展。除了常规的教研教学活动外,教师还可以积极主动地参与学习,比如俞老师会每学期去附近高校听一门课,此外她还认为教师要知道领域中的专家是谁,争取去听他的讲座和他交流。关注专家的博客也是俞老师主动参与学习的一种方式,而且这种类似的学习方式在网络日益普及的今天不仅实用可行而且越发显得重要。

四、学科教学知识发展的过程机制

PCK 是在工作情境中通过解决实际问题获得发展,以学科知识为框架进行积累和进化,以固定搭配和经验范式来储存和调用。PCK 的发展与教师的实践和反思密切相关,是教师与实践环境相互作用的结果,这个过程可以通过 PCK 例子进化发展模型(PCK-EEDM)加以概括和诠释。此外,人际交流和信息载体也是 PCK 的重要的知识来源。不同知识域来源的主要渠道也有所不同,学科知识来自书籍,关于学生的知识主要来自教学经验,关于目标的知识主要来自社区环境,比如专家或同事交流等。

教师作为学习者与外部环境交互过程如图 6-2 所示。学习者通过探索和反思的方式与实践环境交互,将理论知识实践化,将经验知识理论化;学习者与信息环境交互的方式是内化和外化,将知识载体的信息纳入个人知识网络,将个人知识表达到知识载体;学习者与社区环境的交互则表现为主动营造和受到环境影响,在这个过程中,教

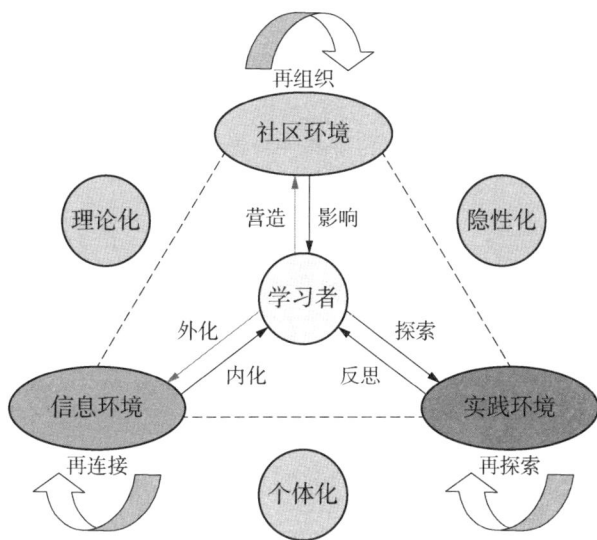

图 6-2　教师作为学习者与外部环境的交互模型

师将个体知识社会化,将群体知识个人化。此外,三个交互的过程又相互影响。教师在实践环境中通过探索和反思获得的是个体化的实践知识,它可以通过同事听课交流以观察模仿的隐性方式传播给社区的其他教师,同时也可以经过教师个人的外化,通过发表文章或者博文的方式表达到信息载体上,进而借助信息载体进行传播。同样地,学习者也可以从不同的环境中获得不同内容和类型的知识,进而在其与环境交互中发展自身的 PCK 网络。

第三节　教师学科教学知识发展的推动力

本书研究中陈老师是新教师的一个代表,因此对其专业发展环境也进行简要描述。在一年多的时间里,陈老师曾经面对课堂纪律问题和班级管理的问题而苦恼过和痛苦过。但是在通过个人的努力以及外部支持性的环境的双重作用下,其成长也是显著的,并且在市里比赛中获得非常优异的成绩。其中外部支持性的环境因素主要有以下几个方面:

一、经验型教师的指导和鼓励

在前面的案例描述中曾经提及过,华老师是陈老师的指导老师。她们同在一个年级,彼此经常相互听课。陈老师除了听林老师的课之外,还听过很多其他老师的课,华老师描述说"她谁的课都听,这也是她优秀的一个原因"。华老师在听课之后与陈老师交流时,通常陈老师会先说出自己觉得不理想的环节,华老师则会非常具体地提出她觉得很有创意的环节,两人的办公桌挨着,经常会讨论十多分钟,有时笔者也会参与其中。浓厚的而支持性的教研氛围是其发展的一个有利因素。

二、融入教研活动交流之中

陈老师每周有 12 课时,相对而言也有较多的时间进行备课、反思和学习,此外,她还积极参与校内和市内组织的各种教研培训活动。这些培训包括分科培训和班主任培训。培训的内容如:教师如何教学设计、职业发展规划、教学评价专题等。培训中也会安排听经验型教师的课,并让新教师(陈老师)也上一节公开课。班主任培训的主要内容是如何进行班级管理和与学生相处。区里会组织有经验的专家型教师讲解特定主题的教材分析,陈老师从中学习了如何对学科知识和素材进行选取,并获得了一些"特别适合用于教学的例子"。培训中,一些她早已认识的优秀教师,对她的影响也很大。这种影响,一方面是专业上的引领,如强调生物学思想和方法的渗透、书籍的推荐,另一方面就是职业精神的指引,优秀教师的精心准备、认真工作态度以及敬业精神也让陈老师深受感染,她说"一个非常大的收获就是了解了优秀老师优秀的方方面面"。

三、基于研究的教学

陈老师的硕士专业是课程与教学论,在读期间养成了阅读文献的习惯,她本人也在核心期刊上发表过文章。因此,在对某个内容进行教学时,她会借鉴已有的一些研究成果。比如她在进行蛋白质一节课的教学设计时,就参考了很多相关的教学设计和教育研究文献。这就为自己的教学奠定了更高的起点,同时也充分利用了学校的网络信息环境。

过去教师备课更多的是依靠经验和素材的积累,依靠个人独立来进行教学设计。教学经验和资源的传播多是通过观摩和课件交流等方式,而且传播的范围也是局域性的,主要是在一个学校内或者在一个教研区内。而随着网络信息技术的发展,人们获得高质量的研究文献已经越来越容易,特别是开放教育资源(Open Educational Resources,OER)的不断增多,高质量教学和学习资源已经非常丰富。这样,教师个人的实践智慧或者教育研究的成果就可以在更为广泛的网络空间里传播。而教学研究的成果也能更容易被应用到教师的教学设计之中,转化为教学效益。知识的传播由隐性的局域传播向显性的广域传播发展。网络已经成为教师备课和获得资源的重要途径,同时也是教师获得关于某个具体内容教学研究成果的窗口。

基于研究的教学设计可以帮助教师将教学立足于科学教育的研究成果之上。比如关于学生前概念的研究以及教学模式策略的研究等,教师可以参考这些研究成果,进而使教学更符合学生的需求和学生学习的规律,提高教学效果。当然这对教师自身的素质提出了更高的要求。

四、自身的教学实践和反思

陈老师在对 DNA 复制这个内容的教学案例中,采用了模型建构的方法。但是在教学实施的过程中并不是一帆风顺的,经过自己的尝试和反思以及华老师的建议,使得她的教学不断得到精致。下面是一段访谈的摘录:

研究者:你有这样一个想法或者说灵感是如何来的?

陈老师:构建模型是我后来想到的,我上过两节课后,到第三个班上课的时候我突然想起来,让学生去画,我之前是让学生去想,他(学生)说出来我来画,构建模型的想法是在反复上这节课的时候想出来的。后来我想到这两者是有差别的,如果学生能清晰地画出来的话,他的印象会更深刻。另外在第一个核心概念上,华老师给我提供了一个信息,学校有小磁铁教具,可以让学生来摆放,这是她提供给我的信息。我原先是在PPT(演示文稿)上画出来的,我觉得这种方式(摆放磁铁教具)的效果特别好,让学生在黑板上构建一个 DNA 的平面结构。一方面评价了学生原有知识的掌握程度,另一方面两位学生组装结果不同的概率是很大的。然后再问学生他们组装的结果是否相同,学生说不相同,那么它们所携带的遗传信息呢,学生说也不相同。那什么是遗传信息,学生就知道了,遗传信息指的是 DNA 碱基对的排列顺序。这个概念通过这种方式建立就特别好,这也不是我自己想出来的,我想到了相同和不同,但是没有考虑让学生自己去做,这步加得很好。

在这个案例中,教师与实践环境交互的过程,同时也涉及与社区环境的交互,而这节课的教学素材还来自网络,陈老师就是在这样的相互交融的环境互动中实践着、反思着、发展着……

第四节　学科教学知识发展中相关问题的讨论

一、PCK 的存在形态和发展过程

阿贝尔(Abell)在对有关 PCK 的文献进行总结时指出了 PCK 的四个重要特性[1]:(1)PCK 包括能够被协同应用于解决教学实践问题的分散知识类别;(2)PCK 是动态的而非静态的;(3)内容知识(学科知识)是 PCK 的中心;(4)PCK 涉及其他类别知识的转化。PCK 是教师为解决特定内容教学实践问题而不断发展的一种动态的知识结构,随着教学经验的积累不断发生着变化。但在某个特定的时间节点,它可以呈现为相对稳定的静态,但就时间轴的延伸来看,它则是变化和发展的,因此它一方面表现为静态的结构,另一方面也具有发展的特性。

PCK 作为一种静态的知识结构,由学科知识、关于学生的知识、关于目标的知识、关于教学策略的知识以及关于评价的知识组成,它们表现为相对独立的知识域,并为学科教学知识的形成和发展提供了来源。

学科教学知识还以一种教学应用的形态存在,表现为教学中的例子和问题设计,并通过两者组织教学活动。教师在例子选择以及问题设计上有诸多考虑,并且这些设

---

① Abell S K. Twenty Years Later: Does Pedagogical Content Knowledge Remain a Useful Idea? [J]. International Journal of Science Education, 2008,30(10):1405 – 1416.

计与特定内容教学紧密相连,新的设计往往基于旧的设计基础之上,从而继承优秀的特征或否定不良特征。随着教学经验的积累,教师的应用形态的知识不断丰富,对于教学的应对也更加自如和灵活。学科教学知识丰富的教师的例子设计与学科知识联系较多,并能提供更相关的情景并选择更符合学生能力的问题①。正是在这样的不断应用的过程中,PCK各知识域之间建立了越来越丰富的联系,而这些联系一方面表现在教师教学设计过程中的更为整体的考虑和决策,另一方面则体现在教学设计这一产品上,如例子和问题的选择和组织等。PCK的这两种形态相互转化和影响,随着教师不断的实践尝试和反思,从分散孤立发展为整体联系的结构。

格罗斯曼指出PCK发展有四个主要来源②:(1)学科专业教育,它为专业知识打下了基础,进而也构成知识呈现(如比喻、例子)的基础;(2)课堂观察,会促进教师关于学生如何学习的知识;(3)课堂教学经验,它会促进教师关于特定主题的教学活动的知识,比如关于如何演示和探究,以及教学困难所在;(4)在职教师参与的课程和培训也会潜在地影响教师PCK的发展。其中对PCK发展贡献最大的是学科专业教育③和课堂教学经验④。但是学者们对于学科知识以及教学经验在PCK发展过程的作用一直还在不断探寻。本书的案例研究结果也再次证实了学科知识在PCK知识域中居于核心地位,它的深广可以使得教师教学的思路更多,例子的选择范围更广,问题的设计更合适,而专家型教师的教学目标倾向则关注在学科的核心概念和思想上。教学经验则是关于学生的知识、教学策略的知识以及评价的知识的主要来源,同时反思性的实践也使得教学设计中蕴涵的知识域联系得到检验和修正,从而使得PCK知识域的联系更为丰富和贴近实际。

PCK的发展不仅与实践环境中的实践反思密切相关,同时也会受到社区环境以及

① Chick H L, Harris K. Pedagogical Content Knowledge and the Use of Examples for Teaching Ratio [R]. AARE, Fremantle, 2007.

② Grossman P L. The Making of a Teacher:Teacher Knowledge and Teacher Education [M]. New York:Teachers College Press,1990.

③ Sanders L R, Borko H, Lockard J D. Secondary Science Teachers' Knowledge Base When Teaching Science Courses in and out of Their Area of Certification [J]. Journal of Research in Science Teaching, 1993,30:723 - 736.

④ Lederman N G, Gess-Newsome J, Latz M S. The Nature and Development of Preservice Science Teachers' Conceptions of Subject Matter and Pedagogy [J]. Journal of Research in Science Teaching, 1994, 31 (2):129 - 146.

信息环境的影响。PCK 的发展不仅仅是依靠个体的经验积累和实践反思,同时它还可以通过参与同伴合作、交流等活动而获得发展。

二、PCK 的本质特性

基于目前科学教育的研究成果来看,不同科学概念需要不同教学策略,其主要原因可以概括为如下几个方面:

- 知识对象的不同:不同概念本身所关涉的对象或过程不同,其与人类生产生活的联系也就不同,学生拥有的相关生活经验也不同。
- 知识过程的不同:每个重要概念都有它自己的发现史,不同概念在科学史上有特定的发现顺序和历程,并与当时特定社会环境背景相联系。
- 知识结构的不同:不同概念的结构不同,具有不同的层级,高层级的概念需要更多下位概念的支撑,因此也更难以发生概念转变[1]。
- 课程设置的不同:由于课程设置的原因,学生已有的相关知识基础是不同的。
- 学习难度的不同:不同知识的学习难度是不同的,这种难度一方面是由于学生的认知能力水平,另一方面是由于概念本身结构的层级性和复杂度造成的。还有一个原因是学生与这个概念相关经验是不同的,不同概念与他们生活经验的距离也不同。
- 错误概念的不同:学生基于已有的片面的经验可能形成错误概念,这也会妨碍科学概念的学习。
- 学生的思维能力的发展遵循一定规律,他们走出拓展经验需要一个循序渐进的过程。
- 特定知识内容所适合达成的目标也有差异,造成这种差异的原因一方面是由于教师个人的理解角度和深度不同,另一方面也由于知识结构及其发现史的差异。
- 特定知识内容可以利用的教学资源不同,包括不同形式的各种资源。

---

① She H. Concepts of a Higher Hierarchical Level Require More Dual Situated Learning Events for Conceptual Change: A Study of Air Pressure and Buoyancy [J]. International Journal of Science Education, 2002,24(9):981-996.

- 不同的目标达成情况需要不同评价方式,学生会有不同的表现或反应。
- 教师观念的不同:教师个人对知识的理解深度和广度也不同,对于教学目的、教学策略和方法以及学生如何学习的理解也不同。教师的知识观、教学观以及学生观,这些观念一方面会影响其对课程到教学的转化过程,另一方面也会影响其对新知识的关注和获得。

其中学科知识作为内容,它是 PCK 围绕的核心,一位教师对学科的理解也将在很大程度上影响他如何教学。这里关于学科的知识不仅包括科学知识,还包括科学研究过程和方法以及科学本质。科学知识是科学家群体通过各种研究方法探究外部世界而获得的具有证据支持的概念、模型和理论。这些知识可以通过知识载体作为媒介进行传播,而科学教学则是由教师团体组织的传播科学的专门性活动,而传播的内容不应仅限于载体知识,还要包括科学家是如何探究自然界的,以及科学本身具有的特点和局限,并反映在教学活动设计之中。此外,教师也要把学生已有的生活经验和知识考虑进来,为学生构建合适的学习环境,包括合适的信息环境以及探究、合作的机会等。如图 6-3 所示:

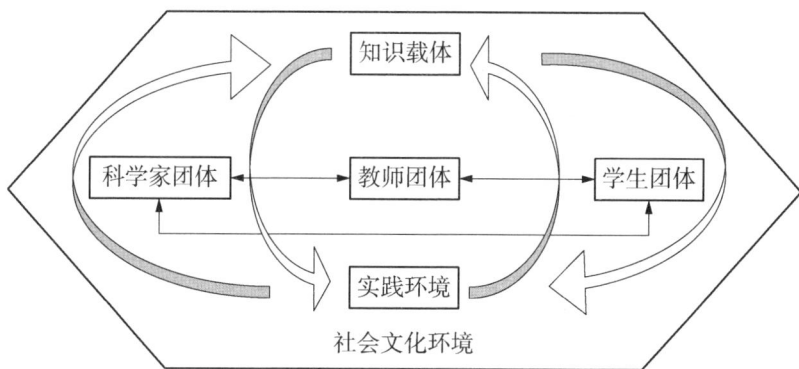

图 6-3　教师教学是科学研究与学生学习的中介

教师在与其学习环境交互过程中发展的是自己的 PCK,而 PCK 可以帮助教师根据特定的内容为学生布置合适的学习环境,而学生则是在教师布置的环境中学习着课程体系中特定的内容知识,科学家团体则在努力生产着新的科学知识,以满足社会的需求和人类的好奇心,三个群体的活动相互关联和影响。科学教师作为科学界的代表,不仅要关注知识传播中的准确性,还要关注教学活动范式与科学活动范式的相符,进而才能保证所传递的是真正意义上的完整的科学。

三、对教师教育和培训的启示和建议

教师 PCK 的发展是基于原有 PCK 和教学信念基础之上的,其改变幅度越大,教师习得相应典型教学行为的负担也就越大,教师培训项目应该充分考虑教师已有行为集合、教学信念、学科教学知识结构以及个体需求,应该注重理论学习与相应教学行为策略相结合,遵循由简单到复杂的循序渐进的原则。

厚实专业基础,不仅是专业知识,还要注重学科思想和方法的培养,并注重专业知识与日常生活现象的联系,进而能善于从平常的生活现象中挖掘良好的教学素材,能够围绕具体概念有目的地扩展学生的体验,有针对性地帮助学生进行概念转变和建构。不仅是在知识层面学习专业知识,还要关注到科学的过程、方法和科学的本质,以及不同学科之间的联系。

不仅要进行教学理论的培训,也要注意基于具体的生物学概念的教学培训,学习如何进行例子的寻找、加工、判断,以及如何基于例子设计问题和组织教学活动,从一种表征方式到另一种更好的表征方式,从一个活动到另一个更好的活动,使教师亲历学科知识深化和教学化的过程,适当创造教师合作交流讨论的机会和反思的机会,从而发展教师的 PCK。

帮助教师形成系统的教学反思框架,反思的内容由小到大,包括:例子、问题设计、学情、课堂组织、问题处理、教学策略、评价、教学目标、教学情境和自身个性特征等,比如自己的教学信念、学科信念和职业兴趣。积极的教学尝试和系统的教学反思可以有效地加快例子的积累,同时也能促进 PCK 不同的知识域的连接和整合。

(一)注重理论提升的同时,也要关注教师隐性知识的发展

世界经济合作组织(OECD)在 1996 年《以知识为基础的经济》的报告中把知识分为四种类型:知道什么的知识(know-what),也就是事实的知识;原理的知识(know-why),即为什么的知识;技能知识(know-how),即操作的知识;知道谁拥有知识的知识(know-who)。其中第一、第二类知识属于可编码的知识,第三类知识又称为意会知识,

它实际上是一种实践智慧,第四类知识属于人事、管理的知识①。

情境学习理论认为,学习的最佳方式就是在真实实践环境中学习,在哪儿用就在哪儿学习。教师教育培训,大多重视教育理论知识的培养以及课程理念的传播,但是容易忽视教师原有的教学行为集合、观念,由于时间短暂且相对欠缺教师实践的机会以及具体实践智慧的传播。另外也较少考虑教师的实际教研环境,比如其校区环境和信息环境,教师的培训过程不仅是知识和技能的传递过程,同时也是帮助教师组建他们自身的学习组织的过程,帮助他们结成教研学习的同伴和实践共同体,增长 who 的知识。而传统的培训,经常忽略这类知识,教师也是脱离实践情境来参与学习的。因此有必要开展与实践情境相结合的长期教师专业发展支持项目,特别是基于教师所处环境的校本教研项目。而这种项目需要地方大学、学校、企业以及社区的多方合作和密切配合。

(二)充分利用网络信息环境,构建网络学习社区环境

随着信息通信技术的发展以及电脑、手机等信息交互设备的普及,网络化的信息环境已经成为我们学习环境不可或缺的一部分。如何更有效地利用网络信息环境进行学习,这个问题已经获得很多学者的关注。在问卷调查中,教师最希望获得的帮助之一就是具有一个资源丰富、反馈及时、经验分享、交流合作的长期的网络平台。

另外,随着互联网教育开放资源的日益丰富以及知识共享协议(Creative Commons)的推广,教师的网络学习资源也将得到极大的丰富。但是如何将海量的信息资源进行组织并与教师的教学实践相联系,如何在教师之间,教师与教育研究者之间,教师与在校师范生之间建立起联系,实现有成效的交流和合作,仍然是值得关注的问题,并且已经有研究者在构建网络学习社区方面进行了尝试和探索。教师教育在关注短期集中培训的同时也需要关注教师长期交流的网络平台的建设和有效运作。

(三)帮助教师建立系统的实践反思框架

教学实践反思是教师学科教学知识发展的重要途径。由于不同地区学校的具体情况千差万别,通过实践探索发展适应具体环境的学科教学知识是一种快速可行的方

---

① 潘洪建.教学知识论[M].兰州:甘肃教育出版社,2004:7.

法。但是实践中获得的信息反馈往往是不系统的,容易留于经验。因此教师需要一个系统的反思框架,更好地利用教学探索中获得的反馈信息发展自己的学科教学知识。劳伦等人开发了 CoRes 和 PaP-eRs 工具①,不仅可以作为探查教师特定主题的学科教学知识的工具,而且也可以作为教师教学的反思框架,甚至可以作为教学的设计框架加以应用。尼尔森和劳伦(2010)已在把该工具作为一种形成性评价的工具和作为辅助职前教师 PCK 发展的工具进行实验尝试②。在教师培训中,也可以尝试利用该工具探查和发展教师的学科教学知识。

四、本书研究的创新点和有待进一步研究的问题

(一) 本书研究的创新点

在研究方法上,本书运用了综合的研究方法,不仅对教师专业发展的环境进行了探查,还对大样本的教师群体的 PCK 进行了量化的分析,最后结合专家型教师 PCK 个案研究的结果构建了学科教学知识的发展模式,包括教师专业发展模型(PICE)、PCK 例子进化模型(PCK-EEDM)和 PCK 网络与外部环境的交互关系模型(PCK-PICE)。

已有对 PCK 的研究都主要是小样本的研究,而且对 PCK 发展外部环境的关注相对缺乏。本书则不仅使用自己开发的调查工具对大样本的教师专业发展环境适应情况进行了探查,并对教师专业发展环境的构成进行了划分。而且在借鉴和使用已有 PCK 探查工具的基础上,采用了概念图分析的方法,对教师群体特定主题的 PCK 进行了更为细致和结构化的分析。大样本的研究结果支持了学科教学知识的发展趋势是由分散孤立向整合联系发展,并发现了一些导致差异的关键知识域和知识域联系,这对已有文献是一个重要的补充。此外,本书还利用案例和概念图刻画专家型教师学科教学知识的静态结构和应用形态。专家型教师和新教师教学案例的描述和分析也为一线教师进行教学设计和指导自己的专业发展提供了借鉴。

---

① Loughran J, Mulhall P, Berry A. In Search of Pedagogical Content Knowledge in Science: Developing Ways of Articulating and Documenting Professional Practice [J]. Journal of Research in Science Teaching, 2004,41(4):370-391.

② Nilsson P, Loughran J. Understanding and Assessing Primary Science Student Teachers' Pedagogical Content Knowledge [R]. Philadelphia, PA: NARST Annual International Conference, 2010.

本书将教师专业发展环境纳入到学科教学知识的发展模式当中,在综合大样本和个案研究结果的基础上构架了学科教学知识的发展模式。将情境学习理论与学科教学知识发展联系起来,在理论上具有一定的创新,对教师专业发展环境的构建以及教师培训项目具有理论指引的作用。

(二)研究的局限和有待进一步研究的问题

虽然本书综合采用了多种研究方法对高中生物教师学科教学知识的发展进行了静态的刻画和动态的建构,但是仍然存在一些不足和限制之处,需要今后做进一步研究。

首先在问卷调查研究中,由于考虑时间的限制和可行性,两个问卷是单独发放的,参与两个问卷调查的教师来自同一个大群体的两个小群体,而并不等同。今后可以将两个工具合并一起发放,进而直接探测教师学科教学知识发展与其专业环境适应的联系,这是研究者未来要进行的一项工作。此外,教师专业发展环境适应问卷还只是初步的编制,还可以对问卷条目做进一步完善,可以考虑进一步加大样本量,从而使结果具有更强的说服力。

其次在案例研究中,本书主要采用了访谈和概念图分析的方法获得的数据作为证据,虽然也收集和参照了课堂教学录音和录像,但是并未对录像和录音做进一步的量化分析和比较,去探查经验型教师与经验型教师之间、经验型教师与新教师之间教学行为上的区别和联系。因此对学科教学知识与教师行为之间的关系可以做进一步深入的研究。

案例研究主要通过访谈和教师回忆作为数据来源,并未做长跨度的个案跟踪。为了进一步了解教师更为清晰的 PCK 发展过程,对教师进行长期的个案跟踪是有价值的。

在案例研究的样本选择上,本书主要关注的是 5 位城市学校专家型教师和一位职初教师的 PCK 发展过程,对于不同环境下的其他典型教师群体的学科教学知识发展以及教师与其环境的互动方式也可以做进一步的研究。

参考文献

中文文献

1. J·莱夫,等. 情景学习:合法的边缘性参与[M]. 王文静,译. 上海:华东师范大学出版社,2004.

2. 陈琴,庞丽娟. 论科学的本质与科学教育[J]. 北京大学教育评论,2005(2).

3. 陈向明. 质的研究方法与社会科学研究[M]. 北京:教育科学出版社,2000.

4. 戴维·H·乔纳森,等. 学习环境的理论基础[M]. 郑太年,等,译. 上海:华东师范大学出版社,2002.

5. 丁德成,张伟,师梅梅. 现代脑科学与教育[J]. 陕西师范大学学报(自然科学版),2004(S2).

6. 杜伟宇. 从知识到创新——知识的学习过程与机制[M]. 上海:上海财经大学出版社,2007.

7. 范道津,郭瑜桥. 对SECI知识创造模型的改进研究[J]. 西北农林科技大学学报(社会科学版),2008,8(4).

8. 方菲菲,卢正芝. 教师专业发展研究的新焦点:学科教学知识及启示[J]. 当代教育科学,2008(5).

9. 方菲菲,卢正芝. 学科教学知识的发展及其启示[J]. 教育探索,2008(9).

10. 方明. 缄默知识论[M]. 合肥:安徽教育出版社,2004.

11. 贺平,武法提. 论学习环境设计的理论基础[J]. 现代教育技术,2006(6).

12. 黄荣怀,郑兰琴. 隐性知识论[M]. 长沙:湖南师范大学出版社,2007.

13. 景敏. 基于学校的数学教师数学教学内容知识发展策略研究[D]. 上海:华东师范大学,2006.

14. 景敏. 在职教师教学内容知识发展研究[M]. 桂林:广西师范大学出版社,2008.

15. 李锋,王荣良. 基于知识创生螺旋理论的网络学习环境建设[J]. 中国远程教育(综合版),2009(2).

16. 李坤. 初中物理教师学科教学知识的个案研究[D]. 北京:首都师范大学,2009.

17. 李琼,倪玉菁,萧宁波. 小学数学教师的学科教学知识:表现特点及其关系的研究[J]. 教育学报,2006(4).

18. 李伟胜. 学科教学知识(PCK)的核心因素及其对教师教育的启示[J]. 教师教育研究,2009(2).

19. 李艳梅,郑长龙,王秀红. 科学哲学与理科教学的对话:科学探究与概念转变[J]. 东北师大学报(哲学社会科学版),2009(4).

20. 李云淑. 如何整理分析访谈叙事材料——我的叙事分析经验[J]. 上海教育科研,2004(11).

21. 李志江.走出后现代知识观[J].河北学刊,2002(5).

22. 廖冬发,周鸿,陈素苹.关于中小学教师学科教学知识来源的调查与分析[J].教育探索,2009(12).

23. 廖元锡.PCK——使教学最有效的知识[J].教师教育研究,2005(6).

24. 刘恩山.中学生物学教学论[M].北京:高等教育出版社,2003.

25. 刘恩山.生物教育研究方法与案例[M].北京:高等教育出版社,2004.

26. 刘恩山,汪忠.普通高中生物课程标准(实验)解读[M].南京:江苏教育出版社,2003.

27. 刘清华.教师知识的模型建构研究[D].重庆:西南师范大学,2004.

28. 卢锦玲."沪港两地小学数学教师专业知识缺失"的比较研究[D].上海:华东师范大学,2008.

29. 卢乃桂,王芳.教学内容知识:教师教育中教学实践课程的重点[J].教育发展研究,2010(2).

30. 吕林海.教学设计的专家知识及其发展模型初探[J].中国电化教育,2007(4).

31. 罗昂.教师专业发展学校与小学教师学科教学知识的构建[J].当代教育论坛(学科教育研究),2007(8).

32. 罗伯特·K·殷.案例研究:设计与方法(第3版)[M].周海涛,等,译.重庆:重庆出版社,2004.

33. 马玲.高中生物学教师特定主题的学科教学知识内容结构初探[D].北京:北京师范大学,2007.

34. 马南南.知识管理的SECI模型对网络教师学习共同体的启示[J].软件导刊(教育技术),2008(11).

35. 麦可斯威尔.质性研究设计[M].陈浪,译.北京:中国轻工业出版社,2008.

36. 美国国家研究理事会.美国国家科学教育标准[R].戢守志,等,译.北京:科学技术文献出版社,1999.

37. 美国科学促进协会.科学素养的基准[M].中国科学技术协会,译.北京:科学普及出版社,2001.

38. 美国科学促进协会.面向全体美国人的科学[M].中国科学技术协会,译.北京:科学普及出版社,2001.

39. 孟世才,董涛.教学内容知识:有效教学的关键因素——基于《分式的意义》课例的分析[J].西南师范大学学报(自然科学版),2010(1).

40. 牟杰.课例研究的教师专业发展作用之意蕴[D].南京:南京师范大学,2008.

41. 潘洪建.教学知识论[M].兰州:甘肃教育出版社,2004.

42. 裴跃进.案例研究——校本教师培训的有效策略[J].成人教育,2005(6).

43. 石中英.知识转型与教育改革[M].北京:教育科学出版社,2001.

44. 石中英.教育哲学导论[M].北京:北京师范大学出版社,2005.

45. 苏春燕,但武刚.TPACK视域下教师知识结构的转化:内涵、过程及路径[J].教学研究,2020,43(3).

46. 孙可平.理科教师培养的新视角:教学内容知识[J].全球教育展望,2008(5).

47. 唐纳德·A·舍恩.反映的实践者——专业工作者如何在行动中思考[M].夏林清,译.北京:教育科学出版社,2007.

48. 王如哲.知识管理的理论与应用:以教育领域及其革新为例[M].台北:五南图书出版公司,2000.

49. 王政,任京民.论教师学科教学知识及其养成[J].外国中小学教育,2010(3).

50. 夏正江.论知识的性质与教学[J].华东师范大学学报(教育科学版),2000(2).

51. 小泉英明.脑科学与教育——尖端研究与未来展望[J].教育研究,2006,313(2).

52. 徐碧美.追求卓越——教师专业发展案例研究[M].陈静,李忠如,译.北京:人民教育出版社,2003.

53. 徐章韬,龚建荣.学科知识和学科教学知识在课堂教学中的有机融合[J].教育学报,2007(6).

54. 杨彩霞.教师学科教学知识:本质、特征与结构[J].教育科学,2006(1).

55. 杨彩霞,杨彩梅.对教师知识研究取向与发展的思考[J].教育探索,2006(1).

56. 杨鸿,朱德全.论教学知识的统整[J].课程·教材·教法,2009(1).

57. 杨华.高中生物课程实施与案例分析[M].桂林:广西师范大学出版社,2007.

58. 杨南昌,谢云,熊频.ECI:一种教师共同体知识创新与专业发展的模型[J].中国电化教育,2005(10).

59. 杨玉东.职初教师与经验教师教学过程比较研究[M].桂林:广西师范大学出版社,2008.

60. 应国良,袁维新.论教师的学科教学知识及其建构[J].教育发展研究,2006(19).

61. 袁铮.教师的学科教学知识对教学任务设计的影响[D].上海:华东师范大学,2009.

62. 岳定权.教师学科教学知识形成研究[D].成都:四川师范大学,2008.

63. 岳定权.浅议教师学科教学知识及其发展[J].教育探索,2009(2).

64. 张春雷,余波.GoogleGroup:互动学习和专业交流的教师社区建设——以生物教学茶吧为例[J].中国信息技术教育,2009(11).

65. 张敏.教师自主学习调节模式及其机制[D].杭州:浙江大学,2008.

66. 张晓蕾.分析、阐释和社会性理解——基于不同研究范式的教师知识研究[J].全球教育展望,2009(1).

67. 张颖之,刘恩山.核心概念在理科教学中的地位和作用——从记忆事实向理解概念的转变[J].教育学报,2010,6(1):57-61.

68. 赵国庆,黄荣怀,陆志坚.知识可视化的理论与方法[J].开放教育研究,2005(1).

69. 赵国庆,张璐.应用概念图诱出专家知识[J].开放教育研究,2009,15(2).

70. 郑春和.高中生物学概念教学的理论与实践[J].中小学教材教学,2002(5):1-2.

71. 郑晓蕙,胡继飞.生物课堂教学行为研究及案例[M].南昌:江西教育出版社,2009.

72. 中华人民共和国教育部.普通高中生物课程标准(实验)[S].北京:人民教育出版社,2003.

73. 中央教育科学研究所比较教育研究室.简明国际教育百科全书:人的发展[M].北京:教育科学出版社,1989.

74. 钟启泉.学科教学论基础[M].上海:华东师范大学出版社,2001.

75. 朱晓民,陶本一.西方学科教学知识研究的两种路径[J].外国中小学教育,2006(3).

76. 朱晓民,陶本一.学科教学知识:教师专业知识的新视角[J].上海教育科研,2006(5).

77. 庄秀丽.Web2.0教育应用现状概述[J].中小学信息技术教育,2009(6).

78. 邹景平,陆海云,庄秀丽.创造、集聚与辐射——关于web2.0与网络学习环境的对话[J].中国远程教育,2007(9).

英文文献

1. Abd-El-Khalick F, Boujaoude S, Duschl R, et al. Inquiry in Science Education: International Perspectives [J]. Science Education, 2004,88(3):397-419.

2. Abell S K. Twenty Years Later: Does Pedagogical Content Knowledge Remain a Useful Idea? [J]. International Journal of Science Education, 2008,30(10):1405-1416.

3. Ayvazo S. Exploring the Pedagogical Content Knowledge of Effective Teachers in Physical Education [D]. The Ohio State University.

4. Bedner N. Advancing Pedagogical Content Knowledge in Communication: A Critical Inquiry into the Ideology of Communication Theory Textbooks [R]. A Paper Presented at the 84th Annual Meeting of the National Communication Association, November 21-24, New York, 1998.

5. Bond-Robinson J. Identifying pedagogical content knowledge (PCK) in the chemistry laboratory [J]. Chemistry Education Research and Practice, 2005,6(2):83-103.

6. Bradley J H, Paul R, Seeman E. Analyzing the structure of expert knowledge [J]. Information & Management, 2006,43:77-91.

7. Brown H I. Conceptual System [M]. New York: Routledge, 2007.

8. Bybee R W. Achieving Scientific Literacy: Using the National Science Education Standards to Provide Equal Opportunities for All Students to Learn Science [J]. Science Teacher, 1995,62 (7).

9. Capobianco B M. A Self-Study of the Role of Technology in Promoting Reflection and Inquiry-Based Science Teaching [J]. Journal of Science Teacher Education, 2007,18:271-295.

10. Carlson R E. Assessing Teachers' Pedagogical Content Knowledge: Item Development Issues [J]. Journal of Personnel Evaluation in Education, 1990,4(2):157-163.

11. Chick H L, Harris K. Pedagogical Content Knowledge and the Use of Examples for Teaching Ratio [R]. AARE, Fremantle, 2007.

12. Chi M T H, Slotta J D, de Leeuw N. From things to processes: a theory of conceptual change for learning science concepts [J]. Learning and Instruction, 1994,4:27-43.

13. Cianciolo A T, Grigorenko E L, Jarvin L, et al. Practical Intelligence and Tacit Knowledge: Advancements in the Measurement of Developing Expertise [J]. Learning & Individual Differences, 2006,16(3):235-253.

14. Clarke D, Hollingsworth H. Elaborating a model of teacher professional growth [J]. Teaching and Teacher Education, 2002,18:947-967.

15. Clermont C P, et al. Comparative Study of the Pedagogical Content Knowledge of Experienced and Novice Chemical Demonstrators [J]. Journal of Research in Science Teaching, 1994,31(4): 419-441.

16. Cochran K F, DeRuiter J A, King R. A Pedagogical Content Knowledge: An Intergrative Model for Teacher Preparation [J]. Journal of Teacher Education, 1993,44(4),263-272.

17. Coenders F, Terlouw C, Dijkstra S. Assessing Teachers' Beliefs to Facilitate the Transition to a New Chemistry Curriculum [J]. Journal of Science Teacher Education, 2008,19:317-335.

18. Counts M C. A Case Study of a College Physics Professor's Pedagogical Content Knowledge [D]. Georgia State University, 1999.

19. Daehler K R, Shinohara M. A Complete Circuit Is a Complete Circle: Exploring the Potential of Case Materials and Methods To Develop Teachers' Content Knowledge and Pedagogical Content Knowledge of Science [J]. Research in Science Education, 2001,31(2):267-288.

20. Dani D E. The Impact of Content and Pedagogy Courses On Science Teachers' Pedagogical Content Knowledge [D]. Cincinnati, Ohio: College of Education, Human Services, and Criminal Justice, 2004.

21. Deng Z. Transforming the Subject Matter: Examining the Intellectual Roots of Pedagogical Content Knowledge [J]. Curriculum Inquiry, 2007,37(3):279-295.

22. Ebert C L. An Assessment of Prospective Secondary Teachers' Pedagogical Content Knowledge about Functions and Graphs [R]. 1993.52.

23. Ebert C L, Risacher B F. "Alternative Pathways to Teaching" — An Investigation of the Factors That Influence the Acquisition of Pedagogical Content Knowledge for Traditional and Non-Traditional Teachers [R]. 1996.

24. Ferdig R E. Assessing Technologies for Teaching and Learning: Understanding the Importance of Technological Pedagogical Content Knowledge [J]. British Journal of Educational Technology, 2006,37(5):749-760.

25. Freeman L A, Jessup, L M. The Power and Benefits of Concept Mapping: Measuring Use, Usefulness, Ease of Use, And Satisfaction [J]. International Journal of Science Education, 2004, 26(2):151-169.

26. Garritz A, et al. Pedagogical Content Knowledge of Inquiry: An Instrument to Document it and its Application to High School Science Teachers [R]. Philadelphia, PA: NARST Annual International Conference, 2010.

27. Gess-Newsome J, Lederman N. Year-book of The Association For The Education of Teacher of Science [M]. Boston: Kluwer publishing, 1997.

28. Gess-Newsome J. Pedagogical Content Knowledge: An Introduction and Orientation [M]// J. Gess-Newsome, N. G. Lederman. (Eds.), Examining Pedagogical Content Knowledge. Kluwer Academic Publishers, 1999.

29. Grigorenko E L, Sternberg R J, Strauss S. Practical intelligence and elementary-school teacher effectiveness in the United States and Israel: Measuring the predictive power of tacit knowledge [J]. Thinking Skills and Creativity, 2006,1(1):14-33.

30. Grossman P. A Study in Contrast: Sources of Pedagogical Content Knowledge for Secondary English Teachers [J]. Journal of Teacher Education, 1989,40(5):24-31.

31. Grossman P, Wilson S. Teachers of Substance: Subject Matter Knowledge for Teaching [M]. New York: Perganon Press, 1989.

32. Grossman P L. The Making of a Teacher: Teacher Knowledge and Teacher Education [M]. New York: Teachers College Press, 1990.

33. Hashweh M Z. Effects of Subject Matter Knowledge in the Teaching of Biology and Physics [J]. Teaching and Teacher Education, 1987,3:109-120.

34. Henderson C, et al. Multi-Layered Concept Maps for the Analysis of Complex Interview Data [R]. Madison, WI: Roundtable Discussion Presented at the Physics Education Research

Conference, 2003.

35. Henze I, van Driel J H, Verloop N. Development of Experienced Science Teachers' Pedagogical Content Knowledge of Models of the Solar System and the Universe [J]. International Journal of Science Education, 2008,30(10):1321 – 1342.

36. Henze I, van Driel J H, Verloop N. Science Teachers' Knowledge about Teaching Models and Modelling in the Context of a New Syllabus on Public Understanding of Science [J]. Research in Science Education, 2007,37:99 – 122.

37. Hoffman R R, et al. Eliciting Knowledge from Experts: A Methodological Analysis [J]. Eliciting Knowledge from Experts_A Methodological Analysis, 1995,62(2):129 – 158.

38. Johnston J, Ahtee M. Comparing Primary Student Teachers' Attitudes, Subject Knowledge and Pedagogical Content Knowledge Needs in a Physics Activity [J]. Teaching & Teacher Education: An International Journal of Research and Studies, 2006,22(4):503 – 512.

39. Jong O, Driel J. Exploring the Development of Student Teachers' PCK of the Multiple Meanings of Chemistry Topics [J]. International Journal of Science and Mathematics Education, 2004,2(4): 477 – 491.

40. Justi R, van Driel J. A case study of the development of a beginning chemistry teacher's knowledge about models and modelling [J]. Research In Science Education, 2005,35(2 – 3):197 – 219.

41. Justi R, van Driel J. The development of science teachers' knowledge on models and modelling: promoting, characterizing, and understanding the process [J]. International Journal of Science Education, 2005,27(5):549 – 573.

42. Justi R, van Driel J. The use of the Interconnected Model of Teacher Professional Growth for understanding the development of science teachers' knowledge on models and modelling [J]. Teaching and Teacher Education, 2006,22(4):437 – 450.

43. Keys P M. A knowledge filter model for observing and facilitating change in teachers' beliefs [J]. Journal of Educational Change, 2007,8:41 – 60.

44. Kinach B M. A Cognitive Strategy for Developing Pedagogical Content Knowledge in the Secondary Mathematics Methods Course: Toward a Model of Effective Practice [J]. Teaching and Teacher Education, 2002,18(1):51 – 71.

45. Koehler M J, Mishra P, Yahya K. Tracing the Development of Teacher Knowledge in a Design Seminar: Integrating Content, Pedagogy and Technology [J]. Computers & Education, 2007,49 (3):740 – 762.

46. Lavoie D R, Roth W. Models of science teacher preparation: Theory into Practice [M]. Dordrecht, The Netherlands: Kluwer, 2001.

47. Leake D B, Maguitman A, Reichherzer T, et al. Aiding Knowledge Capture by Searching for Extensions of Knowledge Models [R]. K-CAP'03: Proceedings of the 2nd international conference on Knowledge capture, Sanibel Island, Florida, 2003.

48. Leatham K R. Viewing Mathematics Teachers' Beliefs as Sensible Systems [J]. Journal of Mathematics Teacher Education, 2006,9:91 – 102.

49. Lederman N G, Gess-Newsome J. Do Subject Matter Knowledge, and Pedagogical Content Knowledge Constitute the Ideal Gas Law of Science Teaching? [J]. Journal of Science Teacher

Education, 1992,31(2):16-20.

50. Lee E, Luft J A. Experienced Secondary Science Teachers' Representation of Pedagogical Content Knowledge [J]. International Journal of Science Education, 2008,30(10):1343-1363.

51. Lee E, et al. Assessing Beginning Secondary Science Teachers' PCK: Pilot Year Results [J]. School Science and Mathematics, 2007,107(2):52-60.

52. Lee J, Meadows M, Lee J O. What Causes Teachers to Implement High-Quality Mathematics Education More Frequently: Focusing on Teachers' Pedagogical Content Knowledge [R]. 2003.

53. Lesh R, Middleton J A, Caylor E, et al. A science need: Designing tasks to engage students in modeling complex data [J]. Educational Studies in Mathematics, 2008,68:113-130.

54. Lian M W S. An Investigation into High-Achiever and Low-Achiever Knowledge Organisation and Knowledge Processing in Concept Mapping: A Case Study [J]. Research in Science Education, 1998,28(3):337-352.

55. Liu X, Collard S. Using Rasch Model to Validate Stages of Understanding the Energy Concept [J]. Journal of Applied Measurement, 2005,6(2).

56. Liu X, Lesniak K. Progression in Children's Understanding of the Matter Concept from Elementary to High School [J]. Journal of Research in Science Teaching, 2006,43(3):28.

57. Loughran J. Understanding and Developing Science Teachers' Pedagogical Content Knowledge [J]. International Journal of Science Education, 2007,29(11):1435-1439.

58. Loughran J, Milroy P, Berry A, et al. Documenting Science Teachers' Pedagogical Content Knowledge through PaP-eRs [J]. Research in Science Education, 2001,31(2):289-307.

59. Loughran J, Mulhall P, Berry A. In Search of Pedagogical Content Knowledge in Science: Developing Ways of Articulating and Documenting Professional Practice [J]. Journal of Research in Science Teaching, 2004,41(4):370-391.

60. Loughran J, Mulhall P, Berry A. Exploring pedagogical content knowledge in science teacher education [J]. International Journal of Science Education, 2008,30(10):1301-1319.

61. Luft J A, Patterson N C. Bridging the Gap: Supporting Beginning Science Teachers [J]. Journal of Science Teacher Education, 2002,13(4):267-282.

62. Luft J A, Roehrig G. Capturing Science Teachers' Epistemological Beliefs: The Development of the Teacher Beliefs Interview [J]. Electronic Journal of Science Education, 2007, 11(2): 38-39.

63. Luft J. Minding the Gap: Needed Research on Beginning/Newly Qualified Science Teachers [J]. Journal Of Research In Science Teaching, 2007,44(4):532-537.

64. Magnusson S, Krajck J, Borko H. Nature, Sourses and Development of Pedagogical Content Knowledge for Science Teaching [M]//J. Gess-Newsome, N. G. Lederman(Eds.), Examining Pedagogical Content Knowledge. Dordrecht/Boston:Kluwer Academic Publishers, 1999.

65. Martcnez M A, Sauleda N, Huber G L. Metaphors as Blueprints of Thinking About Teaching and learning [J]. Teaching and Teacher Education, 2001,17(8):965-977.

66. Moyer P S, Milewicz E. Learning to Question: Categories of Questioning Used by Preservice Teachers during Diagnostic Mathematics Interviews [J]. Journal of Mathematics Teacher Education, 2002,5:293-315.

67. Mulhall P, Berry A, Loughran J. Frameworks for representing science teachers' pedagogical content knowledge [J]. Asia-Pacific Forum on Science Learning and Teaching, 2003,4(2): 1 – 25.

68. National Research Council. National Science Education Standard [M]. NAP, 1996.

69. Nilsson P. From lesson plan to new comprehension: Exploring student teachers' pedagogical reasoning in learning about teaching [J]. European Journal of Teacher Education, 2009,32(3): 239 – 258.

70. Nilsson P, Loughran J. Understanding and Assessing Primary Science Student Teachers' Pedagogical Content Knowledge [R]. Philadelphia, PA: NARST Annual International Conference, 2010.

71. Nilsson P. Teaching for Understanding: The Complex Nature of Pedagogical Content Knowledge in Pre-Service Education [J]. International Journal of Science Education, 2008, 30 (10): 1281 – 1299.

72. Nonaka I, Konno N. The Concept of "Ba": Building a foundation for knowledge creation [J]. California Management Review, 1998,40(3).

73. Pajares M F. Teachers' Beliefs and Educational Research: Cleaning up a Messy Construct [J]. Review of Educational Research, 1992,62(3).

74. Park S, Oliver J S. National Board Certification (NBC) as a Catalyst for Teachers' Learning about Teaching: The Effects of the NBC Process on Candidate Teachers' PCK Development [J]. Journal of Research in Science Teaching, 2008,45(7):812 – 834.

75. Park S, Oliver J S. Revisiting the Conceptualisation of Pedagogical Content Knowledge (PCK): PCK as a Conceptual Tool to Understand Teachers as Professionals [J]. Research in Science Education, 2008,38(3):261 – 284.

76. Petitto L A, Dunbar K. New Findings from Educational Neuroscience on Bilingual Brains [R]. MBE/Harvard Conference: Scientific Brains and the Educated Mind, 2004.

77. Polanyi M. Study of Man [M]. Chicago: The University of Press, 1958.

78. Polanyi M. Knowing and Being [M]. Chicago: The University of Chicago Press, 1969.

79. Psillos D, et al. Science Education Research in the Knowledge-Based Society [M]. Dordrecht, The Netherlands: Kluwer, 2003.

80. Roehrig G H, Kruse R A, Kern A. Teacher and School Characteristics and Their Influence on Curriculum Implementation [J]. Journal of Research in Science Teaching, 2007, 44 (7): 883 – 907.

81. Rowan B, et al. Measuring Teachers' Pedagogical Content Knowledge in Surveys: An Exploratory Study [Z]. Study of Instrumental Improvement, 2001.

82. Rowan B, Schilling S G, Ball D L, et al. Measuring Teachers' Pedagogical Content Knowledge in Surveys: An Exploratory Study [R]. Consortium for Policy Research in Education, Study of Instructional Improvement, Research Note S – 2. Ann Arbor: University of Michigan, 2001.

83. Sarkim T. Investigating Secondary School Physics Teachers' Pedagogical Content knowledge: A Case Study [J]. Journal of Graduate Students, 5(1),82 – 96.

84. Schincariol L. The Types, Sources, and Perceived Relevance of Knowledge Acquisition, and the

Enacted Effects When Teaching Unfamiliar and [D]. Columbus, Ohio: The Ohio State University, 2002.

85. Seymour J R, Lehrer R. Tracing the Evolution of Pedagogical Content Knowledge as the Development of Interanimated Discourses [J]. Journal of the Learning Sciences, 2006,15(4): 549-582.

86. She H. Concepts of a Higher Hierarchical Level Require More Dual Situated Learning Events for Conceptual Change: A Study of Air Pressure and Buoyancy [J]. International Journal of Science Education, 2002,24(9):981-996.

87. ShuhuaAn, Gerald, Kulm & ZhongheWu. The pedagogical content knowledge of middle school, mathematics teacher in China and U. S. A. [J]. Journal of Mathematica Teacher Education. 2004,7(2):145-172.

88. Shulman L S. Knowledge and teaching: Foundations of the New Reform [J]. Harvard Educational Review, 1987,57(1):1-22.

89. Smith D C. Changing our Teaching: The Role of Pedagogical Content Knowledge in Elementary Science [M]//J. Gess-Newsome, N. G. Lederman (Eds.), Examining Pedagogical Content Knowledge. Kluwer Academic Publishers, 1999.

90. Smith D C, Neale D C. The Construction of Subject Matter Knowledge in Primary Science Teaching [J]. Teaching & Teacher Education, 1989,5(1):1-20.

91. Smith K, Loughran J, Berry A, et al. In search of what it means to develop scientific literacy in a primary school [R]. Philadelphia, PA: NARST Annual International Conference, 2010.

92. So W W. A Study of Teacher Cognition in Planning Elementary Science Lessons [J]. Research in Science Education, 1997,27(1):71-86.

93. Suharwoto G, Lee K H. Assembling the Pieces Together: What Are the Most Influential Components in Mathematics Preservice Teachers' Development of Technology Pedagogical Content Knowledge (TPCK)? [R]. Phoenix, AZ: SITE Conference, 2005.

94. Suh Y. Pedagogical Content Knowledge Development in Teaching Science: A Case Study of an Elementary School Teacher in an Urban Classroom [D]. Dissertation for Doctor Degree in Columbia University Teachers College, 2005.

95. Tobin K, Tippins D J, Gallard A J. Research on Instructional Strategies for Teaching Science [M]// D. L. gabel(Ed.),Handbook of Research on Science Teaching and Learning. New York: National Science Teachers Association, 1994.

96. Tomanek D. Points of View: Effective Partnerships Between K-12 and Higher Education [J]. Cell Biology Education, 2005,4: 28-37.

97. Tuanf II, Jeng B, Whang L, Kaou R. A Case Study of Pre-service Chemistry Teachers' Pedagogical Knowledge Development [R]. Paper Present at the National Association for Research in Science Teaching, San Francisco, 1995.

98. Uno G E, Bybee R W. Understanding the Dimensions of Biological Literacy[J]. Bioscience, 1994,71(8):553-557.

99. Van Dijk E M, Kattmann U. A Research Model for the Study of Science Teachers' PCK and Improving Teacher Education [J]. Teaching and Teacher Education: An International Journal of

Research and Studies, 2007,23(6):885 – 897.

100. Van Driel J H, De Jong O, Verloop N. The Development of Preservice Chemistry Teachers' Pedagogical Content Knowledge [J]. Science Education, 2002,86:572 – 590.

101. Van Driel J H, Makinster J G. Assessment and evaluation of pedagogical content knowledge [R]. Philadelphia, PA: NARST Annual International Conference, 2010.

102. Van Driel J H, Verloop N, De Vos W. Developing Science Teachers' Pedagogical Content Knowledge [J]. Journal of Research in Science Teaching, 1998,35:673 – 695.

103. Veal R W, Makinster J G. Pedagogical Content Knowledge Taxonomies [J]. Electronic Journal of Sicence Education, 1999,3(4).

104. Veal W R. The TTF Model To Explain PCK in Teacher Development [R]. Boston, MA: Paper presented at the Annual meeting of the National Association for Research in Science Teaching, 1999.

105. Veal W R, van Driel J, Hulshof H. PCK: How Teachers Transform Subject Matter Knowledge [J]. International Journal of Leadership in Education, 2001,4(3):285 – 291.

106. Wallace J, Louden W. Teachers' Learning Stories of Science Education [M]. Dordrecht, The Netherlands: Kluwer,2000.

107. Windschitl M, Thompson J, Braaten M. Beyond the Scientific Method: Model-Based Inquiry as a New Paradigm of Preference for School Science Investigations [J]. Science Education, 2008,92 (5):941 – 967.

108. Yero JL. Teahing in Mind: How Teacher Thinking Shapes Education [Z]. Hamilton, MT: MindFlight, 2002.

附录一 高中生物学教师专业发展环境适应调查问卷

问卷说明

老师您好:我们正在进行一项教师专业发展环境的研究,您的意见有助于我们了解教师专业发展环境的情况。这些问题没有正确或错误之分,请根据您自己的实际情况来填写。您的真实姓名会在研究中保密。为了便于统计比较,希望您能够按要求填写每个条目。谢谢您的合作!

一、学校和个人相关基本信息

1. 学校级别

* 省重点中学   * 市重点中学   * 区重点中学   * 普通中学

2. 学校接收生源状况

* 很好   * 中上   * 中等   * 中下   * 较差

3. 所教学生是文科还是理科

* 文科   * 理科   * 文理科都有

4. 学校里学生对学习生物的态度

* 非常喜欢   * 喜欢   * 一般   * 不喜欢   * 不想学

5. 班级的学生人数

* 20—30   * 30—40   * 40—50   * 50—60   * 60—70   * 70 以上

6. 您每周的课时数(节)?

* (   )

7. 您的教龄是?

* (   )

8. 您觉得教学设计和实施的最大困难在于?

* 确定教学的目的和目标　　* 分析学情　　* 分析和把握教材

* 组织教学活动　　* 了解和评价学生的掌握情况　　* 统筹安排课程内容

* 恰当运用现代教育技术　　* 维护课堂纪律　　* 其他

9. 您觉得教学设计中最关键的是?

* 确定教学的目的和目标　　* 了解学生,分析学情　　* 把握知识框架和系统

* 组织教学活动　　* 设计评价学生的方式　　* 恰当运用现代教育技术

* 其他

二、教师个人专业发展环境

请根据您个人或者您学校的实际情况来选择相符或不相符(同意或不同意)的程度,没有正确和错误之分。

注:1 非常不符合,2 较不符合,3 不确定,4 较符合,5 非常符合

1. 学校有非常好的硬件条件供教师进行专业学习

2. 学校教师专业学习的氛围非常好

3. 我经常会和同事讨论教学问题或教学设计

4. 学校领导和教研组为我进行新的教学创意和尝试提供很多支持

5. 我在教学上很少获得其他人的支持和帮助

6. 如果我有了好的教学创意或教学资源,我会全部拿出来与同事分享

7. 当我发现学校规章制度的某些不合理之处时,我经常会向同事或领导提出建议

8. 遇到教学难点或学生管理问题,我有很多朋友可求助和商讨(比如同事等)

9. 在专业成长上,同事之间的交流对我帮助很大

10. 我经常利用网络获得一些自己所需的教学资源和学习资源

11. 同事都非常愿意帮助我解决教学中遇到的实际问题

12. 同事发现好的课件或文章会与教研组所有成员一起分享

13. 同事会经常担心我的教学成绩超过他们,而不愿意给我提供任何帮助

14. 学区或学校组织的教研活动对我的教学没有帮助

15. 我会定期阅读某些生物教研的学术期刊

16. 我几乎没有发布过任何关于教学或教研的文章

17. 我总会记录教学中遇到的意外事件或者成功的教学方法

18. 我完全没有和别人在教学或教学科研上进行过合作

19. 学校为教师提供了很多信息交流和资源分享的机会

20. 我会把好课例中的经验进行总结，然后发表或发布到网上

21. 我会周期性地对自己的教案、教学反思和教学素材等进行加工整理

22. 备课时我绝大多数时间都花在研读教材、教参和练习册上

23. 我经常会获得一些新的教学想法，并且会迫不及待地想进行尝试

24. 面对大量的新知识和新技术，我常常力不从心

25. 我会经常对教学进行总结和反思，调整自己的教学方法和步调

26. 对于同样的内容，我总是尝试不同的教学方法，并进行比较

27. 我会对自己的教学进行有意识的记录和总结

28. 我知道如何通过教学反思来促进自己的专业发展

29. 我已经在教学中积极尝试新课程的基本理念

30. 对于同一内容的教学，我经常沿用自己以前的教学方法

31. 我会在开学前统筹一个学期或学年的教学计划，并且很好地把握教学进度

32. 我可以熟练地在课堂上组织学生进行合作学习

33. 在课堂教学中我会经常使用合作学习这种教学策略

34. 我主要通过系统的讲授来突破教学难点

35. 我喜欢生物学这门学科

36. 我很喜欢学习如何使用电脑或网络技术来进行教学

37. 我很喜欢研究如何教好生物学

38. 在介绍新概念前，我总是给学生设计一些可以动手操作和感受的小活动

39. 我对自己专业发展的外部环境非常满意

40. 使用电脑和网络辅助教学可以有效地提高教学效果

41. 学生不理解新讲的内容是因为他们的基础不好

42. 教学反思对教师的专业成长帮助不大

43. 是否使用信息技术对于教学效果影响不大

44. 小组活动应该成为常规教学的一部分

45. 目前的生物教学相关期刊对实际教学没有帮助

46. 教师只要把握住知识点和逻辑,就可以把课上好

三、建议或意见

1. 您认为成为一名优秀的生物学教师,要具备哪些方面的知识?

2. 在您所处的环境中,促进和阻碍教师专业发展的因素各有哪些?

3. 为了促进自身的专业成长,您最期望获得什么样的帮助和支持?

附录二　高中生物学教师 PCK 发展状况调查问卷

问卷说明

老师您好:我们正在进行一项关于教师专业发展的研究,您的反馈将有助于我们了解教师专业发展的情况。这些问题没有正确或错误之分,请根据您自己的实际情况来填写。为了便于统计比较,希望您能够按要求逐个填写每个条目。如果您现在作答或文字录入不方便,您可以跳过前两部分内容,直接在第三部分填写您的电子邮箱和相关信息即可,我们会将问卷发到邮箱让您有空时作答。您的姓名和邮箱等敏感信息将会在研究中严格保密。谢谢您的合作!

一、个人基本信息

1. 性别

* 男　　 * 女

2. 职称

* 初级　　 * 中级　　 * 高级　　 * 特级

3. 学历

* 专科　　 * 本科　　 * 硕士　　 * 博士　　 * 其他

4. 所学专业

* 生物学专业　　 * 理科专业非生物学　　 * 非理科专业

5. 毕业院校类型为?

* 教育部直属师范院校　　 * 一般综合型大学　　 * 省(市)属师范院校

* 地方师范院校　　 * 其他

6. 教龄　只填写数字即可

* (　　　　)

7. 在教学或教研上获得的最高奖励是?

　　＊省级　　　＊市级　　　＊区级　　　＊校级　　　＊暂无

8. 参加过多长时间的在职学习或进修?

　　＊几乎没有　　＊1—3个月　　＊4—6个月　　　＊7—12个月

　　＊12—24个月　　　＊24个月以上

二、特定内容的教学知识

　　请从下面四个教学内容中选择一个最熟悉的内容,依照该问卷提供的教学反思问题框架,回答以下问题

1. 您选择的是?

　　＊孟德尔定律　　＊基因的表达　　＊减数分裂　　＊物种的形成过程

2. 这一内容,您大概讲授过多少次? 只填写数字即可,计算方法:这一内容讲授过的遍数×所教的平行班级数(　　　)

3. 对于这一内容,您设计和使用过多少种不同的教案?(　　　)

4. 对于这一内容,您最近一次上课的教学效果是?

　　＊理想　　　＊中上　　　＊中等　　　＊中下　　　＊不理想

5. 您做出这种判断所依据的主要指标是?(可多选)

　　＊学生在测验中的表现　　＊学生作业完成情况　　＊学生的参与度

　　＊学生学习兴趣　　＊其他

三、教学反思问题框架(仍然针对您选择的主题回答下面的问题)

1. 关于这一主题,您期望学生掌握的重要概念(或者说观点)有哪些,请用几个完整意义的句子陈述。

2. 其中您作为重点进行处理的概念是什么?

3. 您认为这一概念重要的原因是什么？

4. 关于这个概念,您还知道哪些目前超出学生学习范围的知识？

5. 教授这个概念的困难或限制之处是什么？

6. 学生的哪些已有知识或经验会影响您对这个概念的教学？举例说明。

7. 还有哪些其他的因素影响到您对这个概念的教学？如何影响的？

8. 您对这个概念的大体教学过程是怎样的？出于哪些考虑？

9. 您如何判断学生对这个概念掌握与否？学生会有怎样不同的表现？

10. 为了提高自己对这部分内容的教学水平,您认为自己哪些方面的知识急需改善？（可多选）

　　＊生物学方面的知识　　＊关于教学策略的知识　　＊关于教学目的的知识

　　＊关于评价的知识　　＊关于教学资源的知识　　＊关于课程的知识

　　＊关于教育技术的知识　　＊关于学生的知识　　　＊其他

11. 您认为学习这些知识的最佳途径是什么？您的理由是什么？

附录三　PCK 知识域发展和案例分析访谈提纲

指导语

我们正在进行一个关于生物学教师学科教学知识的研究,访谈的录音以及记录只用作研究,而且会将所有参与者的个人敏感信息略去。您只需要依据自己的真实情况和想法回答即可。

在访谈过程中,我们会用概念图进行辅助。我们工作的方式是边交流边利用概念图进行记录和梳理,您可以随时纠正制图中可能出现的误解,给出正确的关键词或连接,使概念图能够准确地反映您的实际情况。

一、基本信息

1. 性别　2. 职称　3. 学历　4. 所学专业　5. 毕业院校类型　6. 教龄

7. 参加过哪些重要的在职学习或进修

二、共同制作 PCK 知识域概念图

在访谈的同时用概念图记录要点,教师确认,进而一起表征教师头脑中的学科教学知识域内容。先建立主节点,再不断对每个节点进行具体化,直到教师觉得没有什么可补充为止。

1. 您认为教师为了教好一个具体的内容都需要哪些知识域?

2. 具体内容还有哪些?

3. 您还有补充吗,其他知识域呢?

4. 这些知识域对于教学所起的作用是什么,相互之间的关系如何?

三、教学工作流程

备课过程

1. 一般您备课的过程是怎样的,每个环节都做哪些事情? 会考虑哪些因素? 为什么?

2. 选择素材或者例子的时候您会考虑哪些? 为什么? 可否举例?

3. 设置问题时您会考虑哪些因素? 为什么? 可否结合这节课或其他课举例?

4. 例子和问题是否有不断加工和取舍的情况? 可否举例?

教学实施

1. 在课堂教学的过程中,您主要注意哪些方面? 为什么?

2. 通常会遇到哪些类型的问题? 您是如何应对的?

教学反思

1. 您一般是如何进行教学反思的? 主要反思哪些方面?

2. 在您看来,一节好的课应该是什么样的?

四、课例访谈

首先教师和研究者共同回顾一下这节课,然后提出以下问题:

1. 关于这一主题您期望学生掌握的重要的概念(或者说观点)有哪些? 其知识网络是怎样的?

2. 为什么您认为学生学习这些概念是重要的?

3. 关于这个概念,您还知道哪些目前超出学生学习范围的知识?

4. 学生学习这个概念的困难或限制之处是什么?

5. 您采用了哪些方法促进学生理解?

6. 在教学设计的过程中您考虑了学生的哪些方面?

7. 还有哪些其他的因素影响了您对这些概念的教学? 是如何影响的?

8. 您的教学过程是怎样的,是出于哪些考虑?

9. 您如何判断学生对这个概念的掌握情况,理解了还是仍然困惑? 学生会有怎样不同的表现?

10. 这节课与以往相比有改变吗? 是什么地方发生了改变? 为什么? (可选)

五、知识域发展回顾

1. 如果根据您自己的个人经历,这些知识建构和发展的过程是什么样的?

2. 这些知识的来源途径分别是什么? 每个知识的重要程度如何?

3. 对于您个人专业发展影响较大的事件有哪些? 产生了怎样的影响?

注释:在教师进行知识域发展回顾之前先向教师介绍八个知识域的具体含义,具体知识域含义如下所述。

1. 关于科学的知识:包括科学知识、科学过程、科学本质,以及科学内部各个领域之间的关系。

2. 关于教学目标的知识:教师常把自己的课堂与科学课的目的联系起来,这些目的是与标准相一致的,如注重科学知识与生活的联系以及更好地理解自然中的事物是如何运作的。

3. 关于学生的知识:教师可以有充分的时间来谈他们的学生。他们不仅知道学生喜欢用什么方式学习,还知道他们共同的错误概念和学习困难。

4. 关于科学课程组织的知识:把科学概念以及单元,甚至是不同科目之间建立起连接,是这个知识域的核心内容。

5. 关于评价策略的知识:教师澄清他们是如何采用不同的评价方法和步骤来确认学生是否理解科学。

6. 关于教学策略的知识:教师有不同的教学策略,这让他们可以调整自己的教学计划来应对不同的课堂情况。另外,教师应该创造具有真实世界可以应用的课堂。

7. 关于资源的知识:教师提出,与科学家相比,他们的科学知识广而不深。因此,他们非常重视那些可以用在教学中的关于资源和材料的知识。

8. 关于信息通信技术的知识:在教学中如何选择和应用合适的信息技术或通信技术手段,来帮助更好地达成教学目标。

附录四　PCK 发展状况调查问卷文本分析方法

说明:依据教师回答的文本进行编码和构图,目的主要是表征文本中所体现的教师的 PCK 知识域和知识域之间的联系,知识域编码和标签如下:

- #1 学科知识(与主题对应的概念知识网络、科学过程和方法以及科学本质)

- #2 目标重点(作为教学重点落实的目标,可以是特定概念也可以是科学研究方法)

- #3 重要原因(教师确定重点的依据)

- #4 深层知识(教师关于该部分内容的深层理解)

- #5 困难限制(如:教学资源、教学条件以及当地特殊情况)

- #6 学生(如:学生的知识基础、错误概念、认知特点以及个体差异等)

- #7 教学资源情境(如:多媒体和录像资料直观教具,当地特殊情况)

- #8 教学策略(教学过程中教师运用的教学方法和教学逻辑等)

- #9 评价(判断学生理解情况的方式、方法和学生相应的表现)

在对知识域关系编码中,确定如下知识域联系:

(1) 确定重点的原因(#3)

- 1—>2:考虑的是学科知识(比如:是学生学习……的基础;是本章的核心内容;)

- 1—>方法:考虑到了科学研究过程和本质(比如:培养探究能力,学习研究方法)

- 6—>2:考虑的是学生(如:学生可以解释日常生活的一些现象,学生的学习困难)

- 9—>2:根据考纲或者考试来确定重点(如:是重要的考点,为了应试)

- 课标或考纲—>2:根据课标或考纲来确定重点

（2）困难或限制之处（#5）

■ 5—>1：学科知识的原因（比如：抽象，复杂，概念多）

■ 5—>6：学生的原因（学生的某个知识基础没打好，学生思维能力水平，文科班的学生，学生已有知识和经验）

■ 5—>7：教具媒体资源的限制（比如：没有教具、没有多媒体、缺乏视频录像）

■ 6—>5：表示利用学生的已有知识可以解决困难

■ 7—>5：表示可以利用多媒体或直观教具等帮助解决困难

（3）教学过程考虑了哪些（#8）

■ 8—>1：设计了学科知识的线索或者逻辑顺序

■ 8—>6：考虑了学生（如学生的兴趣、学习的知识基础、错误概念等）

■ 8—>7：利用教具、媒体资源等

■ 8—>9：使用了评价（如课堂提问，做题，观察学生表情眼神等）

■ 8—>5：教学活动中设计了特定的活动，突破困难和限制

■ 8—>4：表示教学活动中围绕着深层概念进行

■ 9—>8：考试限制了教学

■ 7—>8：教学资源限制了教学

其他情况：

■ 9—>6：评价中包含了学生的一些情况（比如"让学生举例，有的能答出，有的还没理解"）

■ 1—>4：表示深层知识是相关和合理的

附录五 PCK 发展状况调查问卷文本分析样例

下表是 108 号教师对 PCK 问卷中问题的相应回答,#1—9 代表相应知识域编码。

问题内容	教师回答内容 (该教师选择的主题是减数分裂)
关于这一主题,您期望学生掌握的重要概念(或者说观点)有哪些,请用几个完整意义的句子陈述。	关于减数分裂,学生应掌握核心概念:减数分裂,还有其他概念:染色体、同源染色体、四分体、联会、交叉互换。
其中您作为重点进行处理的概念是什么?	减数分裂。
您认为这一概念重要的原因是什么?	减数分裂为核心概念,应重点掌握。
关于这个概念,您还知道哪些目前超出学生学习范围的知识?	交叉互换。
教授这个概念的困难或限制之处是什么?	学生不能从本质上理解交叉互换的意义。
学生的哪些已有知识或经验会影响您对这个概念的教学?举例说明。	染色体、染色单体、DNA 及同源染色体易混淆,因而影响减数分裂的学习。
还有哪些其他的因素影响到您对这个概念的教学?如何影响的?	由于学生已学有丝分裂知识,但掌握不够牢固,因此在学习减数分裂时更感困难,例如精(卵)原细胞、精(卵)母细胞的产生及其再产生精子或卵细胞,减数第二次分裂和有丝分裂也易混淆,区分不开。
您对这个概念的大体教学过程是怎样的?出于哪些考虑?	通过复习有丝分裂过程,再设置疑问导入减数分裂这一核心概念。通过学习精子的形成过程,重点分析染色体的行为变化,并让学生结合挂图计数每一细胞中染色体、DNA 的数目及含量,并画出相关曲线,结合图像、曲线总结出减数分裂的概念。
您如何判断学生对这个概念掌握与否?学生会有怎样不同的表现?	通过提问的方式,如进行减数分裂的生物主要有哪些,特定时期染色体的行为变化等来了解学生的掌握情况。不同学生的掌握情况不太一致,对于能进行减数分裂的生物,学生不太了解;而对于特定时期染色体的行为变化,学生只能根据图像来解答,对整个过程掌握还不牢固,还应在课后做相关习题来巩固知识。

根据规则上面的文本编码为:#1->#4;#1->#2;#8->#1;#8->#6;#8->#9;#5->#6;
#9->#6。生成个案的概念图如下图所示:

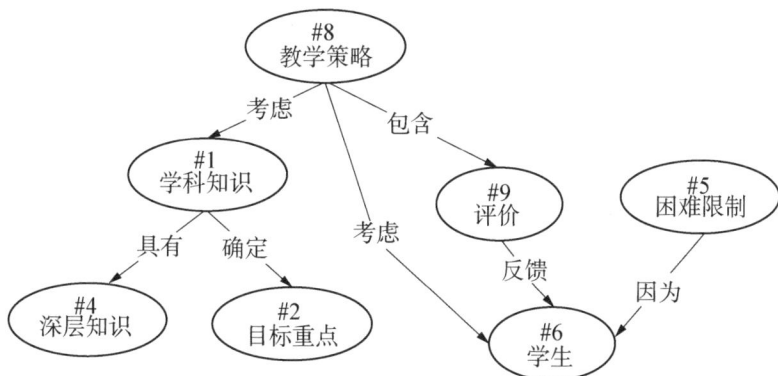

上图中的节点总数为7,总连接数为7,此外还可以统计每个节点与其他节点的连接总数,比如1号节点与其他节点的连接总数为3,此外还可统计任意两个节点之间是否存在联系,进而分析不同教师群体在以上统计量上是否存在显著性的差异。

致谢

首先要感谢我的导师刘恩山教授，他总是尽一切可能为我的研究提供帮助和指导。特别是当我的研究工作遇到困难和迷茫时，他总是能给予及时的支持、指引和鼓励，让我豁然开朗，重拾信心，斗志激昂地再次投入工作中去，这才使得这项研究得以顺利推进和完成。在学术研究上，刘教授的要求是严格的，他要求我们立足于一线教学实际，同时也要开阔自己的视野，积极主动地学习，勤奋踏实地工作。但在生活中他又是那样慈爱和平易近人，在生活上给予我诸多关心和照顾，让我倍感温暖和鼓舞。

此外，还要特别感谢参与案例研究的林老师、华老师、易老师、俞老师、彦老师和陈老师！他们从繁忙的工作中抽出宝贵时间，耐心而认真地参与本书研究的访谈工作，与研究者针对研究问题进行多次深入的讨论、交流。林老师不仅对研究者开放了自己的课堂，还从繁忙的工作中抽出了大量的时间和精力参与访谈，为本书提供了宝贵的一手资料。易老师在身体欠佳的情况下，仍然坚持参与了最后一次课例访谈。彦老师由于要出差，在已经排满的日程中抽出星期天晚上休息的时间，接受了我的访谈。还有很多老师都为本书的研究提供了极大的支持和帮助，他们让我感动、感激，再次对以上老师表示衷心的感谢！应参与教师的要求和研究前的约定，我不便在这里公开他们的真实姓名。

感谢霍静老师、庄秀丽老师、赵国庆老师对本书提出的宝贵建议，你们的建议让我深受启发！感谢方谨老师和王健老师一直以来对我的关心和帮助！感谢邓秋萍和乔萌萌老师抽出时间参与了部分研究资料的转录和整理工作！

最后，还要感谢我的家人一直以来的关心、照顾、理解和支持。你们的默默付出和关爱是我全力投入此项工作的保障，同时也是我不断前行的动力！

张春雷

2022 年 5 月